Military History of Korea

한국군사사 ⑮

연표

기획·주간

史 육군군사연구소
ARMY MILITARY HISTORY INSTITUTE

육군본부

"역사를 깨닫지 못하는 자에게
비극의 역사는 필연적으로 되풀이 된다"

　인류의 역사에서 전쟁은 한 국가의 명운을 좌우해 왔습니다. 그렇기 때문에 모든 나라들은 전쟁을 대비하는 데 전 국가역량을 집중해 왔습니다. 한 나라의 역사를 이해하기 위해 군사사 분야의 체계적인 연구가 필요한 이유가 여기에 있습니다.

　육군에서는 이러한 군사사 연구의 중요성을 인식하고 1960년대부터 지금까지 '한국고전사', '한국의병사', '한국군제사', '한국고대무기체계' 등을 편찬하였습니다. 이는 우리의 군사사 연구 기반 조성에 큰 도움을 주었지만, 단편적인 연구에 국한된 아쉬움이 늘 남아 있었습니다.

　이에 육군은 그간의 연구 성과를 바탕으로 군사사 분야를 보다 체계적으로 연구·집대성한 '한국군사사(韓國軍事史)'를 발간하였습니다. 본서는 2008년부터 3년 6개월 동안 비록 짧은 기간이지만, 많은 학계 전문가들이 참여하여 군사, 정치, 외교 등 폭넓은 분야에 걸쳐 역사적 사실을 새롭게 재조명하였습니다. 특히 고대로부터 근·현대에 이르기까지 전쟁사, 군사제도, 강역, 군사사상, 통신, 무기, 성곽 등 군사사 전반이 망라되어 있습니다.

"역사를 깨닫지 못하는 자에게 비극의 역사는 필연적으로 되풀이 된다"라는 말이 있습니다. 미래에 대한 변화와 발전도 과거에 대한 깊은 이해와 성찰을 통해서 이루어 질 수 있습니다. 이러한 의미에서 우리나라 최초로 군사사 분야를 집대성한 '한국 군사사'가 군과 학계 연구를 촉진시키는 기폭제가 되고, 군사사 발전을 위한 길잡이가 되길 기대합니다.

그동안 어려운 여건속에서도 연구의 성취와 집필을 위해 열과 성을 다해 준 집필진과 관계관 여러분의 노고를 치하합니다.

2012년 10월
육군참모총장 대장 김상기

일러두기

1. 이 책의 집필 원칙은 국난극복사, 민족주의적 서술에서 벗어나 국가와 민족의 생존의 역사로서 군사사(전쟁을 포함한 군사 관련 모든 영역의 역사)를 객관적으로 서술하는데 있다.
2. 한글 맞춤법과 표준어 등은 국립국어원이 정한 어문규정을 따르되, 일부 사항은 학계의 관례를 따랐다.
3. 이 책의 목차는 다음의 순서로 구분, 표기했다.
   : 제1장 - 제1절 - 1. - 1) - (1)
4. 이 책에서 사용한 전쟁 명칭은 다음과 같은 원칙에 따라서 표기했다.
   (1) '전쟁'의 명칭은 다음 기준에 부합되는 경우에 사용했다.
   　① 국가 대 국가 간의 무력 충돌에만 부여한다.
   　② 일정 규모 이상의 대규모 군사활동에만 부여한다.
   　③ 무력충돌 외에 외교활동이 수반되었는지를 함께 고려한다. 외교활동이 수반되지 않은 경우는 군사충돌의 상대편을 국가체로 볼 수 있는지를 검토한다.
   (2) 세계적 보편성, 여러 나라가 공유할 수 있는 명칭 등을 고려하여 전쟁 명칭은 국명 조합방식을 기본적으로 채택했다.
   (3) 국명이 변경된 나라의 경우, 전쟁 당시의 국명을 사용하는 것을 원칙으로 했다.
   　(예) 고려-요 전쟁　조선-후금 전쟁
   (4) 동일한 주체가 여러 차례 전쟁을 한 경우는 차수를 부여했다.
   　(예) 제1차~제7차 고려-몽골 전쟁
   (5) 일반적으로 널리 알려진 전쟁 명칭은 ( ) 안에 일반적인 명칭을 병기했다.
   　(예) 제1차 조선-일본 전쟁(임진왜란)　조선-청 전쟁(병자호란)
5. 연대 표기는 다음과 같은 원칙에 따라서 표기했다.
   (1) 주요 전쟁·전투·역사적 사건과 본문 서술에 일자가 드러난 경우는 서기력(양력)과 음력을 병기했다.
   　① 전근대 : '음력(양력)' 형식으로 병기하는 것을 원칙으로 했다.
   　② 근·현대: 정부 차원의 양력 사용 공식 일자를 기준으로 구분하여, 1895년까지는 '음력(양력)' 형식으로, 1896년 이후는 양력(음력) 형식으로 병기했다.
   (2) 병기한 연대는 ( ) 안에 양력, 음력 여부를 (양), (음)으로 표기했다.
   　(예) 1555년(명종 10) 5월 11일(양 5월 30일)
   (3) 「연도」, 「연도 월」처럼 일자가 드러나지 않은 경우는 음력(1895년까지) 혹은 양력(1896년 이후)으로만 단독 표기했다.
   (4) 연도 표기는 '서기력(왕력)' 형태를 기본으로 하되, 필자가 필요하다고 판단한 경우에는 왕(서기력) 형태의 표기도 허용했다.
6. 외국 인명은 다음과 같은 원칙에 따라서 표기했다.
   (1) 외국 인명은 최대한 원어 발음을 기준으로 표기하는 것을 원칙으로 했다. 단, 적절한 원어음으로 표기하지 못한 경우에는 한자음으로 표기했다.

(2) 전근대의 외국 인명은 다음과 같은 원칙에 따라서 표기했다.
　① 중국을 제외한 여타 외국 인명은 원어 발음을 기준으로 표기하고 한자를 병기했다.
　　(예) 누르하치[努爾哈赤]　　도요토미 히데요시[豊臣秀吉]
　② 중국 인명은 학계의 관행에 따라서 한자음으로 표기했다.
　　(예) 명나라 장수 척계광[戚繼光]
(3) 근·현대의 외국 인명은 중국 인명을 포함하여 모든 인명을 원어 발음 기준으로 표기하는 것을 원칙으로 했다.
　(예) 위안스카이[袁世凱]　　쑨원[孫文]

7. 지명은 다음과 같은 원칙에 따라서 표기했다.
(1) 옛 지명과 현재의 지명이 다른 경우에는 '옛 지명(현재의 지명)' 형식으로 표기했다. 외국 지명도 이 원칙에 따라서 표기했다.
(2) 현재 외국 영토에 있는 지명은 가능한 원어 발음으로 표기했다.
　(예) 대마도 정벌 → 쓰시마 정벌
(3) 전근대의 외국 지명은 '한자음(현재의 지명)' 형식으로 표기했다.
　(예) 대도大都(현재의 베이징[北京])
(4) 근·현대의 외국 지명은 원어 발음으로 표기하는 것을 원칙으로 하되, 학계에서 일반화되어 고유명사처럼 쓰이는 경우에는 한자음으로 표기했다.
　(예) 상하이[上海]　　상해임시정부上海臨時政府

8. 연표의 작성 방법은 다음과 같다.
(1) 이 연표는 한국 군사사의 중요 역사적 사실을 동양과 서양으로 나누어 세계 군사사의 주요 사실들을 함께 정리함으로써 세계사적 위치를 이해할 수 있도록 작성했다.
(2) 선사시대부터 1948년 국군 창설까지를 대상 시기로 했으며, 별도로 시기구분은 하지 않았다.
(3) 중요 사건, 보충 설명이 필요한 경우에는 ( ) 안에 기술했다.
(4) 연도 표기의 기본 원칙은 다음과 같다.
• 연도는 모두 서기로 통일했다.
• 가능한 '월·일'까지 표기했다.
• '일'을 모르는 경우에는 '월'의 말미에, '월'을 모르는 경우에는 '년'의 말미에 표기했다.
• '춘春·하夏·추秋·동冬'은 계절의 끝 달인 3월·6월·9월·12월의 말미에 표기했다.
• '맹孟·중仲·만晩'은 월로 환산하여 표기하고, 상순·중순·하순은 10일·20일·말일 다음에 표기했다.
• '일'까지 확인되는 연도는 양력과 음력을 병기하였다. 정부 차원의 양력 사용 공식 일자를 기준으로 1895년까지는 '음력(양력)' 형식으로, 1896년 이후는 '양력(음력)' 형식으로 병기했다.

연 표

연도	한국	동양	서양
B.C.4300			△이무렵 ·메소포타미아. 남부지역, 전기 우바이드문화 형성.
B.C.4000		△이무렵 ·중국. 황하黃河 중류 유역, 앙하문명 전기 채도계彩陶系 양사오仰韶문화 형성.	△이무렵 ·메소포타미아. 남부지역, 후기 우바이드문화 시작.
B.C.3900			△이무렵 ·메소포타미아. 남부지역, 우루크문화 시작. ·이집트·메소포타미아. 동기調器 사용.
B.C.3700			△이무렵 ·이집트. 부족국가 출현
B.C.3500			△이무렵 ·메소포타미아. 남부지역, 수메르인의 도시문명 형성.(우르크시, 라가시 등의 도시국가들이 독립하여 각축을 벌임)
B.C.3300			△이무렵 ·메소포타미아. 야금술 발달로 청동기시대 시작. ·그리스. 에게해에서 청동기문화 시작. ·이집트. 나른 메르왕, 상·이집트와 하이집트를 통일. 초기 왕조 시대 시작.
B.C.3100		△이무렵 ·중국. 황하 유역, 앙하문명 후기 흑도계黑陶系 용산龍山문화 시작. ·인도. 인더스강 유역, 청동기문화 시작.	

연도	한국	동양	서양
B.C.3000			△ 이무렵 •이집트문명 시작. •메소포타미아문명 시작.
B.C.2900			△ 이무렵 •이집트, 제2왕조(BC2890~BC2686) 성립.
B.C.2800			△ 이무렵 •수메르, 초기 왕조 시대 시작.
B.C.2750			△ 이무렵 •수메르, 라가시의 에안나툼왕, 움마·키시·우루크·우르 등을 정복.
B.C.2700			△ 이무렵 •수메르, 라가시의 엔테메나, 엘람과 싸워 승리. •이집트, 제3왕조(BC2686~BC2613) 성립. 고왕국시대(제3왕조~제6왕조) 시작.
B.C.2600			△ 이무렵 •그리스, 본토의 초기 헬라딕(미케네)시대와 크레타 섬의 초기 크레타(미노아)시대 시작. •트로이, 제1시 건설. •이집트, 제4왕조(BC2613~BC2494) 성립.
B.C.2500		△ 이무렵 •인도, 인더스문명 형성. •중국문명 시작.	△ 이무렵 •수메르, 우르 제1왕조 시작. •이집트, 제5왕조(BC2494~BC2345) 성립.

연도	한국	동양	서양
B.C.2400			△ 이무렵 · 트로이, 제2시 건설.
B.C.2357		△ 이 해 · 중국. 요순堯舜시대 시작.	
B.C.2345			△ 이무렵 · 이집트, 제6왕조(~BC2181) 성립.
B.C.2333	△ 이 해 · 고조선 건국(삼국유사, 동국통감)		△ 이무렵 · 바빌로니아. 아카드 사르곤 1세, 바빌로니아 통일.(아카드왕조 장시)
B.C.2181	 『삼국유사』 기이2 고조선 왕검조선		△ 이무렵 · 이집트, 제중간기.(BC 2181~BC 2055:제7~11왕조 전반)
B.C.2112			△ 이무렵 · 수메르, 우르남무, 우르 제3왕조 장시.
B.C.2070		△ 이 해 · 하 우왕禹王, 하夏왕조 개창.	
B.C.2050			△ 이무렵 · 이집트, 멘투호테프 1세, 상·하 이집트 통일. 중왕국시대(~14왕조) 시작.
B.C.2000		△ 이무렵 · 중국 황하유역과 알타이산맥 및 바이칼호 일대에서 청동기문화 시작.	△ 이무렵 · 그리스, 중기 크레타시대 시작. · 그리스, 중기 헬라딕시대 시작.
B.C.1991			△ 이무렵 · 이집트, 제12왕조 시작.

연도	한국	동양	서양
B.C.1894			△ 이무렵 · 고바빌로니아. 제1왕조 시작.
B.C.1786			△ 이무렵 · 이집트. 제14왕조 멸망.(제2중간기 시작)
B.C.1763			△ 이무렵 · 고바빌로니아. 함무라비왕, 바빌로니아 통일.
B.C.1750			△ 이무렵 · 히타이트왕국 형성.
B.C.1740			△ 이무렵 · 고바빌로니아. 제2왕조 시작.
B.C.1730			△ 이무렵 · 이집트, 힉소스족이 침입하여 하이집트를 점령. · 미탄니 왕국 건국. · 서유럽. 청동기문화 본격화.
B.C.1650			△ 이무렵 · 이집트. 제16·17왕조 시작. · 그리스. 후기 크레타시대 시작.
B.C.1595			△ 이무렵 · 고바빌로니아. 히타이트의 무르실 1세에 의해 멸망.
B.C.1580			△ 이무렵 · 그리스. 크노소스 왕, 크레타 섬 통일.

연도	한 국	동 양	서 양
B.C.1550			△ 이무렵 · 이집트, 제18왕조 신왕국시대 시작.
B.C.1523		△ 이 해 · 하. 명조전투에서 상에게 패배하여 멸망.	
B.C.1500	△ 이무렵 · 요령성 지역과 한반도 지역에서 청동기 문명 시작.	△ 이무렵 · 인도, 아리아인이 인도 북서부에 침입.	
B.C.1469			△ 이 해 · 이집트, 메기도 전투.
B.C.1468			△ 이무렵 · 이집트, 토트메스 3세, 시아시아 원정 시작.
B.C.1400			△ 이무렵 · 히타이트, 제철기술 발달과 철기문화 번성. · 그리스, 아카이아인이 침입하여 크레타문명 붕괴.
B.C.1390			△ 이 해 · 히타이트, 북시리아 복속. 미탄니를 속국화.
B.C.1320			△ 이무렵 · 이집트, 제19왕조 시작.
B.C.1300		△ 이 해 · 은. 은허殷墟로 천도. 상왕조 후기 시작.	
B.C.1294			△ 이 해 · 이집트, 카데쉬 전투.

연도	한 국	동 양	서 양
B.C.1279			△ 이 해 •이집트, 람세스 2세 아시아 원정.
B.C.1275			△ 이 해 •아시리아. 미탄니왕국을 멸함.
B.C.1250			△ 이 해 •트로이. 제7시 건설.
B.C.1232			△ 이무렵 •아시리아. 철기사용 시작.
B.C.1225			△ 이무렵 •히타이트, 제철법, 중앙 유럽과 서아시아로 확산. 기마문화 발생.
B.C.1200			△ 이무렵 •철기문화, 서남아시아 동지중해로 전파. •그리스, 도리아인의 침입으로 밀로스궁전 파괴.
B.C.1186			△ 이 해 •이집트, 제20왕조 성립.
B.C.1184			△ 이 해 •그리스, 트로이 포위전
B.C.1180			△ 이무렵 •페니키아. 지중해 제패.
B.C.1100			△ 이 해 •그리스, 도리아인 침입으로 암흑시대 시작.
B.C.1069			△ 이 해 •이집트, 제21왕조 성립.(제3중간기 시작)

연도	한 국	동 양	서 양
B.C.1046		△ 이 해 •주, 무왕武王 즉위.(서주시대 시작)	
B.C.1040		△ 이무렵 •인도, 철기문화 전파됨.	
B.C.1028		△ 이 해 •서주, 목야전투에서 주 무왕이 은 주왕紂王 축출.	△ 이 해 •사울, 헤브라이왕국 건설.
B.C.1027		△ 이무렵 •기마문화 형성. 스키타이문명.	
B.C.1000		△ 이무렵 •스키타이문명 중앙아시아 확산.	
B.C.960			△ 이 해
B.C.936			•이집트, 제22왕조 시작.
B.C.931			△ 이무렵 •아시리아, 제1융성기 시작.
B.C.883			△ 이 해 •아시리아, 아슈르 나시르팔 2세, 페니키아의 여러 도시들 복속.
B.C.853	비파형(요령식) 동검(좌)과 세형(한국식) 동검(우) (국립중앙박물관)		△ 이 해 •아시리아, 샬마네제르 3세, 콰르콰르전투에서 이스라엘 다마스쿠스 동맹에 패배.
B.C.830	△ 이무렵 •비파형(요령식) 청동기 문화 발견.		

연도	한 국	동 양	서 양
B.C.736			△ 이 해 •스파르타·메세니아. 제1차 메세니아전쟁 발발.
B.C.722			△ 이 해 •아시리아. 사마리아를 함락. 이스라엘왕국 멸망.
B.C.721			△ 이 해 •아시리아. 엘람과, 바빌로니아 연합군 격파.
B.C.720			△ 이 해 •스파르타. 메세니아 정복.
B.C.717			△ 이 해 •아시리아. 히타이트 정복.
B.C.708		△ 이 해 •정鄭. 장공莊公, 주周 환공桓公을 격파.	
B.C.706		△ 이 해 •조楚. 무왕武王, 수隨 토벌.	
B.C.700			△ 이 해 •로마. 에트루리아와 전쟁 시작.
B.C.671			△ 이 해 •아시리아. 이집트 침공. 제1차 시리아전쟁.
B.C.668			△ 이 해 •아시리아. 오리엔트 전역 통일.
B.C.656		△ 이 해 •제齊. 환공桓公, 조楚 토벌. 소릉少陵에서 화의.	

연도	한국	동양	서양
B.C.651		△이 해 ·제齊, 환공桓公, 패자霸者가 됨.	
B.C.632		△이 해 ·진晉, 문공文公, 초楚 격파하고 패자霸者가 됨.	
B.C.630			△이 해 ·스파르타·메세니아. 제2차 메세니아전쟁 발발.
B.C.625			△이 해 ·신바빌로니아왕국 건국.
B.C.609			△무렵 ·아시리아 멸망. ·이집트, 제2차 메기도 전투에서 가나안 연합군을 격파.
B.C.605			△이 해 ·이집트, 갈케미시 전투에서 패배.
B.C.597		△이 해 ·초楚. 장왕莊王, 진晉을 격파하고 패자가 됨.	
B.C.597			△이 해 ·신바빌로니아. 유대왕국 정복. 바빌론유수 시작.
B.C.594			△이 해 ·페르시아. 아케메네스왕조 시작.
B.C.591			△이 해 ·그리스, 펠로폰네소스동맹 성립.

연도	한 국	동 양	서 양
B.C.587			△ 이 해 • 유대, 제2차 바빌론유수.
B.C.567			△ 이 해 • 이집트, 아모세 2세, 칼데아의 황제 느부카드네자르에게 패배.
B.C.547			△ 무렵 • 페르시아. 리디아의 침입. △ 이 해 • 페르시아. 티리아 전투. • 페르시아. 팀브라 전투.
B.C.539			△ 이 해 • 페르시아. 신바빌로니아 정복. 페르시아제국 성립.
B.C.525			△ 이 해 • 페르시아. 이집트를 지배. 오리엔트 통일.
B.C.519			△ 이 해 • 페르시아. 다리우스 1세, 간다라 정복.
B.C.511			△ 이 해 • 페르시아. 다리우스 1세, 남동 유럽 원정 시작.
B.C.496		△ 이 해 • 월越, 구천왕句踐王, 오吳 합려왕闔閭王을 패사시킴.	△ 이 해 • 로마. 레길루스호 전투에서 승리.
B.C.494		△ 이 해 • 오吳, 부차왕夫差王, 월 구천왕을 격파.	△ 이 해 • 스파르타. 세페이아 전투에서 아르고스군을 격파. • 페르시아. 라데 전투에서 이오니아를 격파.

연도	한국 · 동양	서양
B.C.492		△이 해 •페르시아. 마케도니아와 트라키아를 점입. 페르시아전쟁 시작.
B.C.490		△이 해 •마라톤전투.
B.C.482	△이무렵 •오, 부차왕, 중원에 진출하여 패자가 됨.	
B.C.481		△이 해 •카르타고, 시라쿠사와 전쟁 시작. •카르타고, 히메라 전투에서 시라쿠사군에 패배.
B.C.480		8. 아테네. 아르테미시움 전투에서 페르시아군에 패배. 8. 스파르타. 테르모필레 전투에서 페르시아군에 패배. 9.23. 아테네. 살라미스 해전에서 페르시아군에 승리.
B.C.466		△이 해 •아테네. 에우리메돈 전투에서 승리.
B.C.479		△이 해 •페르시아. 플라타이아이의 싸움에서 그리스 동맹군에 패배.
B.C.478		△이무렵 •아테네. 델로스동맹 결성.

연도	한 국	동 양	서 양
B.C.460			△ 이 해 • 아테네, 코린트와 전쟁 시작. 스파르타의 전쟁 참류로 제1차 펠로폰네소스 전쟁 시작.
B.C.457			△ 이무렵 • 스파르타, 타나그라 전투에서 아테네군 격파. • 아테네, 오이노피타 전투에서 테베군 격파.
B.C.449			△ 이 해 • 아테네, 칼리아스 평화조약 성립. 페르시아 전쟁 종결.
B.C.445			△ 이 해 • 아테네, 스파르타, 페리클레스의 제의로 평화조약 체결. 제1차 펠로폰네소스 전쟁 종결.
B.C.440		△ 이 해 • 중국, 《오자(吳子)》의 저자인 오기(吳起) 출생.	
B.C.432			△ 이 해 • 제2차 펠로폰네소스전쟁 시작.
B.C.430		△ 이무렵 • 인도, 바가다왕국, 겐지스강 유역 통일.	
B.C.429			△ 이 해 • 아테네, 장기스와 노파투스 전투에서 승리.
B.C.426			△ 이 해 • 아테네, 나키아스 장군, 타나그라 전투에서 보이오티아에 승리한 후 아테카로 철수. • 아테네, 올페 전투.

연도	한국	동양	서양
B.C.425			△ 이해 ·아테네. 필로스 전투에서 승리. ·아테네. 스팍테리아 전투에서 승리.
B.C.424			△ 이해 ·아테네. 델리온 전투에서 패배.
B.C.424			△ 이해 ·스파르타. 브라시다스 장군, 트라케 공략.
B.C.422			△ 이해 ·아테네·스파르타. 암피폴리스 전투.
B.C.421			△ 이해 ·아테네·스파르타. 니키아스 강화조약.
B.C.418			△ 이해 ·만티네아 전투. 스파르타. 펠로폰네소스 지역에서 우위권을 장악.
B.C.415			△ 이해 ·아테네. 시실리 원정 시작.
B.C.414			△ 이해 ·스파르타. 아테네에 선전포고.
B.C.410			△ 이해 ·아테네. 키지쿠스 전투.
B.C.408			△ 이해 ·스파르타. 페르시아와 협조.
B.C.406			8. ·아테네. 아르기누세 전투. 스파르타의 강화 제의 거절.

연도	한 국	동 양	서 양
B.C.405			△ 이 해 •아테네. 에페소스 전투.
B.C.404			△ 이 해 •스파르타. 아이고스포타미 전투 승리. 4. 아테네. 스파르타에 항복. 펠로폰네소스전쟁 종결. 스파르타, 도시국가 패권 장악.
B.C.403		△ 이 해 •중국. 전국시대(戰國時代) 시작.	
B.C.400	△ 이무렵 •요령성 지역과 한반도에 철기문화 보급.	△ 이무렵 •중국. 철제 농기구 제작 생산.	
B.C.398			△ 이 해 •카르타고, 시라쿠사의 디오니시우스와 1차 전쟁.
B.C.396			△ 이 해 •로마. 에트루리아 정복.
B.C.395			△ 이 해 •스파르타. 코린트전쟁 시작.
B.C.394			△ 이 해 •아테네. 크니도스 전투에서 스파르타 함대 격파. •스파르타. 코린트 포위전. •스파르타. 페르시아와 안탈키다스 화약.
B.C.392			△ 이 해 •카르타고. 디오니시우스와 2차전쟁.

연도	한 국 · 동 양	서 양
B.C.388		△ 이 해 · 갈리아인, 로마 점령.
B.C.386	△ 이 해 · 제(齊), 대부(大夫) 전씨(田氏), 정권 찬탈.	
B.C.385		△ 이 해 · 카르타고, 디오니시우스와 3차전쟁.
B.C.379		△ 이 해 · 스파르타에 대한 독립전쟁 시작.
B.C.377		△ 이 해 · 테베. 제2해상동맹 조직.
B.C.371		△ 이 해 · 아테네. △ 이 해 · 스파르타. 레욱트라 전투에서 테베에 패배.
B.C.368		△ 이 해 · 카르타고, 디오니시우스와 4차전쟁.
B.C.362		△ 이 해 · 그리스, 아카디아 동맹 해체. 만티네아 전투로 테베의 우위권 상실.
B.C.353	△ 이 해 · 제. 순빈, 마릉전투에서 위군을 전멸시킴.	
B.C.344		△ 이 해 · 카르타고, 시라쿠사의 티몰레온과 전쟁.
B.C.343		△ 이 해 · 로마. 제2차 삼니움 전쟁 시작.
B.C.341	△ 이 해 · 제. 순빈, 계릉전투에서 매복으로 위군 격파.	

연도	한 국	동 양	서 양
B.C.340			△이해 •로마. 라틴전쟁 발발. 라틴동맹 해제. 유럽 패권 장악.
B.C.339			△이해 •아테네. 마케도니아와 전쟁.
B.C.338			△이해 •마케도니아. 카이로네아 전투.
B.C.336			△이해 •마케도니아. 알렉산더대왕 즉위.
B.C.334			△이무렵 •마케도니아. 알렉산더대왕 동정東征 시작, 그라니쿠스 전투에서 페르시아군 격파.
B.C.333			△이무렵 •마케도니아. 이수스 전투에서 페르시아군 격파.
B.C.332			△이무렵 •마케도니아. 티레 포위전에서 승리.
B.C.332			△이무렵 •마케도니아. 가자 포위전에서 승리. •마케도니아. 이집트 정복. 알렉산드리아제국 건설.
B.C.331			10.1. 마케도니아. 가우가멜라(아르벨라) 전투에서 페르시아에 승리. 페르시아 멸망.
B.C.327			△이무렵 •마케도니아. 알렉산더대왕, 인도 정복.

연도	한 국	동 양	서 양
B.C.326			·로마. 제2차 삼니움 전쟁. △이 해
B.C.320	△이무렵 ·연燕이 왕王을 칭하고 동방東方을 침략하려 하자 조선朝鮮侯도 왕을 칭하고 이를 역공하려고 함.(사기)	△이무렵 ·중국. 기병이 출현.	·마케도니아. 히다스페스 전투에서 인도군 격파.
B.C.312			△이 해
B.C.311			·마케도니아. 셀레우코스 1세, 바빌론 탈환. △이 해
B.C. 300	·연 장수 진개가 요동에 장성을 쌓고 만반한滿番汗을 조선과 경계로 삼음. 연의 군대가 고조선 서부지방을 침략.(사기)	△이무렵 ·인도. 마우리아왕조가 갠지스강과 인더스강 유역을 통일.	·카르타고, 시라쿠사의 아가토클레스와 전쟁.
B.C. 298			△이 해
B.C. 290			·로마. 제3차 삼니움전쟁 시작. △이 해
B.C. 284		△이 해 ·연燕. 악의樂毅, 제 수도 정복.	·로마. 제3차 삼니움전쟁 종결 이탈리아 중부 정복 완료.
B.C. 280	△이무렵		·마케도니아. 아카이아동맹 결성.

명도전
(국립중앙박물관)

연도	한 국	동 양	서 양
			·로마. 헤라클레아 전투에서 피로스 왕의 군대에 패배.
B.C. 279			△ 이 해 ·로마. 아스콜룸 전투.
B.C. 275			△ 이 해 ·로마. 베네벤툼 전투에서 피로스 왕의 군대 격파.
B.C. 272			△ 이 해 ·로마. 아르고스의 시가전에서 피로스 왕을 죽임. 타렌툼 점령. 남부 이탈리아 정복 완료.
B.C. 267			△ 이 해 ·아테네. 마케도니아의 안티고노스 2세와 싸워 패배.
B.C. 266			△ 이 해 ·로마. 이탈리아반도 통일.
B.C. 264			△ 이 해 ·로마. 시칠리아의 양도권을 두고 카르타고와 전쟁. 제1차 포에니전쟁 시작.
B.C. 262			△ 이 해 ·로마. 아그리젠토 포위전.
B.C. 261		△ 이 해 ·인도. 아소카왕이 카링가왕국을 정복.	
B.C. 260		△ 이 해 ·진. 장평 전투에서 조군 격파.	△ 이무렵 ·로마. 라파라섬 전투. 미알레 전투. ·제2차 시리아전쟁.

연도	한 국	동 양	서 양
B.C. 108	가을. 한漢. 고조선 침공하여 왕검성王儉城 포위.		
B.C. 104	△ 이 해 •고조선. 이계상尼谿相 삼參, 한漢에 항복. 우거왕右渠王 죽음. 성기成己, 왕검성王儉城에서 항전.	△ 이 해 •가을. 한漢. 고조선을 평정하고 4군 설치.	△ 이 해 •로마. 노예 반란 발생. 제2차 노예전쟁 시작.
B.C. 102		△ 이 해 •한. 이광리李廣利, 대원大宛 정벌.	△ 이 해 •로마. 아쿠아에세比 전투.
B.C. 101			•로마. 마리우스의 병제 개혁. •로마. 베르셀레 전투에서 킴브리족 유린.
B.C. 91			△ 이 해 •로마. 이탈리아의 동맹도시들이 반기를 듦. 이 동맹시전쟁 시작.
B.C. 86			△ 이 해 •로마. 미트리다테스 공격. 제1차 미트리다테스전쟁. •로마. 카이로네아 전투에서 그리스군에 승리.
B.C. 85			△ 이 해 •로마. 오르코메누스 전투에서 그리스군에 승리.

연도	한 국	동 양	서 양
B.C. 83			△ 이 해 •로마. 미트리다테스 공격. 제2차 미트리다 테스전쟁.
B.C. 80			△ 이 해 •로마. 세르토리안 전쟁 시작.
B.C. 75	△ 이 해 •고구려측. 현도군을 공격하여 서북쪽으로 축출.		△ 이 해 •로마. 미트리다테스 공격. 제3차 미트리다 테스 전쟁 시작.
B.C. 74	2. 신라. 왕이 서남 군과 읍을 순수.		로마. 시지쿠스 전투.
B.C. 73			2. △ 이 해 •로마. 노예 스파르타쿠스가 반란을 일으 킴.(제3차 노예전쟁)
B.C. 71			△ 이 해 •로마. 크라수스, 스파르타쿠스 난 진압.
B.C. 67			△ 이 해 •로마. 폼페이우스, 지중해 해적을 소탕하기 위해 예외적 명령권 발동.
B.C. 66			△ 이 해 •로마. 소아시아를 완전한 영향권 아래에 둠. 제3차 미트리다테스전쟁 종료.
B.C. 65			△ 이 해 •로마. 폼페이우스, 시리아를 멸망시킴.
B.C. 64			△ 이 해 •로마. 폼페이우스, 시아시아 국가들을 영토 로 삼음.

연도	한국	동양	서양
B.C. 63			△ 이 해 ·로마. 유대를 병합하고 시리아를 속령으로 삼음.
B.C. 58			△ 이 해 ·로마. 카이사르, 갈리아 원정 시작.
B.C. 57	·신라 건국.(삼국사기) 『삼국사기』 신라본기		△ 이 해
B.C. 54			△ 이 해 ·로마. 카이사르, 제2차 브리타니아 원정.
B.C. 49			1.11. 로마. 카이사르, 루비콘강을 건너 로마로 진격. 로마. 마실리아 포위전.
B.C. 48			3. 4. 로마. 카이사르, 디르하키움에 있는 폼페이우스 포위함. 7.10. 디르하키움 전투에서 폼페이우스가 역습 성공. 8.9. 파르살루스 전투에서 폼페이우스군 궤멸.
B.C. 48			8. 로마. 알렉산드리아 포위전.
B.C. 47			2. 로마. 나일강 전투. 5. 로마. 카이사르, 젤라 전투에서 "Veni, vidi, vici(왔노라, 보았노라, 이겼노라)"라는 유명한 전갈을 보냄.
B.C. 46			△ 이 해 ·로마. 탑수스 전투.

연도	한국	동양	서양
B.C. 45			3.17. 로마. 문다 전투에서 30,000명의 폼페이우스 군을 전사시킴.
B.C. 44			3.15. 로마. 카이사르 암살. 12. 로마. 무티나 포위전. 안토니우스, 뮈나에서 부르투스 포위.
B.C. 43			4.14. 로마. 포럼 갈로룸 전투. 4.21. 로마. 무티나 전투. 10.3. 로마. 1차 필립피 전투. 카시우스 자결. 10.23. 로마. 2차 필립피 전투. 부르투스 자결.
B.C. 42			
B.C. 41			△ 이 해 ·로마·페르시아 전쟁. 안토니우스, 옥타비아누스 공략.
B.C. 40		『삼국사기』고구려본기	△ 이 해 ·로마. 부른디시움 조약으로 안토니우스와 옥타비아누스 화해.
B.C. 39	1. 변한. 나라를 들어 신라에 항복.		△ 이 해 ·로마. 티렌툼 조약에서 부른디시움의 약조를 확인.
B.C. 37	△ 이 해 ·고구려 건국.(삼국사기) ·신라. 경성京城을 쌓아 이름을 금성金城이라 함.		
B.C. 36	6. 고구려. 비류국의 송양松讓이 항복해 오자 그곳을 다물도多勿都라 함.		6. 로마. 안토니우스, 파르티아 침공. 9.3. 로마. 아그리파가 지휘한 옥타비아누스의 함대가 노룬쿠스 전투에서 섹스투스 폼페이우스의 함대 격파.

연도	한국	동양	서양
B.C. 32	10. 고구려. 행인국 복속.		·로마. 원로원 클레오파트라에게 선전 포고 하고 안토니우스의 삼두 지위를 박탈함. △ 이 해
B.C. 31			·로마. 악티움 해전
B.C. 30			9.2. 로마. 악티움 해전 △ 이 해
B.C. 28	4. 낙랑. 신라를 침범.		·로마. 옥타비아누스, 이집트 정복.
	11. 고구려. 부위염을 시켜 북옥저를 병합하고 성읍으로 삼음.		△ 이 해
B.C. 27			·로마. 아우구스투스, 전제 병력 501,000명을 300,000명 선으로 축소하는 군사 개혁 추진.
B.C. 18	△ 이 해 ·백제 건국.(삼국사기)	 『삼국사기』 백제본기	
B.C. 17	3. 백제. 을음을 우보로 삼아 병마사를 맡김.		
B.C. 16	9. 백제. 북족 정개를 습격하여 말갈 격파.		
B.C. 11	2. 백제. 위례성(慰禮城)을 포위한 말갈을 대부현 大斧峴에서 격파. 7. 백제. 마수성을 쌓고 병산책 세움.		
B.C. 9	4. 고구려. 선비(鮮卑)를 공격하여 항복 받음. 이 전투의 공으로 부분노(扶芬奴)에게 황금 30근과 말 10필 하사. 10. 백제. 말갈이 칠중하와 군미천 전투에서 패 했으나 정목신과 보현에서 싸워 격퇴.		

연도	한 국	동 양	서 양
B.C. 8	4. 낙랑. 맥간을 시켜 백제 병산책(甁山柵) 습격. 7. 백제. 독산책(禿山柵)·구천책(狗川柵)을 쌓아 낙랑과의 통로를 차단.		
B.C. 6	5. 백제. 한산에 도읍을 정함. 7. 백제. 한산 아래에 책을 세우고 위례성 민호를 옮김. 8. 백제. 마한에 사신을 보내 천도를 알리고 강역을 획정. 11. 부여. 대소왕. 군사 5만 명을 이끌고 고구려를 침략하였으나 대설이 내려 동사자가 많아 물러감.	 몽촌토성 목책(ⓒ유수)	
B.C. 5	1. 백제. 한산으로 천도함. 9. 백제. 한강 서북에 성을 쌓고 한성 백성을 사민시킴.		
B.C. 2	봄. 백제. 낙랑이 위례성에 침입.		
B.C. 1	10. 백제. 맥간을 집중하는(輯重)에서 척퇴. 말갈 주장 소모로(素牟)를 사로잡음. 11. 백제. 낙랑의 우두산성(牛頭山城) 습격.	 국내성 성벽	
1	10. 고구려. 국내성으로 천도. 위나암성 축성.		△ 이 해 •로마. 게르마니아 정벌 시작.
3	신라. 수도를 습격한 낙랑군 격퇴.		
4	7. 백제. 석두와 고목의 2성을 축성. 8. 백제. 맥간을 부현(斧峴)에서 척퇴. 9.		

연도	한 국	동 양	서 양
6	7. 백제. 웅천책을 세우자 마한왕이 반대하여 웅천책을 다시 허묾.		
6	△ 이 해		•로마. 토이토부르거발트 싸움에서 패배. 게르마니아 진출 포기.
8	10. 백제. 원산성圓山城·금현성錦峴城을 제외한 마한 병합.		
9	4. 백제. 마한의 원산성·금현성을 병함. 마한 멸망.		
	7. 백제. 대두산성大豆山城 축성.		
10	2. 백제. 다루를 태자로 삼아 중앙과 지방의 군사업무를 맡김.		
	7. 신라. 석탈해를 대보로 삼아 군국정사 맡김.		
12	△ 이 해 •고구려. 한 왕망이 흉노정벌을 위해 고구려 군을 동원하고자 하였으나 불응하며 한과 싸움.		
13	11. 고구려. 왕자 무휼, 부여의 침략을 한반령에서 격퇴.		
14	1. 고구려. 태자 무휼에게 군정을 맡김.		
	8. 고구려. 양맥 멸하고 한의 고구려현 공격.		
	△ 이 해 •신라. 병신 100여 척으로 해변의 민호를 집략하자 왜구 격퇴. •낙랑. 신라 금성 습격.		

연도	한 국	동 양	서 양
16	10. 백제. 마한의 옛 장수인 주근이 우곡성에서 배반하였으나 이를 격퇴.		
18	7. 백제. 탕정성을 쌓고 대두성 민호를 분치. 8. 백제. 원산성과 금현성을 수리하고 고사부리성을 쌓음.		
21	12. 고구려. 부여 공격을 위한 원정 개시.		
22	2. 고구려. 부여를 공격하여 대소왕을 죽임. 4. 부여. 대소왕의 동생이 갈사국葛思國 세움. 7. 부여. 대소왕의 종제가 10,000여 명을 이끌고 고구려에 대항함. 9. 백제. 말갈이 순천성을 공격해 옴. 11. 백제. 말갈의 부현성 습격을 앓이 막음. 12. 고구려. 구다국왕이 내항함.	2. 한. 유수劉秀 거병.	
23	2. 백제. 한수의 동북 제부락에 군역을 징발하여 위례성을 수축함.	△ 이 해 ·한. 유수의 군대가 곤양昆陽 전투에서 왕망의 군대를 격파.	
24		△ 이 해 ·한. 왕조王朝, 낙랑樂浪에서 반란.	
25	2. 고구려. 을두지乙豆智를 우보右輔로 삼아 군무와 국정 맡김.	△ 이 해 ·후한 건국.	
26	10. 고구려. 대무신왕, 개마국을 친정하여 왕을 죽이고, 그 땅을 군현으로 삼음.		
27	1. 고구려. 을두지를 좌보·송옥구를 우보로 삼아 군무와 국정 맡김.		

연도	한국	동양	서양
28	7. 고구려, 한나라 요동군遼東郡가 위나암성慰那巖城을 포위 공격해옴.		
30	7. 고구려. 매구곡買溝谷 사람 상수尙須의 무리가 투항해옴.		
31	10. 백제. 마수산馬首山에서 말갈 격파.		
32	8. 백제. 고목성高木城에서 말갈 격파.		
34	4. 고구려. 낙랑을 공격하여 항복받음.		
36	9. 백제. 말갈 침입으로 마수성馬首城이 함락. 겨울. 말갈. 백제 병산책瓶山柵 습격. 8. 낙랑. 신라 북쪽 변방의 타산성朶山城 점거.		
37	△ 이 해 ·고구려. 낙랑을 습격하여 멸함. ·고구려. 낙랑을 멸하자 낙랑인이 신라로 내투함.	△ 이 해 ·후한. 광무제光武帝, 전 중국 평정.	
40	9. 신라. 화려華麗·불내不耐 사람이 기병으로 북쪽 변경 습격. 맥인貊人이 이를 격파.		
43		△ 이 해	△ 이 해 9. 로마. 클라우디우스황제, 브리타니아 정벌. 로마. 클라우디우스황제, 브리타니아를 정복하고 개선.
44	9. 후한後漢. 해로로 군대를 보내어 낙랑군 회복.		
45		△ 이 해 ·후한. 오환烏桓과 선비鮮卑가 흉노와 함께 침공해옴.	

연도	한 국	동 양	서 양
49	•고구려. 후한의 북평·어양·상곡·태원 공격.		
55	2. 고구려. 요서 10성을 쌓아 후한에 대항. 8. 맡갈. 백제 북쪽 경계를 습격.		
56	2. 백제. 왕이 동부에 명하여 우곡성을 쌓아 말갈에 대비. 7. 고구려. 동옥저를 정벌하여 성읍으로 삼음.		
61	8. 마한. 장수인 맹소가 복암성을 신라에 바치며 항복함.		
63	10. 백제. 낭자곡성까지 국토를 넓힘.		
64	8. 백제. 신라의 와산성蛙山城 공격. 10. 백제. 신라의 구양성狗壤城 습격. 신라는 기병 3,000으로 이를 격퇴.		
66	△ 이 해 •백제. 신라의 와산성 습격.		
68	8. 고구려. 갈사왕 손자인 도두가 내항하자 우태로 삼음.		
70	△ 이 해 •백제. 신라를 공격함.		
72	2. 고구려. 조나국藻那國을 공격하여 왕을 사로잡음.		
73	△ 이 해 •신라. 왜인倭이 목출도에 침입. 각간 우오角干 羽烏를 보내어 막았으나 실패.		

연도	한 국	동 양	서 양
74	8. 신라. 왜제가 변경에 침입하므로 군사를 보내어 막음. 10. 고구려. 주나[邾那]를 쳐서 그 왕자 음즙[乙音]을 사로잡아 고주가로 삼음.		
75	10. 백제. 신라의 와산성을 함락.		
76	9. 신라. 와산성을 수복.		
77	8. 신라. 아찬 길문[吉門], 가야병과 황산진[黃山津] 어구에서 싸워 대승.		
83		△ 이 해	△ 이 해 •로마. 라인강과 도나우강 사이에 장성[長城]을 축조하기 시작.
85	1. 백제. 군사를 보내어 신라의 변경을 침략.		
87	7. 신라. 가소성과 마두성을 쌓음.	△ 이 해 •후한. 반초[班超], 서역 50여 국을 복속시킴.	
88		△ 이 해 •후한. 반초, 구자왕[龜玆王]을 격파.	△ 이 해 •로마. 안토니우스와 사트리니누스의 반란이 일어남.
90		△ 이 해	
94	2. 가야. 신라의 마두성을 공격.		
96	9. 신라. 가야가 침략해와 장세[長世] 전사. 신라왕이 친히 나가 싸움.		
101	2. 신라. 월성[月城]을 쌓고 왕이 그곳에 거주함.		

연도	한국	동양	서양
102	8. 신라. 음즙벌국을 병함. 실직국·압독국이 항복해옴.		
104	7. 신라. 실직국이 반하자 이를 토벌.		
105	1. 고구려. 한의 요동 6현을 공략. 요동태수가 경기脈虁에게 격퇴됨.		
106			3. 로마. 트라야누스황제, 메세비루스왕을 격파. 다키아 복속.
106	8. 신라. 마두성주에 명하여 가야를 공격.		
108	5. 신라. 군사를 보내어 비지국比只國·조인국多伐國·다벌국多伐國을 병함.		
108	7. 백제. 말갈이 백제의 우곡에 들어와 민구民口를 약탈함.		
111	3. 고구려. 예맥과 함께 현도군을 공격.		
111	4. 신라. 백제의 나기군을 점령. △ 이 해 • 부여. 부여왕 시, 보병과 기병 8,000으로 낙랑군을 습격.		
114	6. 고구려. 예맥과 함께 한의 현도군을 습격하여 화려성華麗城을 공격.		△ 이무렵 • 로마. 트라야누스황제, 파르티아 원정. • 로마. 아르메니아와 메소포타미아 병합.
115	2. 가야. 신라의 남쪽 변경을 침략.		2. 로마. 트라야누스황제, 파르티아의 수도 크테시폰 함락.
115	7. 신라. 황산하黃山河에서 가야에게 패배.		
116	8. 신라. 가야를 침공하였으나 비때문에 회군.		

연도	한 국	동 양	서 양
118	6. 고구려. 예맥과 함께 한의 현도군을 습격하여 화려성을 공격.		
121	2. 신라. 대증산성大甑山城을 쌓음. 봄. 한나라 유주자사 풍환, 현도태수 요광, 요동태수 채풍 등이 고구려를 침략함. 고구려 왕의 동생 수성遂成이 대파함. 4. 고구려. 선비와 함께 요동현을 공격. 요동태수 채풍 등 신창에서 살해. 4. 신라. 왜인이 침입함. 11. 고구려. 왕의 동생 수성에게 군무와 정사를 통솔케 함. 12. 고구려. 마한·예맥과 연합하여 현도성을 공격했으나 부여의 20,000 군대가 한을 지원하여 패배함.		
122	△ 이 해 •고구려. 마한·예맥과 더불어 요동을 공략하여 한·부여의 군사를 격퇴.		
125	1. 신라. 말갈이 북쪽 정계로 침입. 7. 신라. 말갈이 침략으로 백제에 군사를 청하자 백제가 5명의 장군을 보내어 구원함.		
132	2. 백제. 북한산성을 쌓음.		
136	1. 신라. 웅선을 이찬으로 삼아 내외병마사를 겸임케 함.		
137	2. 신라. 말갈이 변경에 침입하여 장령의 5책을 불지름.	2. 후한. 이진李進, 무릉武陵이 반란 평정. 5. 후한. 남만南蠻 반란.	

연도	한 국	동 양	서 양
138	7. 신라. 알천 서쪽에서 군대 검열.	6. 후한. 장교(張喬), 남쪽 변경지역 평정.	
139	8. 신라. 말갈이 장령을 침노.		
139	10. 신라. 말갈이 장령을 재침입.		
140	2. 신라. 장령에 책을 세워 말길에 대비.		
146	8. 고구려. 후한 요동군의 서안평현을 공격. 대방현령을 죽이고 낙랑태수의 처자를 잡아옴.		
146	10. 신라. 압독이 배반하자 이를 평정.		
151	2. 신라. 대선을 이찬으로 삼아 내외의 군사를 맡김.		
154	3. 신라. 제현을 이찬으로 삼아 군국정사를 맡김.		
155	10. 신라. 아찬 길선이 백제에 내투.	7. 신비. 단석괴(檀石槐), 부중노를 공격하여 몽고지역 통일.	
156	4. 신라. 계립령이 길을 엶.		
158	3. 신라. 죽령이 길을 엶.		
161	△ 이 해		△ 이 해 • 로마. 아르메니아 문제로 파르티아의 수도 크테시폰 함락.
162	△ 이 해 • 신라. 사도성을 순행하여 군졸을 위로함.		
165	10. 신라. 아찬 길선이 모반하다가 발각되어 백제로 도망감. 신라가 노하여 백제를 쳤으나 군량이 다하여 돌아옴.		

연도	한 국	동 양	서 양
166	1. 고구려. 명림답부를 국상 및 패자로 삼아 내외 병마사를 맡김.		
167	봄. 부여. 부여왕 부태, 현도군을 공격. 7. 백제. 신라의 서쪽 변경 두 성을 습파하여 백성 1,000인을 잡아옴. 8. 백제. 신라왕이 직접 백제를 공격해옴에 사로잡았던 백성을 돌려보내고 화해를 청함.		
168	12. 고구려. 신미와 함께 후한의 유주·병주 공격. △ 이 해 • 고구려. 한 현도태수 경림이 고구려 침입. 고구려 신대왕이 현도에 복속하기를 청함.		
169	△ 이 해 • 고구려. 대가 우거와 주부 연인 등이 현도 태수 공손도公孫度와 부산적富山賊을 토벌.		△ 이 해 • 로마. 마르쿠스 아우렐리우스황제, 쿠아디족 토벌.
170	백제. 군사를 내어 신라의 변경을 침탈.		
172	11. 고구려. 명림답부明臨答夫의 군대가 후한의 침략군을 좌원坐原에서 격멸.		△ 이 해 • 로마. 마르쿠스 아우렐리우스황제, 사르마티인을 공격.
179	△ 이 해 • 고구려. 발기가 즉위하지 못하자 소노가와 더불어 하호 30,000여 구를 거느리고 공손 강에게 투항.		

연도	한 국	동 양	서 양
184	△ 이해 •고구려. 한의 요동태수가 고구려에 침입해 옴에 왕자 계수(罽須)를 보내어 막게 하였으나 이기지 못하므로 왕이 나아가 이를 적파.	2. 후한. 황건적의 난.	
185	2. 신라. 파진찬 구도와 일길찬 구수혜를 좌우의 군주로 삼아 소문국을 공격.		
188	2. 백제. 구양을 중수하고 신라의 모산성을 공격.		
189	7. 백제. 신라와 구양에서 싸워 패배. △ 이해 •고구려. 요동태수 군대의 침입을 좌원에서 격파.	 환도산성 성벽(ⓒ유수)	
190	8. 신라. 백제가 신라 서쪽 정계의 원산향을 침입하고 부곡성을 에워쌈. 신라의 구도가 이를 치다가 와산에서 패배.		
191	4. 고구려. 좌가려 등의 모반을 진압. 을파소를 국상으로 삼아 정사를 맡김.		
197	△ 이해 •고구려. 고국천왕이 죽자 산상왕 즉위. 산상왕의 형 발기가 공손도에게 투항하여 고구려를 침공하였으나 실패하고 자살.		
198	2. 고구려. 환도성을 쌓음.		
199	7. 백제. 신라의 변경 침략.		

연도		한 국		동 양	서 양
200	9.	신라. 알천閼川에서 군사훈련 실시.	△ 이 해	•후한. 조조, 원소 격파. 부중국 일대 지배.	
203	10.	신라. 말갈이 국경에 침입.			
204	7.	백제. 신라 요거성腰車城을 공격하여 성주 설부薛夫를 죽임. 신라왕, 6부部 정예병을 거느리고 사현성沙峴城을 점략.			
207	1.	신라. 왕자 이음을 이벌찬으로 삼고 내외병 마사를 맡김.			
208	4.	신라. 왜가 국경에 침입. 이벌찬 이음을 시켜 이를 막게 함.	△ 이 해	•후한. 적벽대전.	
209	7.	신라. 가야가 포상8국浦上八國의 침략을 받고 신라에 구원을 요청. 이에 신라는 태자 우로于老와 이음利音에게 명하여 구원케 함.			
	10.	고구려. 환도성으로 천도.			
210	2.	백제. 적현과 사도성을 쌓고 동부의 민호를 사민.			
	10.	백제. 말갈이 사도성沙道城에 침입.			
212	△ 이 해	•신라. 보라국保羅國·고자국古自國·사물국史勿國 등 8국이 침입.			
214	7.	신라. 백제가 서쪽의 요거성腰車城을 공격하므로 이음利音이 가서 백제를 공격하여 사현성沙峴城을 깨트림.			
	9.	백제. 말갈의 석문성石門城을 점령.			
	10.	백제. 말갈이 기병으로 술천述川에 침입.			

연도	한국	동양	서양
215	△ 이 해 •신라. 골포국骨浦國 등 3국이 침입.		
216	8. 백제. 말갈이 와서 적현성赤峴城을 포위공격하였으나 사도성沙道城에서 대파함.		
217	2. 백제. 사도성 부근에 2책을 설치. 8. 고구려. 후한의 평주사람 하요가 1,000여 호를 이끌고 내투하여 책성에 안치.		
218	7. 신라. 백제가 장산성獐山城에 침입하여 이를 격퇴.		
220	3. 신라. 충훤忠萱을 이벌찬伊伐飡으로 삼아 군사의 일을 겸하게 함. 10. 백제. 말갈이 북변을 침범해오자 군사를 보내어 막음.	△ 이 해 •후한 멸망. 삼국시대 시작(~280)	
222	10. 신라. 백제가 우두주牛頭州에 침입. 신라의 연진을 이벌찬으로 삼아 군사를 맡게 함.		
224	7. 신라. 이벌찬 연진이 백제와 봉산 아래에서 싸워 승리. 8. 신라. 봉산성烽山城 축성.		
227		△ 이 해 •촉한. 제갈량諸葛亮, 우위魏 원정.	
229	11 백제. 말갈이 우곡에 침입하여 약탈.		
230	△ 이 해 •신라. 연충連忠을 이찬으로 삼아 군무와 국정을 맡김.		

연도	한 국	동 양	서 양
403	1. 신라. 미사품을 서불한으로 삼아 군사와 정사를 맡김. 7. 백제. 신라의 변경 침공. 11. 고구려. 후연을 공격.	△ 이 해 • 후량 멸망.	
404	11. 고구려. 왕이 직접 후연 공격. 12. 고구려. 후연 공격. △ 이 해 • 고구려. 대방에 침입한 왜제·왜 연합군 전멸시킴.	 광개토왕비(ⓒ유수)	
405	1. 고구려. 요동성을 침략한 후연왕 모용희 군대 격퇴. 4. 고구려. 평양성을 공격한 왜구를 격퇴. 12. 고구려. 목저성을 침입한 후연왕 모용희의 군대를 격퇴.		
406			△ 이 해 • 유럽. 반달족과 알란족이 갈리아에 침입하고 부르군트족이 라인강 중류에 정착.
407	2. 백제. 해구를 병관좌평으로 삼음. 3. 신라. 왜가 동변에 침입하여 노략질 함. 6. 신라. 왜병이 남쪽 변경을 침입함.		△ 이무렵 • 동로마. 갈리아에서 농민과 노예 해방 운동인 바가우다에운동이 재연됨. • 동로마. 브리타니아에서 군대 철수.
408	1. 백제. 여신을 상좌평으로 삼아 군사와 정사를 맡김. 2. 신라. 대마도를 정벌하려다가 중지.		△ 이 해
409	7. 고구려. 나라 동쪽에 독산 등 6성을 쌓고 평양의 민호를 옮김.	△ 이 해 • 북위. 후연을 격파하고 황하 이북을 병합.	• 유럽. 반달족, 알란족, 수에비족이 에스파냐 지역에 침입함.

연도	한 국	동 양	서 양
410	△ 이 해 •고구려. 동부여 통합.		△ 이 해 •서고트, 아타리크왕, 서로마에 침입하여 내 약탈을 자행하고 아프리카로 진격중에 급 사함.
411		1. 서진. 후연에 다시 항복.	
415	8. 신라. 풍도에서 왜병 격퇴.		
417	7. 백제. 동북2부 사람을 징발하여 사구성 축성.	△ 이 해 •동진, 유유, 후진을 멸함.	△ 이 해 •서고트, 아퀴타니쿰을 멸함.
418	△ 이 해 •신라. 박제상, 눌지마립간의 두 아우를 고 구려와 왜로부터 탈출시킴.		△ 이 해 •서고트, 에스파냐를 정복함.
420		△ 이 해 •동진 멸망, 송末 건국.	△ 이 해 •동로마. 사산조 페르시아와 전쟁을 벌임.
425		10. 북위 태무제, 유연을 침.	
427	△ 이 해 •고구려. 국내성에서 평양성으로 천도.		
431	4. 신라. 왜구가 침입하여 명활성을 포위.	1. 하. 서진을 멸망시킴.	
433	△ 이 해 •백제·신라, 백제 비유왕과 신라 눌지왕이 군사동맹을 맺음. (나제동맹)		△ 이 해 •훈족. 아틸라의 주도하에 왕국을 세움.
436	4. 고구려. 북위의 백랑성을 공격함에 고구려 장수왕은 장수 갈로맹광을 파견. 북 연왕 풍홍이 투항해옴.	△ 이 해 •북위, 북연을 멸함.	△ 이 해 •부르군트 왕국. 훈족의 공격을 받아 멸망.
438	3. 고구려. 북연왕과 그 자손 10여 명을 죽임.		

연도	한 국	동 양	서 양
486	1. 신라. 이찬 실죽을 장군으로 삼고, 일선의 장정 3,000명을 징발하여 삼년산성과 굴산성을 고쳐 쌓음. 2. 백제. 배가를 위사좌평으로 삼음. 4. 신라. 왜인이 변경을 침범. 7. 백제. 궁실을 중수하고 우두성을 쌓음.		△ 이 해 •프랑크왕국. 클로비스, 스와송전투에서 로마 총독 시아그리우스를 깨고 프랑크왕국을 건립.
487	7. 신라. 월성을 수즙. 8. 신라. 낭산 남쪽에서 군사검열.		
488	7. 신라. 도나성 축성.		
488	△ 이 해 •백제. 북위의 침입을 격퇴.		△ 이 해 •클로비스왕. 로마군을 최종적으로 격파.
489	9. 고구려. 신라의 북변을 습격하여 과현에 이름. 10. 고구려. 신라의 고산성 함락.		△ 이 해 •동고트, 비오도리크왕, 이탈리아에 침입.
490	2. 신라. 비라성을 중축. 7. 백제. 북부인 15세 이상을 징발하여 사현과 이산의 두 성을 쌓음. △ 이 해 •백제. 구경에 침범한 북위군 수십만을 대파.(삼국사기에는 동성왕 10년)		
493	7. 신라. 임해진·장령진을 설치하여 왜적 방비.		△ 이 해 •동도트, 비오도리크왕, 오도아케르를 물리치고 이탈리아에 동고트왕국을 건설.
494	2. 고구려. 부여왕이 고구려에 항복. 7. 신라. 실죽 등이 고구려와 살수에서 싸우다		

연도	한국	동양	서양
494	패하자 백제가 원병을 보냄.		△ 이 해 ·부여, 물길의 공격으로 멸망.
495	8. 고구려, 백제 치양성 포위. 백제는 신라에 구원 요청.		
496	7. 신라, 우산성을 침입한 고구려군을 장군 실죽이 니하에서 격파.		△ 이 해 ·프랑크왕국, 알라만족을 격파.
497	4. 신라, 왜구가 변경에 침입.		
498	5. 백제, 병관좌평 진로가 죽자 달솔인 연돌을 병관좌평으로 삼음. 8. 고구려, 신라의 우산성을 함락.		△ 이 해 ·프랑크왕국, 클로비스왕, 시칼리아를 정복.
499	7. 백제, 사정성을 쌓고 한솔인 비타로써 진수케 함.		△ 이 해 ·동로마, 불가르인의 침입을 받음.
500	3. 신라, 왜구가 장봉진에 침입.	11. 남제, 소연, 군사를 일으킴.	
501	7. 백제, 탄현에 책을 설치하여 신라에 대비. 8. 백제, 가림성을 쌓고 위사좌평인 백가로 하여금 진수케 함. 11. 백제, 고구려의 수곡성 공격. 백가가 사람을 시켜 백제왕을 시해하려함.		
502	11. 백제, 고구려 공격.		△ 이무렵 ·예맨, 히무얄 국왕이 아비시니아군에 패하여 멸망. ·동로마, 사산조 페르시아와 전쟁을 벌임.

연도	한국	동양	서양
503	9. 백제. 고무성을 침입한 말갈 격퇴. 11. 백제. 말슬 우영이 고구려 수곡성을 공격.		
504	9. 신라. 파리波里·미실彌實·진덕珍德·골화骨火 등 12개의 성을 쌓음.	9. 북위. 북쪽 변경에 9성을 쌓음.	
505	2. 신라. 주·군현을 정함. 실직주를 설치하고 이사부를 군주로 삼음.		
506	7. 백제. 말갈이 고무성을 침노. 11. 고구려. 백제를 정벌하려다 눈을 만나 회군.		
507	5. 백제. 고무성 남쪽에 책을 세우고 장령성을 쌓아 말갈에 대비. 10. 백제. 고구려와 말갈이 공모하여 백제의 한 성을 공략하려하자 백제가 이를 물리침.		△ 이 해 ·프랑크왕국 클로비스왕, 부이에 싸움에서 승리하여 서고트를 격퇴함.
512	6. 신라. 우산국을 복속. 9. 고구려. 백제를 침략하여 가불성·원산성을 함락.		
516		△ 이 해 ·유연. 고자를 정벌하여 앙을 죽임.	
517	4. 신라. 병부 설치.		△ 이 해 ·슬라브인. 동로마 발칸반도에 침입.
518	2. 신라. 주산성 축성.		
523	2. 백제. 한수 이북 주군의 백성을 징발하여 쌍현성을 축성. 8. 백제. 고구려 군대가 패수에 이르자 좌장인 지충에게 명하여 이를 격퇴.		

연도	한 국	동 양	서 양
524			△ 이 해 •사산조 페르시아. 카와드 1세, 동로마제국과 전쟁을 벌임.
525	2. 신라. 대아찬 이등을 사벌주 군주(軍主)로 임명.		△ 이 해
526	10. 백제. 웅진성을 수리하고 사정책을 세움.		△ 이 해
527		11. 양. 북위의 수양을 점령.	•동로마. 유스티니아누스의 전쟁 시작.
528			△ 이 해 •동로마. 벨리사리우스 장군, 다라스전투에서 사산조 페르시아군을 격파.
529	10. 고구려. 오곡성에서 백제와 싸워 승리.		•동로마. 사산조 페르시아의 침입을 받음.
531			△ 이 해 •프랑크왕국. 튀링겐족을 정복.
532	△ 이 해 •신라. 금관국주 김구해가 항복해옴.		△ 이 해 •동로마. 콘스탄티노플에서 반증 봉기(니케의 반란)가 일어남.
533		△ 이 해 •북위. 고환, 이주조를 죽임.	9.13. 동로마. 아드 데시뭄 전투. 12. 동로마. 트리카메론 전투. 반달왕국 멸망.
534			△ 이 해 •동로마. 벨리사리우스 아프리카를 원정. △ 이 해 •프랑크왕국. 부르군트왕국을 병합. •유스티니아누스, 동고트족에 선전포고.

연도	한국	동양	서양
535			△ 이 해 •동로마. 벨리사리우스, 시실리 및 이탈리아 원정.
536			12.10. 동로마. 벨리사리우스, 이탈리아를 침공. 로마 점령.
537			△ 이 해 •프랑크왕국. 프로방스를 획득.
538	△ 이 해 •봄. 백제. 사비로 천도하고 국호를 남부여라 함.		△ 이 해 •동로마. 라벤나 포위전.
540	9. 백제. 고구려의 우산성을 공격.		△ 이 해 •동로마. 벨리사리우스가 이탈리아를 공고화 시킴. 이듬해 유스티니아누스는 벨리사리우스를 콘스탄티노플로 소환.
541	3. 신라. 이사부를 병부령으로 삼아 내외병마사를 맡김.	12. 동위. 이론의 반란.	△ 이 해 •고트족. 재부상. 일대바드의 지휘 아래 대부분의 이탈리아 지역을 재정복.
542		•양. 왕승변, 요인의 난을 평정.	△ 이 해
544			△ 이 해 •동로마. 벨리사리우스 장군, 이탈리아에 출정하여 토리타와 전쟁을 벌임.
547	7. 고구려. 백암성을 개축하고 신성을 수축.		△ 이 해 •동로마. 벨리사리우스 장군, 로마를 회복.

연도	한 국	동 양	서 양
548	1. 고구려. 예와 공모하여 백제 독산성 공격. 백제는 사신을 신라에 보내어 구원요청. 신라에서 보낸 주진 등이 고구려병 격파.	△ 이 해 ·양 소정덕이 반란을 일으킴.	
549		△ 이 해 ·양. 후경, 반란을 일으켜 건강을 함락.	
549		12. ·양. 진패선, 후경을 침.	△ 이 해 ·동로마. 벨리사리우스 재소환. 이탈리아 전역에서 고트족의 지배가 확고해짐.
550	1. 백제. 고구려의 도살성 점령. 3. 고구려. 백제의 금현성 점령. 신라의 이사부 도살성과 금현성을 점령.	△ 이 해 ·고양. 동위를 멸하고 북제를 건국.	
551	9. 고구려. 신성新城·백암성白巖城을 습격한 돌궐을 격퇴. 이 해에 백제·신라의 연합으로 고구려 공격. 백제가 한강하류지역 점령. △ 이 해 ·신라가 죽령 이북 10군 점령. 단양신라적성비 세움.		△ 이 해 ·동로마. 유스티니아누스가 나르세스에게 이탈리아 전역의 지휘권을 맡김.
552	△ 이 해 ·고구려. 장안성 축성.	1. 돌궐. 토문, 유연의 두병가한을 죽이고 이리가한을 칭함.	△ 이 해 ·동로마. 타지네에 전투. 나르세스가 로마를 수복.
553	7. 신라. 한강하류지역을 점령하고 신주를 두어 김무력을 군주軍主로 둠. 나제동맹 결렬. △ 이 해 ·백제. 왕자 여창, 고구려군과 전투. 왜에 원병을 요청.	10. 북제. 거란을 격파. 11. 돌궐. 북제에 자진 항복.	△ 이 해 ·동로마. 몬스락타리우스 전투. 나르세스가 고트족을 격파하고 군대를 나누어 이탈리아 전역에 남아 있는 고트족의 거점 및 요새를 공격하게 함.

연도	한 국	동 양	서 양
554	7. 신라. 명활성을 수축. 7. 백제. 관산성에서 신라의 복병에게 성왕 죽음, 위덕왕 즉위. 10. 고구려. 백제의 웅천성을 쳤으나 패하고 돌아감.		△ 이 해 •동로마. 이탈리아의 동고트왕국을 멸함.
556	7. 신라. 비열홀주를 설치하고 사찬 성종을 그 곳의 군주로 삼음.	△ 이 해 •북제. 장성을 쌓음.	
557	10. 고구려. 환도성의 간주리가 모반하다가 복주됨. 이 해에 신라가 국원을 소경으로 삼음. △ 이 해 •신라. 사벌주를 폐하고 감문주를 두어 사찬 기종을 그곳의 군주로 삼음. •신라. 신주를 폐하고 북한산주를 둠.	1. 북주. 우문각, 서위를 멸하고 북주를 건국. 10. 진패선, 양을 멸하고 진을 건국.	
558	△ 이 해 •신라. 나정부 등 8장군에게 명하여 백제와 더불어 고구려를 침공.		△ 이 해 •프랑크왕국. 클로타르 1세, 즉위. 프랑크왕국을 재통일.
560	7. 백제. 신라의 변경을 침략하였으나 실패.		
561	7. 신라. 대가야 정복.		
562	1. 신라. 가야가 신라를 배반하자 신라왕이 이사부와 사다함을 통해서 이를 막음. 사다함이 공을 세움.		△ 이 해 •사산조 페르시아. 호스로 1세, 이집트와 아라비아를 원정. •동로마. 사산조 페르시아와 강화를 맺음.

연도	한 국	동 양	서 · 양
568			△ 이 해 •아바르왕국, 도나우 연안까지 진출 •게르만족 일파의 수장인 알보인, 북이탈리아(현 롬바르디아)를 정복하여 롬바르드왕국을 세움.
570			△ 이 해 •사산조 페르시아. 예멘 점령.
572	10. 신라. 전사한 장병을 위하여 팔관회 개최.		△ 이 해 •동로마. 사산조 페르시아를 공격해 아르메니아를 탈환함.
574		△ 이 해 •팔라바왕조, 비시누, 즉위하여 남인도와 실론을 점령.	
576	△ 이 해 •신라. 진지왕 즉위. 이찬 거칠부를 상대등으로 삼아 나라의 군무와 정사를 맡김. 원화와 화랑을 둠.	△ 이 해 •서돌궐. 동로마의 비잔틴을 포위.	△ 이 해 •동로마. 유스티누스 2세, 사산조 페르시아를 원정.
577	10. 신라. 백제가 서변을 공격하였으나 신라의 이찬 세종이 이를 격파. 10. 신라. 내리서성을 쌓음.	△ 이 해 •북주. 북제를 정복. 북제 멸망.	
578	7. 신라. 백제의 알야산성(閼也山城)을 침공.		△ 이 해 •슬라브족. 도나우강을 건너 트라키아 지방에 진출.
579	2. 백제. 웅현성과 송술성을 쌓음.		

연도	한 국	동 양	서 양
580	2. 신라. 이찬 후직을 병부령으로 삼음.		
581			△ 이 해 · 동로마. 사산조 페르시아와 전쟁을 벌임.
584		2. 돌궐. 담주가한, 수에 항복.	△ 이 해 · 동로마. 코르도바를 함락.
585		△ 이 해 · 수. 장성을 쌓음.	
585		△ 이 해 · 돌돌궐. 수에 항복.	
586	△ 이 해 · 고구려. 장안성으로 천도,	10. 토욕혼. 수에 항복을 청함.	
587		9. 수. 후량을 멸망시킴.	
589		1. 수. 진을 멸하고 천하를 통일.	
590	△ 이 해 · 고구려. 온달, 신라의 아차성에서 전사.	5. 수. 부병제를 정비.	
591	7. 신라. 남산성을 쌓음.	6. 수. 50세가 되면 부역을 면하게 함.	△ 이 해 · 사산조 페르시아. 호스로 2세, 비푸람주빈의 반란을 진압.
593	7. 신라. 명활성과 서형산성을 개축.		
597		2. 수. 온남이 남령만을 평정함.	
598	6. 고구려. 수문제가 300,000명으로 침공해옴. 9. 고구려. 수군을 격파. 배제를 공격.	6. 수. 고구려를 공격.	
602	8. 백제. 신라의 아막성 공격. 신라의 귀산과 추항이 백제군과 싸우다가 전사.		△ 이 해 · 동로마. 마우리키오스황제가 피살되고 내란이 발생함.

연도	한 국	동 양	서 양
603	8. 고구려. 신라의 북한산성 침략.		
603			△ 이 해 •동로마. 사산조 페르시아에게 메소포타미아와 아르메니아 지방을 공격받음.
605	2. 백제. 각산성(角山城)을 쌓음. 8. 신라. 백제의 동쪽 국경 침공.		
606	10. 백제. 신라의 가잠성을 공격.		
607	3. 백제. 수에 사신을 보내 고구려 토벌 요청. 5. 고구려. 백제의 송산성(松山城)·석두성(石頭城)을 공격.		
608	2. 고구려. 신라 북경을 침략하여 8,000인을 노획. 4. 고구려. 신라의 우명산성 함락. △ 이 해 •신라. 고구려의 잦은 침입으로 수에 고구려 정벌 요청.		
609		1. 수. 민간의 병기 소유를 금지함. △ 이 해 •수. 토욕혼을 토벌하여 실크로드를 확보.	
610		1. 수. 유구를 공격해서 그 왕을 죽임.	
611	2. 백제. 국지모를 수에 사신으로 보내 고구려를 침략할 기일을 청함. 신라 역시 수에 사신을 보내어 군대출동을 요청하니 양제가 이를 허락함.	△ 이 해 •수. 고구려 원정을 위한 총동원령을 내림.	△ 이 해 •사산조 페르시아. 호스로 2세가 시리아, 이집트, 소아시아를 공격함.

연도	한국	중국	서양
	4. 수양제의 군대가 탁군에 집결 8. 백제. 적암성赤巖城을 축성. 10. 백제. 신라의 가잠성을 공략.		
612	2. 고구려. 수의 군대가 요동성 포위. 7. 고구려. 을지문덕, 살수에서 수의 군대 섬멸(살수대첩).	7. 수. 고구려 원정군이 패하고 돌아옴.	
613	2. 고구려. 수의 고구려 공격 시작. 4. 고구려. 수양제가 요동성 공격. 6. 고구려. 수양제가 후방의 불안으로 철군.	1. 수. 양제, 고구려 원정을 위한 총동원령을 내림. 6. 수. 예부상서 양현감, 개봉에서 반란.	△ 이 해 · 프랑크왕국. 클로타르 2세, 프랑크왕국을 재통일함.
614	2. 고구려. 수가 다시 침공해 옴. 2. 신라. 사벌주를 폐하고 일선주를 둠. 일길찬 일부를 일선주 군주로 삼음. 8. 고구려. 수의 군대 격퇴.	7. 수. 양제의 군대가 회원진에 도착. 8. 수. 양제가 회원진에서 군사를 돌이킴. 8. 수. 고구려군에게 패퇴. 10. 수. 묘용, 군사를 일으킴.	△ 이 해 · 사산조 페르시아. 다마스쿠스를 점령.
615		8. 수. 돌궐을 침.	△ 이 해 · 사산조 페르시아. 예루살렘을 점령함. 동로마에서 둔전병제가 성립됨.
616	10. 백제. 달솔 백기에게 명하여 신라의 모산성을 공략함.		△ 이 해 · 사산조 페르시아. 이집트를 점령.
617		5. 이연, 태원에서 군사를 일으킴.	
617	△ 이 해	△ 이 해 · 이연, 장안에서 수의 군대에 승리함.	
618	△ 이 해 · 신라. 북한산성 군주 변품 등이 백제를 침공. 신라 해론이 전사함.	△ 이 해 · 당 건국.	

연도	한 국	동 양	서 양
619		7. 당. 12군이 설치됨.	
620			△ 이 해 •사산조 페르시아. 다리우스 1세 시대의 죄대 영토를 회복.
622	△ 이 해 •고구려. 당과 화친하고 포로를 교환.		△ 이 해 •동로마. 헤라클리우스 1세, 사산조 페르시아를 아를 공격해 이집트, 시리아, 아르메니아를 탈환.
623	1. 신라. 병부兵部에 대감大監 2명을 둠. 10. 백제. 신라의 누로현을 침공.		△ 이 해 •마호메트, 메카의 군대를 격파.
624	1. 신라. 시위부에 대감 6인을, 상사서와 대도서에 대정 1인씩을 둠. 2. 백제. 신라의 속함 등 6성 점령. 신라의 눌죄 전사. 10. 신라. 노진怒珍 등 6성을 쌓음.		△ 이 해
625			△ 이 해 •노섬브리아. 켄트왕국을 병합.
626	8. 신라. 백제가 신라의 주재성을 공격하여 신라의 동소가 전사함. 고허성高墟城을 쌓음.		△ 이 해 •동로마. 사산조 페르시아와 아바르족의 공격을 받아 콘스탄티노플에서 패퇴함.
627	7. 백제. 신라 서쪽지방의 2성 점령.		
628	2. 백제. 신라의 가잠성 공격. 8. 신라. 김유신이 고구려의 낭비성 격파.	11. 당. 이정, 돌궐을 공격. △ 이 해 •순질간포왕, 토번(티베트)을 통일함.	

연도	한 국	동 양	서 양
630		2. 당. 동돌궐을 멸망시킴.	△ 이해 •마호메트, 메카를 정복하고 알라 이외의 신상을 파괴함.
631	2. 고구려. 천리장성 수축. 5. 신라. 이찬 칠숙과 아찬 석품이 반란을 일으킴.		
632	2. 백제. 마천성(馬川城)을 개축. 7. 백제. 신라를 공격.		
633	8. 백제. 신라의 서곡성을 함락.		
633			△ 이해 •이슬람의 제1차 확장이 시작.
634			△ 이해 •사라센. 전 아라비아 통일.
635		△ 이해 •당. 이정, 토욕혼을 격파.	△ 이해 •사라센. 다마스쿠스를 점령.
636	5. 신라. 백제가 신라의 독산성을 공격하자, 신라의 장군 알천이 옥문곡에서 이를 무찌름.	△ 이해 •당. 부병제를 정비.	△ 이해 •사라센. 카데시아 싸움에서 사산조 페르시아군을 격파. •동로마, 야르무크 싸움에서 사라센군에 시리아 지방을 상실.
637	7. 신라. 알천을 대장군으로 삼음.		사라센. 예루살렘을 점령.
638	10. 신라. 고구려가 칠중성을 침략했으나 신라의 알천에게 패함.		
639	2. 신라. 하슬라주를 북소경으로 삼고 사찬 진주로 하여금 그 곳을 진수케 함.	12. 당. 고창을 공격.	△ 이해 •사라센. 이집트를 공격.

연도	한 국	동 양	서 양
640		8. 당. 후군집, 고창을 멸망시킴.	
641			△ 이 해 •사라센. 비잔틴제국이 다스린 메소포타미아 정복을 완료함.
642	7. 백제. 대좌평 지적을 위해 일본왕이 조정에서 향연. 8. 신라. 백제가 고구려와 함께 당항성을 빼앗아 당과 통하는 길을 차단하려함. 백제가 신라 대야성大耶城 점령. 신라의 김품석·죽죽 전사. 10. 고구려. 연개소문, 영류왕을 죽이고 보장왕을 옹립. △ 이 해 •신라. 김춘추, 고구려에 군사 요청. •신라. 김유신, 압량주 군주가 됨.		△ 이 해 •동로마. 사라센군에게 이집트를 정복당함.
643	9. 신라. 당에 군사원조 요청. 11.9(음 12.25). 백제. 고구려와 함께 신라의 당항성 공격.		
644	9. 신라. 김유신을 대장군으로 삼아 백제의 7성을 점령.	11. 당. 군대를 유주에 집결케 하고 군수를 정비함.	
645	1. 신라. 김유신이 매리포성을 침공한 백제군 대파. 4. 고구려. 당이 100,000명 대군으로 고구려 공격 개시. 이세적이 현도성을 도중이 신성을, 장검이 건안성을 공격함. 고구려의	3. 당. 태종이 정주를 출발하고 이세적은 회원 진에서 나오는 정처럼 속여 진군함.	△ 이 해 •사라센. 시리아 정복을 완료함.

연도	한국	동양	서양
661	4. 고구려. 당의 공격 받음(제2차 여당전쟁). 5.9(양 6.11). 고구려. 신라의 술천성·북한산성 공격. 신라. 압독주를 대야성으로 옮기고, 아찬 종정을 도독으로 삼음. 6. 신라. 당에 숙위하던 김인문이 신라로 귀국하여 당의 고구려 정벌 출병을 전함. 신라에게도 참전 요구. 8. 고구려. 당군이 평양성 포위. 8. 신라. 시이곡정에 군대를 주둔. 9.19(양 10.17). 신라. 문무왕이 웅현정에 진둔. 9.25(양 10.23). 신라. 웅산성 공격포위. 9.27(양 10.25). 신라. 우술성 공격. 웅현성을 쌓음. 9. 고구려. 당의 군대가 압록강을 신너 고구려 남생의 군대를 물리치고 도을아감. 10.29(양 11.26). 신라. 당이 신라에 평양으로 군량 수송을 요청.		
662	1.23(양 2.16). 신라. 이현에서 성천·술천 전사. 1. 신라. 김유신을 평양에 보내어 당군을 도움. 1. 고구려. 연개소문, 사수에서 당 군대 대파. 2. 고구려. 소정방이 고구려 평양의 포위를 풀고 철수. 2. 신라. 탐라가 신라에 투항해옴. 3. 고구려. 당의 군대가 고구려 평양성 포위. 7. 백제부흥군. 복신, 당군에게 패배. 고구려		

연도	한 국	동 양	서 양
662	외 왜에 구원 요청. 당은 백제 주둔 병력을 보강. 8. 신라. 백제부흥군 토벌. 김진주, 진흠 처형.		
663	1. 신라. 남산신성에 장창을 짓고, 부산성을 쌓음. 2. 신라. 백제 잔당의 거열성, 거물성, 사평성, 덕안성을 공략. 3. 백제를 돕기 위한 왜의 구원군 출발. 9. 나당연합군. 백강에서 왜군 대파. 신라가 백제부흥군의 두릉윤성·주류성 등을 항복 시킴. 백제 부여풍, 고구려로 망명. 10. 신라. 임존성을 공격.		△ 이 해 ·사라센. 인도 일부를 점령.
664	1. 신라. 아찬 군관軍官을 한산주漢山州 도독都督으로 삼음. 3. 백제 유민. 사비산성에 웅거하여 부흥운동을 전개하다가 웅진도독군에게 패함. 7. 신라. 웅진부성의 군대와 협력하여 고구려의 돌사성 점령.		
666	4. 신라. 한림과 삼광. 당에 숙위로 가서 고구려 정벌군 요청. 고구려. 연개소문이 죽자 남생과 남건이 권력쟁탈전을 벌임. 8. 고구려. 남건을 막리지로 삼아 내외병마사를 맡게함. 12. 신라. 고구려의 연정토가 12성을 가지고 신라에 투항.	12. 당. 고종이 고구려원정을 준비함.	

연도	한 국	동 양	서 양
667	7. 신라. 문무왕, 김유신 등과 고구려정벌군을 거느리고 평양으로 출발. 9. 신라. 문무왕, 한성정에 도착하여 당의 이적이 평양에 오기를 기다림. 9. 고구려. 당의 군대가 공격해 옴. 당이 신성, 남소, 목저, 창암을 함락시키고 한편으로 수군으로 평양으로 진격함. 10.2(양 10.24). 신라. 당의 이적이 평양성 북쪽에 도착하여 군대 오기를 독촉하는 편지를 보내 옴. 11.11(양 12.1). 신라. 문무왕, 장새에 도착하였으나 곧 철군함. 12. 신라. 당의 유인원이 고구려 원정에 협력 요청해옴.	2. 토번. 생강 12주를 격파. 7. 당. 지경과 개원을 장군으로 삼아 고구려를 정벌케 함. 유인원과 김인태를 비열도로 종군케 함. 신라의 병사를 징발하여 다곡과 해곡의 두 길로 평양에 모이게 함.	△ 이 해 •사라센. 시칠리아를 공격. •동로마. 콘스탄티누스가 '그리스 화약(불)'을 발명.
668	2. 고구려. 당의 군대가 고구려 부여성 함락. 3. 신라. 비열홀주를 설치하고 파진찬 용문을 총관으로 삼음. 6.21(양 8.4). 신라. 김유신을 대당대총관으로 삼음. 6.22(양 8.5). 신라. 유인원이 고구려의 2군 12성이 항복하였음을 신라에 알려옴. 6.27(양 8.10). 신라. 문무왕이 당의 군영으로 출발. 6.29(양 8.12). 신라. 여러 도의 총관들이 출발. 7.16(양 8.28). 신라. 문무왕이 한성주에 도착. 여러 총관에게 하교함. 문영이 사천원에서 고구려 군과 대파.	1. 당. 유인궤를 요동도부대총관으로, 학처준과 김인문을 부장으로 삼음.	

연도	한국	동양	서양
668	9.21(양 10.31). 신라, 당이 군대와 합세하여 고구려 평양성 포위. 9. 고구려, 보장왕 항복함. 보장왕을 비롯한 대신 등 200,000여 명, 당으로 강제 이주됨. 10.22(양 12.1). 신라, 고구려 정복에 대한 논공행상 실시. 11.8(양 12.16). 신라가 전사자에 대한 논공행상을 실시. 12. 고구려의 땅을 9도독부 42주로 구분함.		
670	3. 신라, 사찬 설오유가 고구려 태연무와 함께 압록강을 건너 말갈과 대치함. 4.4(양 4.28). 신라, 말갈과 연합한 당군 대파. 6. 고구려 유민 검모잠, 한성에서 왕족 안승을 주대하고 부흥운동 전개. 신라는 이들을 금 마저에 유지. 7. 신라, 백제고지의 80여 성을 공격 점령. 12. 신라, 한성주총관 수세가 반란을 일으키자 신라왕이 대아찬 진주를 보내어 수세를 죽이게 함.		△ 이 해 ·사라센, 북아프리카 정복을 시작. ·프랑크왕국, 힐페리크에 의해 통일이 됨.
671	1. 신라, 말갈의 군사가 설구성을 포위하였으나 이를 물리침. 6. 신라, 죽지 등, 석성에서 당군을 크게 격파. 7. 당, 고간이 고구려 잔존세력이 있는 안시성을 깨트림. 신라, 소부리주를 설치하고, 아찬 진왕을 도독으로 삼음.		

연도	한 국	동 양	서 양
671	9. 당: 장군 고간이 평양에 이르러 성루를 쌓고 대방을 점령함. 10.6(양 11.12). 신라. 당의 조운선 70여 척 격파.		
672	1. 신라. 백제의 고성성 점령. 2. 신라. 백제의 가림성 공격 실패. 7. 당. 장수 고간과 이근행. 군대를 이끌고 평양에 주둔. 8. 당. 한시성·마읍성 점령하고 백수성 근처에 주둔. 신라는 고구려병과 연합하여 백수성 근처에서 당군 격파, 퇴각하는 당군과 석문에서 전투. 신라가 한산주의 주장성을 쌓았음. 9. 신라. 당에 사신을 보내 사죄하고 억류중인 당의 군사 170명을 돌려보냄. 12. 당. 장수 고간이 백빙산에 있는 고구려 잔존 세력을 물리치고 신라의 구원병도 궤멸됨.		
673	2. 신라. 서형산성을 증축함. 5. 신라. 당의 이근행이 고구려의 잔존군을 호로하에서 격파하자 고구려의 남은 무리들이 신라로 도망쳐 옴. 7. 신라. 아찬 대토가 반란을 일으켜 사형당함. 김유신 별시. 8. 신라. 사열산성沙熱山城을 증축. 9. 신라. 국원성, 북형산성, 소문성, 이산성,		△ 이 해 • 사라센. 콘스탄티노플을 포위했으나 동로마가 '그리스 화약(불)'을 사용하여 패배함.

연도	한 국	동 양	서 양
673	주양성, 주잠성, 만흥사산성, 골제원성을 쌓음. 대아찬 철천 등에게 명하여 병선 100척으로 서해를 진수케 함. 당의 군사가 말갈 및 거란군사와 함께 신라의 북변을 침입. 당군이 호로하와 왕봉하에서 신라군에게 패전함. △ 이 해 · 겨울. 당. 고구려의 우잠성 함락. · 신라. 거란병이 대양성·동자성을 함락시킴. · 신라. 배종왕때 사라진 수병戍을 다시 둠.		
674	1. 신라. 고구려의 유민을 받아들이고 백제고지를 점거하자 당이 공격해 옴.		
675	2. 신라. 칠중성에서 당의 유인궤에게 패배. 당의 이근행, 안동진무대사가 되어 신라 경략. 9. 신라. 당의 설인귀가 풍훈을 향도로 삼아 신라 천성을 공격해오자 신라 장군 문훈이 이를 격파함. 관성을 설치하고 철관성을 쌓음. 9. 신라. 말갈이 아달성을 침략해 옴. 성주 소나 전사. 9. 신라. 당의 거란·말갈병과 더불어 신라 칠중성을 침공. 소수 유동 전사. 9.29(양 10.23). 신라. 당의 이근행 군대를 매소성	 칠중성(경기 파주, ©장득진)	

연도	한 국	동 양	서 양
676	에서 대파. 7. 신라. 당의 군대가 신라 도림성을 침략. 11. 신라. 당 설인귀의 군대를 기벌포 등지에서 22회 싸워 격파. △ 이 해 ・신라. 당의 군사가 한반도에서 철수, 신라 삼국통일 완수.	12. 당. 토번을 공격.	
677		9. 당. 이경현, 토번과 싸워 패배.	△ 이 해
678	4. 신라. 아찬 천훈天訓을 무진주武珍州 도독都督으로 삼음.		・돌로마. 사라센군과 화해.
679	2. 신라. 사신을 보내어 탐라국을 경략케 함.	3. 당. 배행검, 돌궐을 토벌함.	
680			
681	8. 신라. 소판 김흠돌, 파진찬 흥원, 대아찬 진공 등이 모반을 일으켰으나 실패함. 10. 신라. 시위감侍衛監을 파하고 장군將軍 6명을 둠.	9. 당. 배행검, 돌궐이 아사나복념을 토벌함.	
682		4. 당. 왕방익, 돌궐을 평정함.	
684	11. 신라. 보덕왕 안승의 족자인 장군 대문이 금마저에서 신라에 대해 모반을 일으킴.		
685	△ 이 해 ・본. 신라. 완산주를 복치하고 용원을 총관으로 삼음. 거열주를 분립하여 청주를 두고 복세를 총관으로 삼음. 구주가 갖추어짐.		
687	3. 신라. 일선주一善州를 폐하고 사벌주沙伐州		

연도	한국	동양	서양
687	를 복치復置하여 파진찬 관장官長을 총관總管으로 삼음. 가을. 신라. 사벌沙伐·삽량歃良 2주州에 성을 쌓음.		
689	윤9. 신라. 서원경성西原京城을 쌓음.		
691	3. 신라. 남원성南原城을 쌓음.		
694	△ 이 해		△ 이 해 ·브리타니아. 웨식스와 켄트왕국을 정복.
695	·겨울. 신라. 송악松岳·우잠牛岑 2성城을 쌓음.		△ 이 해 ·사라센. 동로마를 다시 공격.
696	5. 발해. 요서의 걸걸중상, 대백산(백두산) 동북으로 본거를 옮겨 고구려의 유민과 속말말갈을 통합함.(구당서)		
697	△ 이 해		△ 이 해 ·동로마가 지중해 남쪽 영토를 완전 상실함.
698	1. 신라. 이찬 체원體元을 우두주牛頭州 총관總管으로 삼음. △ 이 해 ·봄. 발해 대조영, 천문령에서 이해고의 당군을 격파. 고왕高王 대조영大祚榮이 나라를 세워 국호를 진震이라 함.(구당서)		△ 이 해 ·동로마. 유스티니아누스황제, 반간의 술타 보인을 공격. ·동로마. 유스티니아누스황제가 실각하고 동로마제국(비잔틴제국)의 내란의 시작.
700	5. 신라. 이찬 경영慶永이 모반하다가 복주伏誅됨.		
705	△ 이 해		

연도	한 국	동 양	서 양
709	•발해. 당의 사신이 와서 화해 요청. 대문예를 당에 보내 시위케 함.(구당서)		△ 이 해 •프랑스, 피핀, 알라만족을 정복함.
710			△ 이 해 •사라센. 타제르를 점령함으로써 북아프리카 정복을 완료.
711			7.19. 사라센. 구아다레테 전투. 타리크 서고트족의 수도 톨레도를 점령. △ 이 해 •사라센. 타리크 장군, 서고트왕국을 포함하여 이베리아반도 정복을 시작.
712		△ 이 해 •이슬람 세력이 인도에 진출해오기 시작함.	
713	3. 발해. 당이 고왕(대조영)에게 관작을 보내옴. 국호 진흥을 발해로 고침.(구당서) 12. 신라. 개성開城을 쌓음.		△ 이 해 •서고트, 사라센의 정복으로 멸망.
714			△ 이 해 •사라센. 이베리아반도를 점령.
717			△ 이 해 •동로마. 레오 3세, 콘스탄티노플을 포위한 사라센을 격퇴.
718	2. 신라. 서족지방의 주군을 순무. 10. 신라. 한산주漢山州 도독都督의 관내管內에 여러 성을 쌓음.		

연도	한국	동양	서양
719			△ 이 해 •동로마, 레오 3세, 콘스탄티노플 근처에서 사라첸군을 크게 이김.
720			△ 이 해 •사라첸, 피레네산맥을 넘어 유럽(갈리아 지방)을 위협함.
721	7. 신라, 하슬라도(何瑟羅道)의 장정(壯丁) 2,000명을 징발하여 북경(北境)에 장성(長城)을 쌓음.	△ 이 해 •돌궐, 당에 화의를 요청.	
722	10. 신라, 모벌군성(毛伐郡城)을 쌓아 일본군(日本軍) 침입의 방비함.	7. 당, 안남의 난을 토평함. 9. 당, 처음으로 모병하여 숙위(宿衛) 충당. 병농 일치의 부병제가 무너지고 용병제가 실시.	
726	△ 이 해 •발해. 무왕(대무예)이 대문예에 대문예·임아군 하여 금 흑수말갈을 치게 함. 대문예, 병공을 어기고 당으로 도망감. 무왕, 당에 대문예를 보내어 대문예를 죽이기를 요청.		
730			△ 이 해 •사라첸, 에스파냐나 영토의 대부분이 사라첸 령이 됨.
731	4. 신라, 일본이 병선 300척으로 신라 동쪽 변경을 침입, 대파.		
732	12. 신라, 각간후 사공(思恭)과 이찬 정종(貞宗)·윤충(允忠)·사인(思仁)을 각각 장군으로 삼음. △ 이 해		△ 이무렵 •사라첸, 군대를 보내 이베리아반도를 공략함.

연도	한 국	동 양	서 양
	•발해. 당이 대장군 장문휴를 보내어 당의 등주를 공격하여 자사 위준을 죽임. 군사를 보내어 마도산까지 공격함.		•투르 전역. 프랑크 기름 마르텔의 기병대가 포아티에르에서 사라센군과 싸워 승리를 거둬 사라센의 유럽 침입을 저지함.
733	1. 발해. 당이 대문예를 보내어 발해 공격. 7. 신라. 당이 신라에게 발해의 남변을 공격할 것을 요청. 신라군이 대설로 인해 패퇴하고 돌아옴.		△ 이 해 •브리타니아. 머시아와 패권을 다툼.
735	△ 이 해 •신라. 대동강 이남의 옛 고구려 영토 영유를 당으로부터 공식 인정받음.		
739			△ 이무렵 •사라센. 동로마에 패하여 쇠약해짐. •롬바르드족. 동로마의 로마를 포위.
740	8. 신라. 파진찬 영종이 모반하였으나 복주됨.	•서돌궐 멸망.	△ 이 해 •동로마. 레오 3세, 아크로노인전투에서 사라센군에 대승.
744		△ 이 해 •위구르. 돌궐을 멸하고 동서 교통로 장악.	
747		△ 이 해 •당. 행영절도사 고선지, 제1차 서역 원정으로 파미르 남쪽에 이름.	△ 이 해 •동로마. 사라센의 해군에게 대승을 거두고 키프로스 섬을 탈환.
748	8. 신라. 대곡성大谷城 등 14군현을 처음으로 둠.		
750		△ 이 해 •당. 고선지, 제2차 서역 원정으로 타슈켄트	

연도	한국	동양	서양
750		예 이름.	△ 이 해
751			• 사라센의 진옹마이아드(전우마이아)왕조가 멸망하고, 동절리프제국의 아바스왕조 성립. • 롬바르드 왕국, 라벤나를 점령.
751		△ 이 해 • 당. 고선지, 제3차 서역 원정. • 당. 중앙아시아의 탈라스에서 당의 군대가 사라센군에 대패.	
752			△ 이 해 • 동로마. 콘스탄티누스 5세, 아르메니아와 메소포타미아에서 사라센군을 격퇴하고 국경을 정함.
755		11. 당. 절도사 안록산의 반란으로 수도가 함락. 12. 당. 고구려 출신 장군 고선지를 처형.	
756	△ 이 해 • 발해. 수도를 상경으로 옮김. 발해 상경용천부 유지(ⓒ장득진)	1. 당. 안록산, 스스로 황제를 칭하고 국호를 대연이라 함.	△ 이 해
757		1. 당. 안경서, 아버지 안록산을 죽임. 9. 당. 곽자의, 서경을 회복함.	△ 이 해 • 프랑크, 피핀, 롬바르드왕국을 격파하고 라벤나와 중부 이탈리아를 교황에게 기증함.
758		6. 당. 사사명, 반란을 일으킴.	

연도	한 국	동 양	서 양
759	1. 신라. 병부兵部 감監을 개정하여 시랑侍郎이 다 함. 2. 신라. 병부의 노사지弩舍知를 사병司兵으로 고침.	3. 당. 사사명, 안경서를 죽임.	
760		11. 당. 유전, 반란을 일으킴.	
761		1. 당. 사조의, 아버지 사사명을 죽임.	
762	5. 신라. 오곡五谷·휴암鵂巖·한성漢城·장새獐塞·지성池城·덕곡德谷의 6성城을 쌓고 각기 태수太守를 둠.		
763	7. 신라. 임걸찬 대공大恭이 그 아우 아찬 대렴大廉과 함께 모반을 일으킴.	1. 당. 이회권, 사조의를 죽이고 '안사의 난'을 안전 평정함. △ 이 해 •당. 토번이 당의 수도 장안에 침입.	△ 이 해 •동로마. 콘스탄티누스 5세, 불가리아 원정에 나섬.
768	8. 신라. 대아찬 김융金融이 모반하다가 복주伏誅됨.		
770			
772		△ 이 해 •당. 가서황, 반란을 일으킴.	△ 이 해
773			•프랑크. 색슨족과 전쟁을 벌임. △ 이 해
774			•프랑크. 가를대제, 롬바르드왕국을 병합함. △ 이 해 •동로마가 베네치아를 제외한 전 이탈리아를 상실함.

연도	한 국	동 양	서 양
775	6. 신라. 이찬 김은거(金隱居)가 모반을 일으켰으나 복주(伏誅)됨. 8. 신라. 이찬 염상(廉相)이 시중(侍中) 정문(正門)과 함께 모반하다가 복주(伏誅)됨.	1. 당. 전승사가 반란을 일으킴. 4. 당. 각 도의 군사로 전승사를 치게 함.	△ 이 해 •동로마. 콘스탄티누스 5세, 불가리아 정복 중에 사망.
776		5. 당. 변승군, 반란을 일으킴.	△ 이 해 •머시아왕국, 오파왕, 웨식스를 정복함.
777			
778			△ 이 해 •프랑크, 카롤대제, 사라센 영토인 에스파냐에 원정하고 돌아오는 도중 바스크족의 공격을 받음.(룬스보 싸움)
779		△ 이 해 •당. 토번과 남조가 당에 침입해옴.	
780	2. 신라. 이찬 김지정이 반란을 일으킴. 4. 신라. 김양상과 경신이 군사를 일으켜 김지정을 주살시킴. 혜공왕과 왕비가 피살됨.		
782	7. 신라. 시림벌에서 군대 사열.	11. 당. 주도, 전열, 무준, 이납이 각각 왕을 칭함.	
783	1. 신라. 이찬 제공을 대곡진 군주로 삼음.	10. 당. 토번과 국경을 확정함.	
784		2. 당. 이회광, 반란을 일으킴.	
785	3. 신라. 중관(中官)을 고쳐 도독(都督)으로 삼음.	3. 당. 마수, 이회광을 진멸시킴.	△ 이 해
785			•색슨족. 위베킨드 1세, 프랑크에 항복하고 그리스도교로 개종.
787			△ 이 해 •브리타니아. 노르만족(바이킹)이 처음으로

연도	한 국	동 양	서 양
788			습격해 옴. △ 이 해 · 프랑크, 가름대제, 바이에른대공의 영토를 병합함.
789		△ 이 해 · 당. 위고, 동만 및 토번을 공략.	△ 이 해 · 프랑크, 슬라브족을 정복하고 엘베강까지 지배권을 확대. · 노르만족, 브리타니아 해안을 침략.
791	1. 신라. 이찬 제공悌恭이 반叛하다가 복주伏誅됨.		△ 이 해 · 프랑크, 아바르족을 공격.
793			△ 이 해 · 프랑크 가름대제, 색슨족, 네인족과 싸웠음. · 노르만족, 아일랜드 침공.
794		△ 이 해 · 운남. 토번을 대파.	
795			△ 이 해 · 노르만족, 아일랜드 침공.
796	4. 신라. 시중 언승彦昇을 병부령兵部令으로 삼음.		
798		9. 당. 오소성, 반란을 일으킴.	
800			△ 이 해 · 아일랜드, 바이킹에 지배를 당함.
800			12.25. 프랑크, 가름대제, 신성로마제국 황제에 취임.

연도	한 국	중 국	서 양
			△ 이 해 ·아프리카 튀니지 지방에 아글라브왕조가 일어나 아집트 서쪽부터 알제리 전역을 지배함.
801			△ 이 해 ·프랑크, 카롤대제, 바르셀로나를 점령하고 에스파냐에 변경백을 둠.
804	7. 신라. 알천에서 군대를 열병.		
807		10. 당. 이기, 반란을 피함.	
808			△ 이 해 ·프랑크, 카를대제의 아들 카를, 데인족을 격파.
809	7. 신라. 언승과 제옹이 난을 일으켜 왕을 시해함. 왕제인 제옹도 시해당함.	9. 당. 왕승종, 반란을 일으킴.	△ 이 해 ·노르만족, 처음으로 잉글랜드를 공격.
810			△ 이 해 ·프랑크, 카를대제, 데인족을 토벌.
811	2. 신라. 이찬 웅원雄元을 완산주完山州 도독都督으로 삼음.		△ 이 해 ·동로마 니케포로스 1세, 불가리아인과 싸우다 죽음.
812		11. 당. 토번이 당에 처들어옴. △ 이 해 ·당. 영전을 둠.	
813	1. 신라. 이찬 헌창憲昌을 무진주武珍州 도독都督으로 삼음.		

연도	한 국	동 양	서 양
814			△ 이 해 • 둥로마. 네오 5세, 불가리아인을 격퇴.
816	1. 신라. 시중 김헌창이 청주靑州 도독都督이 됨.		
819	7. 신라. 김웅원 등 3만군을 당에 보내어 이사도의 반란평정을 돕게 함.		
820		2. 당. 토번이 침입해옴.	
821	4. 신라. 청주도독靑州都督 헌창憲昌이 웅천주 도독熊川州都督에 개임改任됨.		△ 이 해 • 노르만족. 아일랜드에 왕국을 건설.
822	3. 신라. 김헌창이 난을 일으켜 국호를 장안이라 함. 연호를 경운이라 함. 김헌창의 난을 진압함.		△ 이 해 • 둥로마. 토마스, 봉기를 일으킴.
825	1. 신라. 김헌창의 아들 범문이 난을 일으킴.		
826	7. 신라. 패강에 장성 300리 축성.	5. 당. 직예의 유주군이 반란을 일으킴.	
827			△ 이 해 • 사라센. 크레타 섬을 공격하여 점령.
828	4. 신라. 청해대사인 장보고가 병사 10,000명으로 청해를 진수 함.		△ 이 해 • 사라센. 시칠리아 섬을 정복하기 시작함.
829	2. 신라. 당은군唐恩郡을 당성진唐城鎭으로 고치고 사찬 극정極正을 보내 진수鎭守케 함.		△ 이 해 • 잉글랜드, 웨식스의 에그버트왕, 7왕국을 통일하여 잉글랜드왕국을 성립함.
834	9. 신라. 흥덕왕이 군대를 사열함. 무평문에서 활쏘기를 구경함.		

연도	한 국	동 양	서 양
836			△ 이해 •잉글랜드, 에그버트왕, 데인족과 서웰스족을 격파함.
838	1. 신라. 김명과 이홍이 난을 일으키고 왕은 자살함. 2. 신라. 김양, 청해진에서 김우징을 받들고 기병. 3. 신라. 김양의 반란군, 무주·남원을 점령하고 청해진으로 돌아감. 12. 신라. 김민주가 이끄는 왕의 군대, 철어현에서 김양 군에게 패전.		
839	윤1.19(양 3.8). 신라. 김우징·김양. 달구벌에서 왕군을 격파. 김양의 군대가 민애왕 시해함. 8. 신라. 장보고를 청해진장군으로 삼음.	 장보고 동상(중국 산동성) △ 이해 •위구르, 투르크계 민족인 키르기스의 공격을 받고 패망함.	
840			
841	1. 신라. 일길찬 홍필(弘弼)이 모반하다가 일이 발각되어 해도(海島)로 도망.		
842			△ 이해 •동링키프, 남아일랜디아를 정복. •프랑크, 샤를 2세와 루트비히 2세가 형 로타르 1세에 맞서 동맹을 맺음.
843			△ 이해 •프랑크, 베르됭조약으로 중프랑크, 동프랑크, 동프랑

연도	한 국	동 양	서 양
844	8. 신라. 혈구진穴口鎭을 설치하고 아찬 제공啓恭을 진두鎭頭로 삼음.		크, 서프랑크로 3분됨.
845			△ 이 해 ·노르만족. 파리를 공격.
846	△ 이 해 ·봄. 신라. 장보고가 자기 딸을 왕비로 들이지 않은 것을 빌미로 반란을 일으킴. 염장이 장보고를 살해함.		
847	5. 신라. 이찬 양순良順과 파진찬 흥종興宗 등이 배반하다가 복주됨.		
849	9. 신라. 이찬 김식金式·대흔大昕 등이 배반하다가 복주되고, 대흔친 흔린昕隣 도 그 죄에 연좌됨.	당. 무령군의 난이 일어남.	5. △ 이 해 ·사라센. 로마를 포위하였으나 교황동맹군에게 격퇴당함.
851	2. 신라. 청해진을 파하고 그 곳 백성들을 벽골군碧骨郡으로 옮김.		
852			△ 이 해
853			△ 이 해 ·데인족. 캔터베리와 런던을 침공.
855		7. 당. 절동군의 난이 발생.	△ 이 해 ·노르웨이. 오리포앙, 더블린을 정복.
856			△ 이 해
857		5. 당. 용주군 반란이 발생.	5. ·노르만족. 네덜란드 해안을 약탈.

연도	한 국	동 양	서 양
858		6. 남만이 안남에 침노함.	△ 이 해 • 동갈리프, 소아시아에서 동로마군과 전투.
862		△ 이 해 • 당. 안남도호경략사를 설치.	
866	10. 신라. 윤흥, 숙흥, 계흥이 반란을 일으킴.	△ 이 해 • 실론 세나 2세, 판드아왕조의 수도 마두라이를 점령.	△ 이 해 • 노르만족. 노섬브리아를 정복. • 데인족. 이스트앵글리아에 식민을 함.
867			△ 이 해 • 사파르, 고향인 세이스탄을 장악하고 사파르왕조를 일으킴.
868	1. 신라. 이찬 김예金銳·김현金鉉 등이 모반하다가 복주伏誅됨.		△ 이 해
870			• 프랑크. 메르센조약으로 중프랑크왕국이 동, 서프랑크왕국에 분할됨. • 노르만족. 세트포드 싸움으로 이스트앵글리아를 정복.
872			△ 이 해 • 노르웨이. 하랄 1세, 자르족을 격파.
874	5. 신라의 이찬 근종이 반란을 일으킴.	△ 이 해 • 당. 왕선지, 난을 일으킴.	△ 이 해 • 노르만족. 아이슬란드에 식민을 함.
875		6. 당, 황소의 난이 일어남.	

연도	한국	동양	서양
878	신라. 일길찬 신홍(信弘)이 반역하려 하다가 복주됨.		△ 이 해 •잉글랜드, 알프레드대왕, 에딩튼사움에서 데인족의 침입을 막아냄.
879		6. 당. 고변, 황소를 대파함. △ 이 해 •당. 황소, 광주를 점령하고 사라센인을 포함한 12만의 외국인을 살해함.	△ 이 해 •류리크의 임종인 올레크가 노브고로트에서 남하하여 키예프 지방에 나라를 세우고 드네프르강 일대의 슬라브인을 지배함.
880		12. 당. 황소, 장안에 입성하여 황죽을 살해함.	△ 이 해
881			△ 이 해 •서프랑크, 루이 13세, 노르만족을 소우크르에서 격파.
882			△ 이 해 •잉글랜드, 해군을 창설.
883		△ 이 해 •당. 장안을 수복.	
884		△ 이 해 •당. 반란군이 황소를 죽이고 당에 항복.	△ 이 해 •동프랑크, 가를 3세, 서프랑크 왕이 되어 및 제국을 통일.
885			△ 이 해 •노르만족, 지도자 룡로, 파리를 포위했으나 파리 백작 오도에게 격퇴당함. •마자르족, 판노비아(현 헝가리)에 침공하기 시작함.
887	1. 신라. 한주(漢州)의 이찬 김요(金蕘)가 반란을 일으킴.		

연도	한 국	동 양	서 양
888			△ 이 해 •동프랑크. 프로방스 해안을 점거.
889	△ 이 해 •신라. 원종, 애노 등이 사벌주를 기반으로 반란을 일으킴.		
891	10. •후고구려. 양길, 부하 궁예를 보내어 신라의 군현을 공격.	10. 당. 양토근, 반란을 일으킴.	
892	△ 이 해 •후백제. 견훤, 완산주에서 반란을 일으킴. 무진주를 쳐서 스스로 왕이 됨.		
893			△ 이 해 •베이족, 켄트를 공격.
894	10. •후고구려. 궁예(弓裔)가 북원(北原)에서 하슬라(何瑟羅)로 진입(進入)함.	6. 당. 이극용, 토욕혼을 대파.	△ 이 해 •동프랑크, 암누르포왕, 이탈리아로 진격.
895	8. •후고구려. 궁예가 저족, 성천의 2군을 격취하고, 한주관내의 부약, 철원 등 10여 군현을 깨트림.	7. 당. 이무정, 메킬에 제자 침범함.	
896	2. •후고구려. 궁예가 승아성을 수증함. 7. •후고구려. 궁예가 패서도 및 한산주인의 30여 성을 취하고, 송악부에 보거지를 옮김. •중아·금포·혈구 등 30여 성을 점령.		
898	△ 이 해 •후고구려. 왕건이 양주와 견주를 공격.		△ 이 해 •마자르족, 독일과 이탈리아 지방을 공격하기 시작.

연도	한국	동양	서양
899		6. 당. 보이군의 반란이 일어남.	
899	7. 북원의 양길, 국원 등 10여 성주를 시켜 궁예를 공격하다가 비뇌성에서 대패.		
900	10. 후고구려. 왕건을 보내어 국원 청주 등을 빼앗음. △ 이 해 •후백제. 견훤이 후백제왕으로 자칭하고 관부를 설치함.		
901	8. 후고구려. 견훤이 신라 대야성을 공격함.		
902			△ 이 해 •아글라브왕조 사라센군, 시칠리아를 정복.
903	3. 후고구려. 왕건, 수군을 거느리고 금성 등 10여 성을 공격.		
904	△ 이 해 •후고구려. 궁예가 청주의 민호를 철원으로 옮기고 그곳을 서울로 삼음. 상주 등 30여 주현을 공취. •후고구려. 패서도(浿西道) 10여 주현(州縣)이 궁예에 투항함. 궁예가 국호를 마진, 연호를 무태라고 함. 병부 등을 설치.		△ 이 해 •이집트, 투르니드왕조 멸망.
905	8. 후고구려. 궁예, 속양 동북쪽으로 진격. 이 해에 마진, 연호를 성책으로 고침. △ 이 해 •후고구려. 평양성주 검용, 궁예에게 투항.		△ 이 해 •잉글랜드, 데인족의 침입을 격퇴.

연도	한 국	동 양	서 양
906	4. 후고구려.(마진). 왕건을 보내어 상주 사화진에서 견훤과 싸워 이김.		△ 이 해 •사마자르족, 동유럽에 진설한 모다비리왕국을 멸함.
907	△ 이 해 •후백제. 일선군 이남 10여 성을 빼앗음.	4. 후량. 주전충, 당을 멸하고 황제를 칭하여 후량을 건국. 5대10국시대 시작. △ 이 해 •거란, 야율아보기, 거란을 통일.	
909	6. 후고구려. 왕건, 오월에 보내는 후백제 사신의 배 나포. 진도 및 고이도를 점령. 나주에 진을 둠.		
910	△ 이 해 •후고구려. 왕건, 나주포구에서 견훤을 격파.		
912	4. 후백제. 견훤, 궁예의 군대와 닥진포에서 싸움.		
913	△ 이 해 •후고구려. 궁예가 왕건의 공적이 많다하여 관등을 파진찬으로 임명하고 시중을 겸하게 함.		△ 이 해 •불가리아. 시메온 1세, 콘스탄티노플을 공격.
914	△ 이 해 •후고구려. 왕건, 백강장군이 되어 수군을 거느리고 나주에 출진.	1. 진. 유인공, 유수광을 죽임. 연 멸망.	△ 이 해 •이베리아반도에 레오왕국이 성립됨. 이후로 후우마이드왕조와의 항쟁이 격화됨.
918	2. 신라. 일길찬 현승弦昇이 반란을 일으켰으나 복주伏誅됨.	8. 진. 후량을 공격.	

연도	한 국	동 양	서 양
918	6. **왕건, 고려 건국.** 철수라 연호를 세움. 구예, 부양에서 피살. 관제개편을 단행함. 7. 아자개가 고려 태조에게 귀부. 8. 골암성 성주 윤선이 고려에 귀순. 웅주와 운주 등 10여 주현이 모반하여 백제로 붙음.		
919	1. 태조가 6위를 설치. 8. 청주지역에 성을 쌓음. 10. 평양에 성을 쌓음. △ 이 해 · 태조가 국도國都를 송악군松嶽郡으로 옮김.		
920	1. 강주康州 장군 윤웅閏雄이 태조에게 항복해 옴. 10. 후백제. 견훤, 신라의 진례군에 출진, 고려의 구원을 듣고 물러감.		
921	4. 흑수말갈의 아어한이 2백명을 데리고 고려에 귀화함. 2. 신라의 북변을 침략한 말갈부대 달고를 격파.	12. 거란. 유주를 공격하고 탁주를 함락함.	
922	7. 명주장군 순식이 자기 아들을 보내 고려에 항복함. 11. 진보성 성주 홍술이 항복함.	△ 이 해 · 진. 거란을 격파.	
923	3. 명지성 장군 성달이 고려에 귀순. 8. 복진군 장군 양문이 생질 규환을 보내 고려에 항복함.		

연도	한국	동양	서양
924	5. 거란이 고려 요주를 침입. 7. 후백제. 전횐, 조물성을 침공. △ 이 해 ・발해. 거란의 야율아보기, 발해 침략.	△ 이 해 ・거란. 야율아보기, 발해를 침공.	△ 이 해 ・잉글랜드. 대에드워드, 브리타니아를 완전 제패함. ・동프랑크. 작센왕조 하인리히 1세, 세습을 약속하고 마자르인과 화평을 맺음. ・불가리아 왕국. 콘스탄티노플을 다시 포위.
925	9. 발해 장군 신덕 등 500명이 고려에 귀순. 발해의 예부경 대화균 등이 백성 100호와 함께 귀순. 매조성 장군 능현이 항복해 옴. 10. 후백제의 연산진·임존군을 공략. 전횐과 인질 교환.	11. 후당. 전촉을 멸함.	
926	1. 발해. 거란이 부여부를 함락하고 상경을 포위하자 대인선 투항함. 2. 발해. 거란이 발해를 동단국으로 바꿈.(요사) 4. 후백제. 전횐이 고려에 보낸 인질 진호가 병으로 죽자 전횐도 고려의 인질 왕신을 죽이고 웅진방면으로 공격해옴. 7. 발해. 103성이 모두 거란에 점령됨. 발해 멸망.(요사)		
927	1. 후백제의 웅주 점령. 신라는 구원병 보냄. 3. 운주·강주에서 후백제군 격파. 발해 공부경 오흥 등 50명과 승려 제웅 등 60명이 귀순함. 태조가 운주를 직파시키고 근품성을 함락.		

연도	한 국	동 양	서 양
927	4. 후백제의 강주 등 함락. 7. 제충, 김락 등을 보내 대량성을 격파하고 장군 추허조 등 30여 명을 포로로 함. 9. 견훤이 고울부로 침범하자 신라가 고려에게 구원을 요청함. 태조의 장수 김락과 신숭겸이 전사함. 11. 후백제. 견훤, 신라 왕경에 침입. 경애왕을 자살케 하고, 경순왕을 세움. 12. 후백제. 견훤, 신라의 대목군 점락.		
928	1. 장수 김상, 초팔성의 흥종과 싸워 전사. 3. 발해인 김신 등 60호가 고려에 귀순함. 5. 후백제. 강주康州 장군 유문有文이 견훤에게 귀부함. 7. 발해인 대유범이 백성들을 데리고 고려로 내부함. 후백제의 견훤이 고려로 청주를 침범하였으나, 장군 유금필이 이를 격파. 태조가 삼년산성을 공격함. 8. 후백제가 양산에 성을 쌓자 고려가 명지성 원보 왕충을 시켜 군사를 거느리고 이를 패주케 함. 11. 후백제. 고려의 오어곡성을 빼앗음.		△ 이 해 • 동로마. 사라센과 싸워 아르메니아에 진출. • 동프랑크. 하인리히 1세, 엘바강 중류 유역에 진출.
929	7. 후백제. 의성부 침략. 고려의 장수 홍술 전사. 순주장군 원봉, 견훤에게 귀부. 9. 발해인 정근 등 3백여 명이 고려에 귀순. 10. 후백제. 신라의 가은현 침공. 백제 일길간		

연도	한 국	동 양	서 양
929	염흔이 고려에 귀순. 12. 후백제. 견훤, 고창군 포위. 고려의 유금필이 고창군에서 후백제 군대를 물리침.		
930	1. 재암성 장군 선필이 귀순함. 태조가 고창군 병산에 주둔하고 견훤이 석산에 주둔하여 접전하여 견훤이 패배함. 2. 북미질부성 성주 훤달이 남미질부성 성주와 함께 와서 고려에 항복해옴. 9. 나라 동쪽 연해의 주군부락들이 모두 고려 태조에게 귀부함.	△ 이 해 · 후당. 맹지상, 반란을 일으킴.	
932	6. 백제장군 공직이 고려에 투항해옴. 7. 일모산성을 정벌. 9. 후백제. 고려의 예성강 및 염주·백주·정주 침탈. 10. 후백제. 대우도를 공격.	5. 후촉. 맹지상, 독권을 취함.	
933	5. 후백제. 의성부에 침탈. 고려의 유금필이 이를 격퇴.		
934	7. 발해세자 대광현이 수만 명을 이끌고 내항함. 배주를 지킴. 9. 운주에서 후백제군을 격파. 웅진 이북 30여 성이 항복함. 12. 발해의 진림 등 1백 60명이 고려에 내부함.	△ 이 해 · 후당. 노왕 종가, 반란을 일으켜 황제를 죽이고 즉위.	
935	3. 후백제. 견훤의 아들 신검이 견훤을 금산불사에 가두고, 금강을 죽이고 왕위를 전탈함.		

연도	한 국	동 양	서 양
935	6. 견훤이 고려로 내투함. 10. 신라, 고려에 나라를 내어줌. 11. 신라왕이 왕철 등과 함께 고려 개경으로 들어옴. △ 이 해 ·유금필이 백제에 억류당하여 길이 막혔던 나주를 정벌하고 돌아옴.		
936	2. 견훤의 사위인 장군 박영규가 고려에 내부하기를 청함. 9. 태조, 후백제 신검의 군대와 일리천에서 싸워 이김. 후백제 멸망.	11. 후진. 석경당, 거란의 도움으로 후당을 멸하고 후진을 건국.	
937	△ 이 해 ·서경에 나성羅城을 쌓음.		△ 이 해 ·웨식스, 왕 애셀스탄, 스코틀랜드와 데인인을 격파.
938	7. 발해인 박승, 3,000여 호를 데리고 고려에 내투.		
939			△ 이 해 ·퐁트낭크, 오토대제, 프랑코니아공의 반란 진압.
941		12. 후진. 안중영, 반란을 일으킴.	△ 이 해 ·기예프공국, 이골, 콘스탄티노플 공격.
942		1. 후진. 반란을 일으킨 안중영을 죽임.	

연도	한국	동양	서양
944	△이 해 •요를 격파.	△이 해 •후진, 유지원 등에게 요를 막게 함.	
945	△이 해 •후진이 고려에 사신을 보내와 요를 공격하자 기를 요청, 거절. •왕규, 조가·광주원군을 왕으로 세우려고 반역을 도모하다가 사형.		•덴마크, 하랄왕 즉위.(덴마크 통일) •부와이왕조, 바그다드에 입성하여 아미르 우마라(대장군) 칭호를 받고 칼리프로부터 정권을 진탈.
946		12. •후진 멸망.	
947	△이 해 •봄. 광군사 설치. 광군光軍 300,000명을 뽑아 요에 대비. 시경에 왕성을 쌓음.	6. •후한 건국.	
949		△이 해 •후한, 반란을 일으켰던 이수정, 곽위에게 패하고 자살함. •요, 하북을 침공.	△이 해 •동프랑크, 오토대제 보헤미아를 정복.
950		1. •후한, 마희악, 희광을 죽이고 자립. 12. •후한, 곽위가 자립.	
951		1. •곽위, 황제를 칭하고 후주를 건국. 후한 멸망. △이 해 •안남 오창문, 왕을 칭하고 국호를 남진이라 칭함.	△이 해 •동프랑크, 오토대제 제1차 이탈리아 원정을 하여 이탈리아 왕을 겸함.
953			△이 해 •헝가리, 디우릉포, 류트링겐의 콘라드와 오

연도	한 국	동 양	서 양
953			토대제에 대항하기 위해 헝가리인을 불러들임.
954		3. 후주. 세종, 고평 싸움에서 요와 남한을 격파.	
955			△ 이 해 •동프랑크, 오토대제, 마자르인과 슬라브인을 격퇴.
961			△ 이 해 •동로마. 사라센으로부터 크레타 섬을 탈환. •동프랑크, 오토대제, 제2차 이탈리아 원정을 시작.
965		1. 후촉 멸망. 8. 북송, 여러 도의 병사를 뽑아 왕성호위군으로 삼음.	
966			△ 이 해 •신성로마제국, 오토대제, 제3차 이탈리아 원정을 시작.
967			△ 이 해 •동로마. 불가리아와 싸움을 벌임.
968		△ 이 해 •북한, 곽무위가 북한주 제은을 죽이고 제원을 세움.	
969		△ 이 해 •요, 북송의 원정으로 위기에 빠진 북한을	△ 이 해 •동로마. 안티오키아(안티오키아)를 점령.

연도	한 국	동 양	서 양
969		구원. •북한. 관무위를 죽임.	•파티마왕조, 이집트를 정복하고 카이로시를 건설.
970		10. •북송. 남한을 멸함.	△ 이 해 •동로마. 불가리아를 병합.
974	△ 이 해 •시정의 승려 연가가 반란.	9. •북송. 조비으로 하여금 강남을 원정케 함.	
975		11. •북송. 강남왕 숙이 항복해 옴.	△ 이 해 •동로마. 다마스쿠스를 점령.
978		5. •북송. 오월을 멸함.	
979	△ 이 해 •발해인 수만명이 고려에 내투함.	5. •북송. 북한을 멸하고 중국을 통일. 5대10국 시대, 7. •북송. 고량하에서 요군과 싸워 패함.	
980		7. •북송. 교주의 난이 평정.	△ 이 해 •잉글랜드, 데인족이 다시 침입해옴. •신성로마제국, 오토 2세, 이탈리아를 다시 원정.
981		7. •북송. 정안국에 사신을 보내 요에 대한 협공을 약속함.	△ 이 해 •파티마왕조. 다마스쿠스를 점령.
982	5. •서희가 병관어사가 됨.	6. •북송. 이계천이 반란을 일으킴.	
983		△ 이 해 •일본. 뱅기의 사유를 금함.	△ 이 해 •슬라브족, 엘베강과 오데르강 사이에서 신성로마제국의 지배에 대한 반란을 일으킴.
984	△ 이 해 •압록강 연안에 관성을 쌓고 여진족의 침입에 대비. 처음으로 군인 복색服色을 정함.	△ 이 해 •북송. 반란을 일으킨 이계천의 군대를 격파.	

연도	한 국	동 양	서 양
984		•요, 여진 8촌이 복속해옴.	
985	5. 송이 요 협공을 요청.	7. 요, 고려 공격을 위해 군비를 갖춤. 8. 요, 고려 공격을 유의함.	
986	1. 요가 화친을 제의함.		△ 이 해
988			•동로마. 불가리아와 30년전쟁을 시작. △ 이 해
989		1. 요, 이주를 공격하여 함락.	•동로마. 키예프로부터 용병을 양도받음. △ 이 해
993	5. 서북여진이 요의 고려 침입기도를 알려옴. 10. 방어군을 편성하여 서북지방에 배치. 윤10. 요가 제1차 침입을 개시하자, 대도수가 지휘하는 고려군이 이를 안융진에서 격파. 서희가 요 장수 소손녕과 담판으로 화의를 맺음.	△ 이 해 •요의 제1차 고려침입.	
994	2. 요가 고려에게 압록강 남쪽에 성을 쌓고 통로를 열자고 제의. 6 송에 함께 요를 공격하자고 제의. 송은 불응. △ 이 해 •서희, 여진을 물리치고 장흥진·귀화진·곽주·귀주에 축성.		
995	△ 이 해 •서희, 여진을 축출하고 안의·흥화의 두 진 성을 축성. 관리들의 품제와 정호를 고침.		

연도	한 국	동 양	서 양
996			△ 이 해 •불가리아. 동로마와 전쟁을 시작.
998		△ 이 해 •가즈니왕조, 이스마일 죽고 마흐무드 즉위함.(이후 가즈니왕조가 서북 인도 침입)	△ 이 해 •신성로마제국, 오토 3세, 이탈리아 원정에 나섬.
1000		△ 이 해 •북송. 화약 발명.	△ 이 해 •불가리아가 동로마에 반란을 일으킴.
1001		△ 이 해 •가즈니왕조, 마흐무드, 제2차 인도 원정을 시작.	△ 이 해 •동로마가 불가리아 정복을 재개함.
1002	5. 6위(六衛)의 군영을 새로 설치. 직원장수를 배치하여 군사훈련 강화.	3. 반란을 일으킨 이계천이 영주를 함락함. 서하의 시조가 됨.	△ 이 해 •잉글랜드, 덴마크인의 침공이 시작됨.
1003			△ 이 해
1004		윤9. 북송. 요가 대거 침입해옴. 12. 북송. 진종이 친정에 나섬. 진종, 요의 성종과 강화 조약을 맺음.	△ 이 해 •신성로마제국. 하인리히 2세, 북이탈리아를 정복하고 이탈리아 왕위에 오름. •신성로마제국. 폴란드와 전쟁을 시작.
1005	1. 동여진이 고려 등주에 침입하여 주, 진의 부락 30여 개소를 불지름.	1. 북송. 요와 강화하고 대사면령을 내림.	
1009	2. 강조가 목종을 폐하여 시해하고 현종을 옹립함. 위시킴.	△ 이 해 •가즈니왕조, 마흐무드, 인도 펀자브 지방 대부분을 점령.	

연도	한 국	동 양	서 양
1010	5. 동여진을 공격했다가 패배. 화주방어낭중 유종, 화주관에 온 여진인 95명을 치단. 요가 강조의 정변을 구실로 고려침략을 기도. 행영도통사 강조, 300,000명의 군사로 통주에서 요 군대에 대비. 10. 11. 요의 제2차 고려 침입 개시. 성종의 군, 강조 살해. 강감찬, 철령함관을 주장하며 친선을 종지휘. 12. 순군사 양규, 곽주에서 요군 섬멸.	△ 이 해 ·요, 제2차 고려침입.	△ 이 해 ·동로마, 영내의 남이탈리아 지방에서 반란이 일어남.
1011	1(양 2.6). 요군에게 개경 점령당함. 현종, 나주로 파천. 1.1(양 2.16). 요의 군대가 퇴각. 양규·성성 등이, 요군을 적파하고 제성 회복. 8. 승아성을 증수하고 서경의 향성을 구축함. 동여진 해적이 경주에 침입.		△ 이 해 ·신성로마제국, 오토 2세, 폴란드를 침공.
1012	5. 영일지방에 침입한 동여진 격퇴.	△ 이 해 ·타밀족 촐라왕조, 라젠드라 1세, 즉위하여 인도반도를 통일.	
1013	3. 요 좌감문위 대장군 야율행평이 고려로 와서 흥화 등 6개 성을 탈환한 사실을 해명함. 여진이 요의 군대를 인도하여 압록강을 건너려하자 대장군 김승위 등이 이를 물리침.		
1014	9. 요가 또다시 고려에 6성을 요구. 10. 장신남 등, 흥화진에서 요군을 격퇴.		△ 이 해 ·신성로마제국, 하인리히 2세, 이탈리아를

연도	한 국	동 양	서 양
			원정하여 로마에서 제위에 오름.
1014	11. 상장군 김훈, 최질 등이 모든 위衛의 군대를 거느리고 난을 일으킴.		
1015	1. 요의 군대가 흥화진·통주에 침입. 3. 요의 군대가 흥주에 침입. 구두포에 침입한 여진 해적선 20척 격파. 4. 요의 야율행평이 또 고려로 와서 6성을 요구하므로, 잡아가둠. 9. 흥화진·영주성에 침입한 요군 격퇴. 11. 과원을 송에 보내어 요의 침입을 알림. 요군이 고려의 선화진과 정원진을 함락시킴.	9. 복송. 토번의 하주 정벌을 허락.	
1016	1. 반요동맹 체의를 송이 반대함. 곽주에 침입한 요군을 격퇴. 7. 통주성 전투의 군모사 3,100여 명 포창. 10. 남부지방 무장반란 시작. 12. 장감찬, 자기의 토지 12결을 군건으로 쓰도록 국가에 바침.	8. 복송. 조의, 토번을 격파.	△ 이 해 •잉글랜드, 크누트 1세, 잉글랜드의 왕이 됨. 덴마크 왕조가 잉글랜드를 지배함. •제노와 피사가 연합하여 사라센과의 해전에서 승리함.
1017	8. 서여진의 개신이 요 동경이 승련를 붙잡아 고려에 옴. 고려가 흥화진에 침입한 요군 격퇴. △ 이 해 •동여진인 개다불·아점불 등 6명 귀화해 옴.	△ 이 해 •가즈니왕조, 마흐무드, 효리즘의 마이문왕 조를 타도함.	
1018	6. 499명의 전쟁참가자에게 1급 특진. 10. 요와의 전투에 공이 큰 귀주지방 여진인 34명에게 비단과 면포 500여 필을 하사.	△ 이 해 •요, 제3자 고려침입.	△ 이 해 •동로마. 바실레이오스 2세, 불가리아인을 복속시킴.

연도	한 국	동 양	서 양
1018	12. 요 소손녕 등이 100,000명의 대군으로 제3차 침입 개시. 강감찬, 흥화진에서 요군을 대파.		•폴란드, 키예프를 점령.
1019	1. 요군이 신은현에서 회군. 2.(양 3.10). 강감찬의 군대가 철수하는 요군을 귀주에서 포위 격멸함.(귀주대첩)	△ 이 해 •요, 귀주에서 강감찬의 고려군에게 패배.(귀주대첩) •가즈니왕조, 마흐무드, 북인도의 갠지스 가나우지를 유린함.	
1026		△ 이 해	△ 이 해 •신성로마제국, 콘라트 2세, 이탈리아 원정에 나서 밀라노에서 이탈리아 왕이 됨.
1027	5. 동여진이 평해군을 침공하였으나 이를 격파.	2. 요, 위구르 정벌에서 패퇴.	
1028	윤2. 여진 해적선 30여 척의 침입을 격퇴. 3. 동여진의 해적선이 명주에 침입. 5. 동여진의 적 400여 명이 고려의 동산을 침략함. 여진인에 대해 포섭과 정벌 양면정책을 실시키로 함. 10. 개경의 나성이 완성됨. 유소가 흥화진 서북쪽의 옛 석성을 수축하여 위원진 및 정융진을 설치.	9. 요, 발해의 후예 대연림, 요양에서 반란을 일으킴. 10. 요, 대연림의 난을 평정함.	△ 이 해 •덴마크, 크누트 1세, 노르웨이를 점령함.
1030	11. 서여진의 만투 등 27호가 고려에 귀순하여 이들을 동부지방에 배치함.		

연도	한 국	동 양	서 양
1031	7. 발해의 감문군 대도행랑 등 14명이 고려에 귀순. 10. 요의 왕수남 등 19명이 고려에 귀순하여 그들을 남부지역에 거주케 함.	△ 이 해 • 서하, 조덕명, 위구르족을 복속시킴. • 일본. 다이라노 다다쓰네의 난이 평정.	
1032	3. 요의 좌상 도지휘사 대광 등이 귀부. 혁자·수점노·뇌응·석포 등이 무기 제작. 11. 9도에 사신을 보내어 군대 검열.		△ 이 해 • 신성로마제국, 콘라트 2세, 네덜란드의 미에헤스라우를 복속.
1033	3. 해적의 침입을 격퇴. 4. 해적이 삭주현에 침입. 8. 북경에 천리장성 축조 개시. 평장사 유소에게 명하여 북부 국경지대에 관방을 두게 함. 요군이 정주에 침입. 정주·간성현에 축성.		
1034		△ 이 해 • 신성로마제국, 콘라트 2세, 부르군트왕국을 병합.	
1035	5. 요의 검교 우산기상시 안지가 고려의 흥화진에 통첩을 보내 통교를 강요함. 9. 서북지방의 송령 이동에 장성을 구축함.		△ 이 해 • 아라곤왕국(나바르 1세). 나바라왕국으로부터 독립.
1036	2. 동변의 적신이 고려의 삭주현 동진의 요새지에 침입하자 매복하여 이를 격파.		
1037	10. 서북로병마사가 요가 해군을 동원하여 고려의 압록강에 침입하였다는 보고를 함. 12. 요와 우호를 다짐.		

연도	한 국	동 양	서 양
1038		△ 이 해	△ 이 해 · 프랑스, 리모주에 농민평화군을 설치.
1040	9. 북여진의 장군 이우화골름보가 귀순하여 정기 지방에 거주케 함.	△ 이 해 · 서하. 이원호, 군사를 크게 일으켜 연주를 포위 공격.	△ 이 해 · 셀주크투르크, 투그릴 베그, 단단칸 싸움에서 가즈니왕조 군대를 격파하여 니사푸를 점령.
1041	9. 7품 이상 관리의 자식을 군대에 참모하던 것을 폐지.	△ 이 해 · 서하. 포주를 공격하여 함락.	
1042		1. 북송. 국자감 학생 중 나이가 많고 재주가 없는 이를 광군에 배속시킴. 2. 서하. 이용군을 설치. 9. 북송. 요와 화친.	△ 이 해 · 신성로마제국, 헝가리를 정복. · 세르비아인. 동로마제국에서 독립하여 세르비아왕국을 세움.
1043	6 연해른도반란, 많은 해적을 격파.	1. 서하가 화해를 요청해 옴.	△ 이 해 · 가에프공국. 블라디미르, 동로마 콘스탄티노플을 공격.
1044	4. 동여진 1,045명이 선물을 가지고 와서 고려에 동맹요청. 10. 장주·정주·원흥진에 축성. 이로써 고려장성(천리장성) 완성. 동북지방에 침입한 여진인 격퇴.	10. 요. 서하와 화친을 맺음.	
1045	4. 면적 100여 명이 고려의 영원진 정평 요새지에 침입하여 군사 30여 명을 납치해감.		
1046		10. 북송. 숭녕의 반란군을 정벌.	△ 이 해 · 신성로마제국, 하인리히 3세, 이탈리아 원정.

연도	한국	동양	서양
1049	6. 동변해적들이 고려의 임도현에 침입하여 17명의 주민을 납치해감. 7. 동변해적들이 고려의 금양현에 침입하여 20명의 주민을 납치해감.		
1050	6. 동여진 해적이 열산현에 침입. 7. 동변의 적들이 파천현에 침입. 9. 동북면병마녹사 문양렬, 여진 해적을 추자도에서 대파. 10. 관리들과 기병들에게 군사훈련을 장려.		
1051	8. 귀주와 장주에 침입한 여진인 격퇴. 9. 동여진의 침입을 격파.	△ 이 해 ・일본. 아베노 요리토키가 난을 일으킴. 전 구년의 전쟁이 시작.	
1052	5. 북계 삼살촌의 여진 추장이 지당에 침입. 6. 동여진 교지문 등이 삼척에 침입하자 이를 격파함.		△ 이 해 ・신성로마제국. 하인리히 3세, 헝가리를 정복하여 봉토로 삼음.
1054	8. 장주의 남문 밖 평지에 목책을 세움.	1. 북송의 적청, 농지고를 격파하고 난을 평정함.	△ 이 해 ・노르망디공 윌리엄, 프랑스군을 격파하고 잉글랜드에서 독립.
1055	9. 중앙군과 지방군, 군사훈련 진행.		△ 이 해 ・셀주크투르크, 투그릴 베그, 바그다드로 쳐들어가서 부와이왕조를 멸하고 서아시아의 지배자가 됨.
1056	7. 동로병마사 김단, 동여진 마을 20여소를 격파.		

연도	한 국	동 양	서 양
1060			△ 이 해 •시리아를 둘러싸고 셀주크투르크와 파티마 왕조와의 항쟁이 격화됨.
1061	8. 정주의 군대가 200명의 동여진을 물리치고 각 10여 명을 죽임. 9. 강마진에서 여진 격파.		△ 이 해 •노르만족, 시칠리아 섬을 정복하기 시작.
1062		9. 일본, 전구년 전쟁이 평정.	
1063		7. 요, 황제의 숙부 야율종원, 반란을 기도하다 죽음.	△ 이 해 •잉글랜드, 해럴드, 웨일스를 정복.
1064	5. 동여진의 마질개 등 100여 명이 바다를 건너 평해군 남포에 침입.	9. 복송. 무과를 추가로 설치. 11. 복송. 협서의 민정을 뽑아 의용군으로 삼음.	
1066			9.20 잉글랜드, 폴포드 전투 발발. 9.25. 잉글랜드, 스탬포드 교량전투 발발. 10.14. 노르망디공 윌리엄, 헤이스팅스전투에서 해럴드 2세를 격파하고 잉글랜드 왕에 즉위하여 윌리엄 1세가 됨. △ 이 해 •잉글랜드, 노르웨이인의 침공이 시작.
1068	7. 임하염, 배행검, 석수규 등이 적선 3척을 격파하고 진공을 세우자 이름 포상함.		
1070		11. 복송. 왕안석, 보갑법 시행.	
1071	6. 군역을 피하여 도망치는 군인들 많이 발생.		△ 이 해 •셀주크투르크, 알포 아르슬란왕, 동로마제국 로마누스 4세와 싸워 승리.

연도	한국	동양	서양
1071			•셀주크투르크, 동로마군을 만지케르트싸움에서 격파. 소아시아에 진출하여 예루살렘을 정복하고 성지를 순례하던 그리스도교도를 박해.
1072			△ 이 해 •잉글랜드, 윌리엄 1세가 스코틀랜드를 침공해 국왕 맬콤으로부터 충성의 맹세를 받음. •노르만족 사라센으로부터 시칠리아를 빼앗음. (나폴리왕국 건설)
1073	2. 동여진과 서여진의 여러 추에서 고려에 귀순하자 그들에게 사성과 관직을 내림. 5. 정주의 군대, 여진의 삼산촌을 공격, 섬멸. 6. 동여진의 12개촌 추장 등 1,970호가 귀순하자 여진촌을 주현으로 삼음. 9. 동여진의 대란 등 11개 촌락의 귀화인들을 11개 주로 편입시켜 귀순주에 예속시킴.	6. 북송. 군기감이 설치. 10. 북송. 왕소, 토번의 4성을 점령.	△ 이 해
1076			•셀주크투르크, 예루살렘을 정복.
1078			△ 이 해 •신성로마제국, 하인리히 4세, 독일 왕에 선임된 스와비아공 루돌프와 싸움을 벌임.
1079	4 여진의 아홀간이 귀순함. 서여진의 수우나 등 7명이 와서 요에게 반성던 직첩을 바침.		

연도	한 국	동 양	서 양
1079	5. 평로진의 관문에 잠입한 북변의 적을 매정 강음, 중보 등이 잠복하여 격퇴.		
1080	10. 동변에서 병란이 일어나자 문정을 판행영병마사로, 최석과 염한을 병마사로, 이의를 병마부사로 각각 임명하여 이를 물리침.		
1081		7. 복슬. 이친, 서하를 공격.	
1083		9. 일본. 미나모토 요시이에와 기요하라노 이에히라 사이에 후삼년의 전쟁이 시작.	△ 이 해 • 신성로마제국. 하인리히 4세, 로마를 공격함.
1084	6. 동여진이 중해군 모산진농장에 침입.		△ 이 해 • 신성로마제국. 하인리히 4세, 산타로제성의 그레고리우스 7세를 포위.
1085		7. 복슬. 보감봄, 방전봄, 시역봄, 보마법 등이 폐지.	△ 이 해
1086		11. 일본. 상앙의 원정이 시작.	
1087		12. 일본. 후삼년의 전쟁이 평정.	△ 이 해 • 프랑스, 필립왕과의 전쟁에서 잉글랜드 윌리엄 1세가 사고로 사망.
1090			△ 이 해 • 신성로마제국. 하인리히 4세, 이탈리아를 원정.
1094	2. 군사엄봄 실시.	• 복슬. 모역봄이 다시 시행됨.	△ 이 해
1095		2. 복슬. 보감봄이 다시 시행됨.	△ 이 해

연도	한국	동양	서양
1095			·교황 우르바누스 2세, 클레르몽공의회에서 십자군 원정을 제창하고 공의회는 이를 결의함.
1096	6. 진명도도부서의 수군, 해적 격퇴. 8. 동여진 추장들을 통해 변방 정세 탐문. 무반권리에게 사격연습 실시.	10. 북송. 서하의 침입을 격퇴.	△ 이 해 ·제1차 십자군 원정을 출발하여 콘스탄티노플에 진출.
1097	7. 병마사 김한충, 진한현에 침입한 동여진선 격파.		5.14. 니케아 포위전이 시작. 동로마의 알렉시우스 황제와 십자군이 니케아를 공략. 7.1. 도릴라에움 전투. 10.21. 십자군의 안티오크 공방전이 시작. △ 이 해 ·십자군의 여러 장수들이 동로마 황제 알렉시스에게 충성을 맹세함.
1098			6.3. 십자군. 안티오크를 함락. 6.5. 모술의 총독 케르보가의 군대가 안티오크의 십자군을 포위함. 6.28. 오론테스 전투. 십자군의 역공으로 무슬렘 군을 후퇴시킴.
1099			1. 십자군. 예루살렘으로 진격을 시작. 6.9. 예루살렘 공방전이 시작. 7월 18일 예루살렘을 함락하시키고, 굿프레이를 예루살렘의 보호자로 선출함.
1101	8. 요가 고려 정주의 군영 철폐를 간청.		△ 이 해 ·잉글랜드, 노르망디공 로베르의 침입을 받음.

연도	한 국	동 양	서 양
1102	△ 이 해 · 완안부 여진이 정주성을 침입.		△ 이 해 · 헝가리, 달마티아를 점령.
1104	1. 임간에게 명하여 동여진을 정벌. 동여진 1,753명 투항. 2. 임간, 여진과 정주성 밖에서 싸워 패전. 윤관, 서북면행영병마도통에 임명. 3. 윤관, 여진과 싸워 결맹하고 돌아옴. 9. 보승군의 전투준비상태 검열. 12. 별무반(別武班), 신기군·신보군·항마군 설치.		
1105		3. 서하. 복송을 침공. 3. 복송. 서하와 화해.	
1106	1. 여진정벌을 위한 신기군 검열. 7. 동여진을 치고자 군렵을 염원히 함. 8. 지방군에게 진법을 가르침. 11. 윤관·오연총, 신기군과 신보군의 전투상태 검열. 12. 상장군·대장군 이하 군인들의 사격연습 실시.		△ 이 해 · 잉글랜드, 헨리 1세, 탕케브레전투에서 노르망디공 로버트를 사로잡음.
1107	윤10. 여진토벌의 군사를 일으킴. 윤관을 원수, 오연총을 부원수로 삼음. 12. 윤관, 여진 촌락 135채를 격파. 점령지역에 함주 등 6성을 쌓음. 동여진의 요충내 등 3,230명이 귀순.		
1108	3. 여진의 군대가 영주성 밖에서 주둔하자 고려군이 나가 싸워 적을 물리침. 윤관이 의주, 통태, 평융의 3성을 쌓고, 남계 배성을		

연도	한 국	동 양	서 양
1108	을 이주시키고 새로이 9성을 쌓음. 4. 윤관과 오연총이 개선. 5. 오연총이 웅주에서 여진을 격퇴. 7. 신현 등이 영인진의 수군을 거느리고 여진 20명을 주살. 8. 왕자지와 척준경이 함주와 영주에서 여진 군과 싸워 33명을 주살.		△ 이 해 •아라곤 왕국, 알폰소 1세, 제노바 및 피사의 원조를 얻어 트리폴리, 네리쥬스, 아카를 점령함.
1109	2. 9성의 철수의견 제기. 완안부 여진, 강화 요청. 3. 여진이 숭녕진, 김주성, 선덕진을 공격해 옴. 4. 오연총, 김주를 구함. 5. 오연총, 공험진에서 패전. 윤관으로 하여금 다시 김주를 구원하게 함. 9성 철수문제 논의. 6. 여진이 고려에 사신을 보내어 9성을 돌려 줄 것을 간청. 7. 9성을 여진에게 돌려 줌.	윤관 초상(한국학중앙연구원)	△ 이 해 •신성로마제국, 하인리히 5세, 이탈리아를 원정.
1110	5. 재상 최홍사 등, 윤관·오연총의 패전의 죄를 탄핵. 9. 남명문 앞에서 신기군·신보군·정노군·조탕반구을 사열.		△ 이 해
1111	5. 윤관 죽음.		•롬로마, 베네치아와 전쟁을 벌임.
1112			

연도	한국	중국	서양
1114	10. 요의 동경 병마도부서가 완안부 이끌타의 거병소식을 알리고 함께 진압하자고 제의함.	11. 여진, 혼동강에서 요군을 격파.	
1115	8. 요가 여진을 치기 위해 원병을 청함. 11. 요 사신이 와서 출병을 독촉.	1. 완안부 아골타, 금을 건국하고 상경회령부에 도읍을 정함. 9. 금, 요의 황룡부를 점령.	
1116		3. 발해의 유민 고영창, 황제를 칭하고 독호를 대원이라 함. 4. 금, 고영창을 공격하여 죽이고, 요 동경의 주현을 얻음. 10. 북송, 서하의 진공을 받음.	
1117	2. 북방문제를 처리하도록 김연을 서북지방에 파견. 3. 요의 내원성·포주성을 수복하여 의주를 둠.		
1118	윤9. 금의 침입에 대비하여 군대 모집.		
1119	2. 동북 변경의 장성을 증축.		△ 이 해
1120		5. 금, 요의 상경을 공격하여 점령. 9. 북송에 사신을 보내 요에 대한 공격을 의논. 북송이 마정을 금에 보냄. △ 이 해	△ 이 해 •유럽. 템플기사단이 결성됨.
1121	11. 주진의 장상과 장교의 녹봉을 정함.	•북송. 진규, '수성록'에 화약 사용법을 기재.	

연도	한 국	동 양	서 양
1122		3. 금. 요의 서경을 점령. 12. 금. 요의 연경을 점령.	
1124		1. 금. 서하를 복속.	
1125		1. 요. 멸망. 10. 금. 북송을 공격.	
1126	2. 이자겸과 척준경 등이 난을 일으킴.	9. 금. 북송의 변경을 함락. 북송 흠종 항복을 청함.	
1127		4. 금. 개봉에 침입하여 북송을 멸함. 북송의 휘종과 흠종을 포로로 잡음.(정강의 변) 5. 고종, 남경에서 즉위하고 남송을 세움.	
1128	10. 명진, 승변, 아주 등 3현이 해적 820명이 귀순하여 귀원장과 취안장, 화순장을 설치하여 그들을 거주케 함.	1. 금. 동경을 점령. 12. 남송. 유예, 금에 항복.	△ 이 해 · 신성로마제국, 독일기사단이 창설.
1129		2. 남송. 고종이 금에게 쫓겨 항주로 천도. 9. 금. 남경을 점령. 11. 남송. 고종이 금의 군사를 피해 바다로 달아남. 12. 금. 임안을 점령.	
1130		4. 남송. 한세충, 금이 군대를 강중에서 격파. 5. 남송. 악비, 금이 군대를 정안에서 격파.	
1131		1. 남송. 악비로 하여금 금의 군사를 막게 함. 10. 남송. 오개와 아린, 화상원에서 금의 군대를 대파.	

연도	한 국	동 양	서 양
1132		△ 이 해 · 야율아보기의 8대손인 야율대석, 중앙아시아의 이리크한 왕조를 정복하고 서요국을 세움.	△ 이 해
1135	1. 묘청, 유감, 조광 등이 서경에서 반란을 일으킴. 김부식을 원수로 하여 묘청의 난을 진압케 함.	6. 남송. 악비, 호상을 평정.	
1136	2. 김부식이 총력전으로 서경의 반란세력을 진압시킴.		△ 이 해 · 신성로마제국, 로타르 2세, 시칠리아왕국의 루제로 2세를 정벌.
1138			△ 이 해 · 아라곤왕국, 바르셀로나를 점령.
1139		1. 남송. 금과 화친.	
1140		7. 남송. 악비, 주선진에서 금군을 격파.	
1141		10. 남송. 악비를 옥에 가둠. 11. 남송. 금과 화해. 12. 남송. 악비를 죽임. 12. 남송. 금에 땅을 베어줌.	
1144			△ 이 해 · 셀주크투르크, 에데사를 점령하고 예루살렘을 핍박.
1145			△ 이 해 · 교황 에우케니우스 3세, 제2차 십자군을 제창.

연도	한 국	동 양	서 양
1147		12. 금. 몽골과 화친.	△ 이 해 • 동로마, 시칠리아와 싸움을 벌임. • 제2차 십자군원정이 시작. • 포르투갈왕국, 리스본을 점령.
1148			△ 이 해 • 십자군, 다마스쿠스를 포위.
1149	1. 군대 사열. 8(양 9,8). 5군을 3군으로 개편.	12. 금. 작고내가 희종을 살해하고 해릉왕으로 제위에 오름.	△ 이 해
1154	5. 개경 동쪽에서 군대사열.		△ 이 해 • 신성로마제국, 프리드리히 1세, 제1차 이탈리아 원정.
1156		△ 이 해 • 일본, 호겐의 난이 발생.	△ 이 해
1157			△ 이 해 • 신성로마제국, 프리드리히 1세, 네덜란드를 정복. • 신성로마제국, 홀란드에 원정하여 슐레지엔을 식민지로 만듦. • 신성로마제국, 프리드리히 1세와 롬바르디아 도시들 간의 싸움이 시작됨.
1158			△ 이 해 • 신성로마제국, 프리드리히 1세, 제2차 이탈리아 원정. • 에스파냐, 카라트라바 기사단이 창설.

연도	한 국	동 양	서 양
1159		12. 일본. 헤이지의 난이 발생.	
1161		7. 금. 거란인의 반란이 일어나 변으로 천도.	
1165	3. 금의 군대가 인주·정주의 경내를 점범하고 방수장을 잡아감.		
1169			△ 이 해 • 잉글랜드, 헨리 2세, 아일랜드 정복을 시작.
1170	8. 정중부·이의방 등이 반란을 일으켜 문신들을 살해. 무신정권 시작. 9. 정중부 등, 의종을 추방하고 명종을 제움.		
1171			△ 이 해 • 동로마. 베네치아와 싸움을 벌임.
1173	8. 동북면병마사 김보당, 난을 일으킴. (계사의 난) 10. 이의민, 의종을 경주에서 잡아 죽임.		
1174	9. 서경유수 조위총이 난을 일으킴. 10. 윤인첨이 절령에서 조위총의 군대와 싸워 패전.		△ 이 해 • 신성로마제국. 프리드리히 1세, 제5차 이탈리아 원정. • 아유브왕조, 예루살렘 탈환을 위해 출발. 다마스쿠스를 점령.
1175	9. 절령병마사 대장군 강점이 조위총과 싸우다 패전하여 그의 관직을 파면함.		△ 이 해 • 아프가니스탄 구르왕조, 술탄 무하마드가 인도 정복을 시작.
1176	1. 공주 명학소에서 천민 망이·망소이가 지휘하는 민란 일어남. 남부 지방에 민란 성행.		△ 이 해 • 신성로마제국. 프리드리히 1세, 롬바르디아

연도	한 국	동 양	서 양
1176	1. 신기(神騎)·신보(神步)·도탕반을 배치하여 군사력 시위. 2. 금의 병신이 동해안에서 노략질함. 2. 장정을 선발하여 남적을 치게 함. 6. 서경 반란군을 진압하고 조위총을 죽임. 12. 고려가 남도지방 반란군 진압을 위하여 대규모 관군 조직.		도시동맹군과 벌인 전쟁에서 패배.
1177	1. 망이·망소이가 항복함. 3. 망이 등이 다시 반란을 일으켜 가야사를 공격, 서해도에서 난이 일어나 충주연원랑 박소를 파견하여 주, 현의 군사를 발동하여 적을 토벌케 함. 7. 남적지킬 병마사인 정세유 등이 망이·망소이 등을 체포.		
1178	10. 서북면병마사 박제검, 서북방을 평정. 11. 별례기은도감을 설치. 금의 군대가 의주관 밖에 주둔.		
1179	2. 서경에서 다시 반란이 일어남. △ 이 해 •무신들이 사병을 두기 시작.		
1180	7.	일본, 다이라씨가 서국으로 달아남.	
1183			
1184			△ 이 해 •신성로마제국, 프리드리히 1세, 제6자 이탈리아 원정.

『고려사』의 망이·망소이 기사

연도	한 국	동 양	서 양
1185		3. 일본, 단노우라 싸움에서 다이라씨가 멸망. 12. 일본, 미나모토 요리토모가 가마쿠라 바쿠후를 세움.	
1186		△ 이 해 ·가즈니왕조, 북인도를 점령한 구르왕조에 멸망함.	
1187			△ 이 해 ·아유브왕조, 살라딘, 예루살렘왕국의 군대를 격파하고 예루살렘을 탈환함. 성전의 시작.
1188	10. 중단되었던 정기적인 군마열병 다시 행함.		
1189			△ 이 해 ·제3차 십자군 원정이 시작됨.
1190			△ 이 해 ·신성로마제국, 독일기사단이 창설.
1191			△ 이 해 ·잉글랜드 리처드 1세와 프랑스 필리프 2세가 협력하여 사라센과 전투를 벌여 아카를 함락시킴.
1192			△ 이 해 ·잉글랜드, 리처드 1세, 아유브왕조의 살라딘왕과 화친을 맺고 돌아오는 길에 유폐됨.
1193	7. 김사미와 효심 등이 남부지방에서 반란을 일으킴.	8. 일본, 미나모토 요리토모가 동생 노리요리를 죽임.	

연도	한 국	동 양	서 양
1193	11. 최인을 남도적적박마서문 삼아 정상토봉기 군을 공각.	△ 이해 •인도, 구르왕조의 구르왕, 벨리를 함락시키고 베를 지방을 병합.	
1194	2. 김사미 참살. 명주 농민군이 관군 격파. 4. 남로별마사의 관군과 효심의 봉기군이 밀성에서 접전. 12. 남로별마사, 효심을 사로잡음.		△ 이해 •신성로마제국, 하인리히 6세, 제2자 이탈리아 원정에 나서 시칠리아 섬을 정복. •셀주크투르크, 분열되어 사실상 멸망.
1196	4. 정군 최충헌이 이의민을 죽임.		
1197			△ 이해 •신성로마제국, 하인리히 6세, 제3자 이탈리아가 원정.
1199	2. 명주와 동경에서 도적이 일어남.	1. 일본, 미나모토 요리토모가 사망. •인도, 구르왕조의 구르왕, 베를을 정복.	
1200	12. 경주에서 이의민 일가를 처단하는 과정에서 난이 일어남.		
1201	3. 청방의 등이 진주인의 난을 평정.		
1202	10. 탐라 민란 일어남. 경주 별조군 폭동. 12. 탐라민란 평정. 경주·운문·울진 등에서 연합하여 대규모 민란을 일으키고 주군을 장악. 대정군 김척후 등이 이를 토벌.		
1203			△ 이해 •제4차 십자군 원정을 시작함. •교황 인노켄티우스 3세, 동·서교회의 제통일을 지향하고 제4차 십자군을 제창함. △ 이해 •십자군, 콘스탄티노플을 포위.
1204	3. 김순의 농민반란군, 경주 북쪽 모량에서 관군과 싸움.	△ 이해 •몽골, 티무진, 내만부를 격파.	△ 이해 •동로마, 십자군에 의해 일시 멸망.

연도	한 국	동 양	서 양
1204	5. 김순의 농민반란군, 경주 남쪽 이천에서 관군과 싸움.		• 십자군. 동로마 콘스탄티노플을 함락. 라틴 제국 성립. • 베네치아공화국, 동부 지중해의 제해권을 장악.
1205			△ 이 해 • 베네치아공화국, 아드리아해를 장악.
1206		△ 이 해 • 테무진, 칭기스칸이라 칭하고 몽골을 통일함. • 인도, 구르왕조의 쿠틉노예 루트브 우딘 아이바크, 델리에 도읍하여 노예왕조를 창건.	
1207			△ 이 해 • 잉글랜드, 존왕, 캔터베리 대주교 선출을 둘러싸고 로마교황과 대립.
1208		△ 이 해 • 이르지시 전투. 칭기스칸이 왕정을 시작.	△ 이 해 • 잉글랜드, 존왕 성직서임권 때문에 교황 인노켄티우스 3세와 서위 파문됨.
1209		5. 몽골. 서하들에 공격..	△ 이 해 • 교황 인노켄티우스 3세, 알비조아 십자군을 일으킴.
1210		△ 이 해 몽골. 금의 서북면을 침공.	△ 이 해 • 프랑스, 소년십자군이 결성됨.
1211		△ 이 해 • 서요, 내만의 구출룩에게 멸망당함.	

연도	한국	동양	서양
1212			△ 이 해 •기독교 왕국 연합군이 트롯사 싸움에서 회교도를 격파. •소년십자군 원정이 실패함.
1214		5. 금. 몽골군의 침공으로 인해 변경으로 천도. △ 이 해 •몽골. 목화려, 요서를 정벌.	△ 이 해 •프랑스, 필리프 2세, 프리드리히 2세와 동맹하여 오토 4세를 격파함.(부비느 싸움)
1215		△ 이 해 •몽골. 금 연경을 함락하고 황하 이북을 점령.	
1216	윤7. 금의 동정좌관부가 포선만노의 반역을 고려에 알리며 양식과 마필을 구함. 8. 거란유인이 몽골에 쫓겨 고려 서북계로 침입해 옴. 삼군방어군 편성. 9. 김취려, 연주에서 거란군을 격파. 금의 거란을 협공하며 군량미 지원을 요청. 10. 삼군이 위주성 밖에서 패함. 12. 거란병이 황주를 침공해 옴.	4. 금의 아율유가, 몽골에게 항복. 나머지 무리들이 징주에서 대요수국을 세움. △ 이 해 •금. 포선만노, 요동에서 반란을 일으켜 동진국을 세움.	
1217	1. 전주에서 반란이 일어남. 중앙사 등의 승도, 최충헌을 모해하려다 실패. 3. 5군이 태조탄에서 거란병에게 대패. 4. 금 포선만노의 군사가 고려에 침입하여 내부영을 격파함. 5. 김취려 등, 거란병을 제천에서 격파.		△ 이 해 •헝가리. 안드레아스 2세, 십자군을 일으킴.

연도	한국	동양	서양
1217	9. 거란군이 의주, 정주, 인주 및 영덕성 등을 침입해 옴. 10. 조충, 항기지군을 격파. 11. 거란군이 고주와 화주를 침략해 옴. 이무공을 삼군병마사로 함. 거란의 군대가 영인진, 장평진, 예주를 함락시킴.		
1218	1. 최충헌, 도목정을 개설. 7. 거란이 대거 침입. 조충 등이 이를 방어. 8. 거란병이 양주에 침입. 9. 조충 등이 거란병을 강동으로 물리침. 11. 수주에서 거란군 430여 명 격멸. 12. 몽골 원수 합진이 동진병과 함께 고려에 와서 거란병을 치겠다고 군량을 요청.	5. 금, 장군 정유, 몽골에 항복. 8. 몽골, 금의 여러 주를 취함.	
1219	2. 몽골군이 철수함. 7. 서북지방 성들의 무기와 군량을 점검. 몽골 침입에 대비. 9. 몽골사신이 와서 고려에 수공을 독촉함. 최충헌 죽음. 아들 최우 집권. 10. 최우, 최충헌이 모아두는 금은진보를 고종에게 바침. 12. 정주를 동경유수로 고침.	1. 일본, 미나모토노 사네토모가 망하고 호조씨가 집권. 9. 칭기스칸, 서아시아 원정을 시작. 남송, 흥진석이 일어남.	
1220	3. 거란군이 평로진에 침입함. 남원에서 반란이 일어났으나 스스로 궤멸함. △ 이 해	·몽골, 중앙아시아의 부하라와 사마르칸트를 점령하고 호라즘왕조를 멸함.	

연도	한 국	몽 골	서 양
1221	5. 최우를 진양후로 봉함. 윤12. 제주권농사(濟州勸農使), 최우崔瑀의 집에서 모여 몽골 방비를 의논.	5. 일본, 조큐의 난이 발생.	△ 이 해 ·십자군, 이집트 카이로와 화친.
1222	7. 경주에 침입한 동진국 군대를 격파.	△ 이 해 ·몽골, 점령지에 다루가치를 둠. ·몽골, 페르시아 침략을 시작.	
1223	5. 왜가 금주에 침입. 금이 의주 등지에 침입하였으나 이를 격퇴.		
1224		△ 이 해 ·몽골, 남러시아의 제후를 집어 하반에서 적 파.	
1225	1. 몽골사신 저고여, 돌아가다가 압록강 연안에서 피살. 몽골, 고려를 의심하여 절교. 4. 경상도 앞바다에 침입한 왜적선 2척 나포. 6. 최우, 정방政房을 자택에 설치. 8. 동진국이 삭주에 침입.	1. 몽골, 고려에 갓던 몽골의 사신 저고여가 압록강을 건너 귀국하는 길에 피살됨. 2. 남송·이전이 난을 일으킴. 12. 몽골, 서하를 침공.	
1226	1. 서북면병마부사 김희제, 금 우가하의 군을 격파. 왜구가 경상도 거제에 침입하였으나 현령 진용갑이 이를 격파. 5. 삭주, 김미지, 김광영 등이 난을 일으켰으나 실패함. 6. 왜가 금주에 침입. 금이 동진구을 공격해 달라고 요청.		
1227	4. 금주에 침입한 왜적 격파. 5. 경상도 웅신현에 침입한 왜적 격퇴.	6. 징기스칸, 서하를 멸함. 징기스칸 사망.	

연도	한 국	동 양	서 양
1227	9. 동진이 정주·장주에 침입. 박외음 일본에 보내어 왜적의 단속 요구.		
1228			△ 이 해 ·제6차 십자군 원정 시작.
1229	2. 동진이 함주에서 화친을 요청. 5. 동진이 화주에 침입. 11. 최우, 가병을 사열.		△ 이 해 ·십자군, 예루살렘을 점령.
1230	7. 고려의 최우, 가병을 사열.		
1231	8.29(음 9.26). 살리타이를 인수로 하는 몽골군, 고려에 제1차 침입 개시. 몽골군에 대한 고려 군민의 항쟁 개시. 9.3(음 9.30). 박서 지휘하의 고려 군민이 귀성에서 대규모 전투 개시. 각도에서 군대 모집. 9. 몽골군이 서경성을 집공하였으나 이기지 못함. 몽골군이 황주와 봉주에 침입함. 몽골군이 용주를 예함. 몽골군이 선주와 곽주를 함락시킴. 10. 몽골군이 귀주를 공격해 옴. 삼군이 교전하였으나 이언은, 정웅, 채식 등이 전사. 11. 노바군이 충주성을 몽골침임군의 공격에서 수호함. 몽골병은 평주를 처 빼앗고 개경에 육박해 옴. 12. 몽골과 강화, 몽골사신이 와서 저고여의 살해를 문제.	10. 몽골, 족의 여러 지방이 몽골에 항복해 옴.	

연도	한 국	동 양	서 양
1232	1. 몽골군이 철군함. 충주의 관노들이 폭동을 일으킴. 6. 최우가 왕을 위협하여 강화로 도읍을 옮기게 함. 7. 김중귀와 김인경을 왕경 유수 병마사로 임명하여 8령군으로 왕경을 지키게 함. 8. 민희와 최자온이 장교들을 시켜 다로가치를 죽이기로 함. 서경에서 반란을 일으킴. 12. 살례탑이 고려의 처인성을 침공. 살례탑 살해 당함.	 처인성(경기 용인, ©정득진)	△ 이 해 • 서사란센 알모하드왕조가 멸망.
1233	5. 서경에서 필현보, 홍복원 등이 반란을 일으킴. 6. 동경·영주에서 최산·이유의 반란. 12. 최우가 가병 3천 명을 보내 북계병마사 민희와 함께 서경반란군을 진압함.		
1234		1. 몽골, 남송과 제휴하여 금을 멸함.	
1235	8. 몽골군이 고려의 용강·함종·삼등·용진진·동주성 등을 함락. 9. 몽골군이 동경까지 침입. 10. 몽골군이 동주성을 침공. 야별초군의 지평에서 몽골군을 격파.		
1236	6. 몽골군이 압록강을 건너 고려 서북계의 제성 및 황주·신주·안주 등 3주를 장악. 제도에 산성방호도감 파견. 7. 몽골군이 개전에서 몽골군을 격파.	3. 남송, 양양, 양을 배반하고 몽골에 항복.	△ 이 해 • 카스티야의 왕, 이베리아반도의 코르도바를 점령.(레콩키스타: 이슬람교도인 움마이드왕조의 지배하에 있던 이베리아반도를

연도	한국	동양	서양
1272	조운선 나포. 6. 삼별초군, 탐라를 근거지로 함. 삼별초군이 제주에서 내성과 외성을 축조함. 8. 삼별초에게 항복 권고. 9. 삼별초군이 고란도를 점락함. 11. 삼별초군, 안남도호부 공격. 12. 각 도에 조군별감을 파견함. 삼별초 토벌군을 파견.	 용장산성(전남 진도, ©장득진)	
1273	1. 삼별초군, 나안·함포를 공격. 정상도에 전함을 만들게 함. 2. 김방경을 보내어 원의 장수와 함께 탐라의 삼별초를 공격. 4. 전라도의 병선 160척과 육해군 10,000여 명으로 탐라를 평정함. 배중손 죽음. 윤6. 탐라에 다루가치총관부를 둠. 방고감전별감을 둠. 김방경, 시중이 됨.	 항파두리토성(제주, 한국학중앙연구원)	
1274	1. 30척의 전함 진조, 원이 사신을 보내 전함 300척을 만들게 함. 5. 원의 정동병 15,000명이 고려에 옴. 10. 김방경, 원 장수 흔도와 함께 제1차 일본정벌. 실패.	△ 이 해 ·일본. 원군의 공격을 받음. (분에이의 전쟁)	
1275	7. 군기조성도감을 둠.	△ 이 해 ·남송. 문천상이 반원 의용군을 일으킴.	
1278	7. 충렬왕, 원(몽골) 관리와 원(몽골)군의 철수 및 고려인 송환 요구.		

연도	한 국	동 양	서 양
1279	9. 원, 고려에 전함 900척을 만들게 함.	2. 원, 애산의 싸움에서 남송을 멸함. (중국 통일)	
1280	5. 왜적이 고려의 함포에 침입함 8. 고려의 충렬왕, 원에 가서 일본정벌의 방책을 제안. 11. 고려에서 3군 5거를 사열. 조인규를 원에 보내어 동정 준비의 완료를 알림. 일본을 정벌하기 위해 정동행성을 둠. 군량미 70,700여 섬 저축. 12. 원이 김방경을 고려군도원수로 하여 일본 정벌군을 편성.		
1281	3. 김방경, 일본정벌차 함포로 감. 5. 원의 흔도와 고려 김방경이 함께 제2차 일본정벌. 6. 충렬왕, 경주에 행차하여 충令을 내림. 고려군이 일본군과 격전, 원의 군대, 폭풍으로 大패. 8. 여원연합군, 일본정벌 실패하고 돌아옴. 10. 원이 진변만호를 고려에 금주에 둠.	5. 원, 고려와 연합해 제2차 일본 원정을 실시했으나 실패.	
1282	1. 원의 정동행성 폐지. 3. 함포수令 의 변경을 지키게 함. 11. 원이 사람을 고려에 보내어 전함을 수리케 함.	△ 이 해	△ 이 해 •웨일스 정벌전이 시작. 에드워드가 웨일스 장궁의 위력을 알게되어 그것을 잉글랜드 무기 체계의 기본으로 채용함.
1283	3. 제3차 일본원정 준비로 군량미 저축. 군대 보충.	•미얀마. 원에 복속됨.	△ 이 해 •신성로마제국. 기사단이 러시아를 정복.

연도	한 국	동 양	서 양
1283	6. 원이 고려의 충렬왕을 정동중서성 좌승상으로 삼음.		
1284	5. 원이 고려에서 제2차 정동행성을 폐지. 6. 원이 군사를 보내어 고려의 제주를 지키게 함.	7. 원. 진납왕 탈환에게 참파 정벌을 명함. 11. 원. 조총이 사용됨.	△ 이 해 • 잉글랜드, 에드워드 1세, 웨일스를 정복. • 제노아가 피사를 격파.(멜로리아 해전)
1285			△ 이 해 • 잉글랜드, 수지에 걸쳐 스코틀랜드를 정벌.
1286	1. 원이 고려의 수안과 곡주를 반환함. 충청도에서 강운명이 난을 일으킴.	1. 원. 일본 정벌을 단념함. 2. 원. 한인의 병기 소지를 금함.	
1287	3. 함포에 있던 원 수군 철수. 6. 경상도·전라도에 안무사 파견. 시위군 훈련. 7. 동북면에 군대 파견하여 여진 침략에 대비. 11. 함평부에서 반란이 일어남.	1. 원. 탈환, 안남을 때파. 4. 원. 세조 쿠빌라이, 내안의 반란을 직접 정벌.	
1288	4. 원이 고려에 군사 5,000명과 군량을 진주로 보낼 것을 요청. 5. 원이 조청병을 고려의 절령에 이주하게 함. 무기고 설치. 7. 8. 제도권농사를 폐지하고 안렴사를 검하게 함.	△ 이 해 • 원. 배등강에서 안남군에게 패함. • 미얀마. 파간왕조가 분열하고 남부에 페구왕조가 일어남.	
1289	7. 원이 조청군 파견을 중지함.	7. 원. 조청군 파견을 중지함.	△ 이 해 • 스코틀랜드, 잉글랜드의 지배하에 들어감.
1290	1. 합단군이 고려의 동북지방 침입. 2. 합단군 침입에 대비하여 좌수·이천·통천에 군관을 파견.		△ 이 해 • 잔답옷단 합지, 노예왕조를 멸하고 멜리에서 합지왕조를 창건함.

연도	한 국	동 양	서 양
1290	10.29(양 12.2). 여자·늙은이·어린이를 강화에 대피시킴. 12. 합단군 수만 명이 고려 화주에 침입. 성생 함락. 충렬왕, 강화로 피난.		
1291	1. 합단군이 원주에 침입. 원충갑 등이 합단군을 격파. 4. 원의 원병이 고려에 옴. 5. 원의 군대와 함께 연기에서 합단군 격파. 6. 합단군 580명 고려로 투항.		△ 이 해 •십자군. 악코시에서 철수함. 십자군전쟁이 끝남.(동방 지배) •스위스연방을 수립함. 우리,슈비츠,니트발덴 3주가 영구 동맹을 맺고 합스부르크가에 반기를 들고 독립운동을 일으킴.
1292		△ 이 해 •원. 자바를 침공하지만 실패함.	
1293		△ 이 해 •원. 일본을 공격하려고 고려에 파두아를 보내 선박 제조를 감독하게 함.	
1294		1.22. 원. 세조 쿠빌라이 사망. 일본 정벌을 중지함.	
1298			△ 이 해 •잉글랜드. 에드워드 1세, 팔커크 전투에서 스코틀랜드의 윌리엄 월라스를 격파. •제노바. 쿠르촐라 해전에서 베네치아를 격파.
1299			△ 이 해 •오스만 1세, 소아시아 아나톨리아에서 에스키셰히르를 공략해 오스만투르크제국을 건설함.

연도	한 국	동 양	서 양
1302		△이 해 •델리의 할지왕조, 데칸 원정에 나섬.	
1303			△이 해 •맘루크왕조, 시리아 방면에서 일한국군을 격퇴.
1304		△이 해 •차가타이한국, 오고타이한국을 병합.	
1306		5. 원. 또다시 정동행성을 둠.	
1308			△이 해 •스위스 연방. 신성로마제국 알브레히트 1세에 대항하여 독립을 꾀함.
1309		10. 원. 강남부민의 자제를 인질로 삼아 군인으로 함.	△이 해 •프랑스, 필리프 4세가 교황청을 아비뇽에 두어 교황 클레멘스 5세를 유폐시킴.(아비뇽유수)
1310		△이 해 •오고타이한국이 멸망.	△이 해 •신성로마제국, 하인리히 7세, 이탈리아를 원정.
1314			6.24. 스코틀랜드, 반녹번 전투에서 잉글랜드군을 격파.
1315		7. 원. 난을 일으킨 제오구를 처형.	△이 해 •스위스 연방. 모르가르텐 싸움에서 오스트리아군을 격파.

연도	한국	동양	서양
1318	2. 제주의 사용과 김성 등이 반란을 일으킴. 6. 제주도의 반란을 진압.		
1322			△ 이 해 · 신성로마제국, 루트비히 4세, 오스트리아의 프리드리히 3세를 격파하고 사로잡음.
1323	6. 왜구가 회원의 운수선을 군산도群山島에서 노략하고, 주자도 등에서도 노략질함. 7. 승기를 전라도에 파견하여 왜구와 싸워 전승을 올림.		△ 이 해 · 아라곤왕국이 사르데냐를 정복함.
1324		△ 이 해 · 일본, 쇼츄의 변이 일어남.	
1325		△ 이 해 · 투글루크왕조, 무하마드 아디르가 즉위하여 인도 대부분 지역을 장악해 지배함.	
1326			△ 이 해 · 신성로마제국, 기사단이 폴란드왕국과 교전을 벌임.
1328			· 노우쎔딘도 화약. 스코틀랜드, 잉글랜드로부터 독립.
1330			△ 이 해 · 오스만 투르크가 유럽에 침입. · 루마니아인의 바라히아공국이 헝가리로부터 독립. · 세르비아, 쿠스텐디르싸움에서 불가리아를 격파함.

연도	한 국	동 양	서 양
1331		4. 원, 운남을 평정. 8. 일본, 겐코의 난이 일어남.	△ 이 해 · 세르비아. 스테판 6세 즉위. 발칸반도 전역의 패권을 장악.
1332			△ 이 해 · 두플린 무어르 전투. 잉글랜드의 에드워드 3세가 스코틀랜드를 침공할 구실을 얻음.
1333			△ 이 해 · 할리도 언덕의 전투. 잉글랜드의 에드워드3세, 스코틀랜드 왕 다비드 3세를 폐위시킴.
1336		1. 일본, 아시카가 다카우지가 임정하여 고묘 천황을 옹립함.(북조) 천황 고다이고, 요시노로 도망감.(남조)	
1337		1. 원, 하남과 광동에 이어 곳곳에서 반란이 일어남. 8. 일본, 아시카가 다카우지가 무로마치 바쿠후를 설치.	
1338			△ 이 해 · 잉글랜드, 최초로 군함에 대포를 탑재. · 잉글랜드, 에드워드 3세, 프랑스 왕위 계승권을 주장하여 백년전쟁이 시작.
1340			6.24. 잉글랜드의 함대가 스로이스 해전에서 프랑스 함대를 격파.
1341		△ 이 해 · 원, 후광과 산둥에서 반란이 잇따라 발생하여 원의 지배권이 점차 쇠퇴함.	

연도	한 국	동 양	서 양
1343		1. 원, 요양에서 난이 일어남.	
1346			8.26. 잉글랜드, 에드워드 3세, 크레시전투에서 프랑스군을 격파.(백년전쟁)
1347			△ 이 해 ·잉글랜드, 에드워드 3세, 칼레를 점령함.(백년전쟁)
1348		11. 원, 방국진의 난을 일으킴.	
1350	2. 합포천호 최선 등, 고성·거제 등지에 침입한 왜구를 격파하고 300여 명을 참획. 4.14(양 5.20). 왜선 100여 척이 고려의 순천부에 침입하여 조운선을 약탈. 6.14(양 7.18). 왜선 20척이 고려의 합포에 침입하여 관청을 소각. 11. 왜구가 동래군을 침략함. 왜구로 인하여 진도현을 내지로 옮김.	12. 일본, 아시카가 다다요시, 일본의 남조와 화해함.	
1351	8. 왜선 130척이 고려의 자연, 삼목 두 섬에 침입함. 왜구가 남양부, 쌍부현을 침범함. 11. 왜적이 남해현을 침략함.	5. 홍건적이 난 발생. △ 이 해 ·주원장, 홍건적의 난에 가담하여 거병.	
1352	6. 왜구가 전라도 모두량에 침입함. 왜구가 강릉도에 침입함. 9. 왜구가 고려의 강릉도에 침입함.	2. 곽자흥, 거병하여 원 정부에 저항함.	
1353		5. 장사성, 고우 지역을 기반으로 하여 성왕이라 칭함. 12. 주원장, 저주에서 군대를 일으킴.	

연도	한 국	동 양	서 양
1354	4. 왜구가 전라도 조선漕船 40여 척을 약탈함.		△ 이 해 • 신성로마제국. 찰스 4세, 이탈리아 원정에 나섬. • 신성로마제국. 벨트루드 슈발츠가 화야을 발명함.
1355	3. 왜구가 전라도를 침략함. 4. 왜구가 전라도의 조운선 200여 척을 약탈함.	6. 주원장, 태평로를 점령함.	
1356	5. 기철, 권겸, 노책 등이 반역을 도모하다 처단됨. 7. 중용 4위를 설치함. 동북면병마사 유인우가 쌍성을 함락시킴.		
1357	5.14(양 6.2). 왜구가 개경 부근까지 침입. 9. 왜구가 교동에 침입함. 9.26. 왜구가 승천부에 침입하여 중선왕과 한국 공주의 영정을 가져감.		
1358	3.11(양 4.19). 왜구가 각산에 침입하여 배 300여 척을 소각함. 3.26(양 5.4). 개경의 외성을 수축함. 4.13(양 5.21). 최영, 양광·전라도의 왜구체복사가 됨. 4.29(양 6.6). 왜구의 침략으로 해안지방에 있는 창고를 내지로 옮김. 5.14(양 6.20). 왜구가 교동을 불태움. 8. 왜적이 인주에 침입함.	12. 홍건적이 상도를 불태움.	△ 이 해 • 프랑스, 에티엔 마르셀이 자크리(농민폭동)를 이용하여 파리시민 반란을 일으킴.

연도	한 국	동 양	서 양
1359	2. 왜적이 해남현에 침입함. 5.18(양 6.13). 정동행중서성이 문소(폐지). 압록강 서쪽에 8참을 치고 쌍성 등지를 수복. 이로써 고려군민이 안전을 완전히 죽음. 6. 이색의 요구에 따라 정방을 폐지. 6.4(양 6.29). 인당, 압록강을 건너 파사부 등 3개 요새를 격파. 7.9(양 8.3). 쌍성총관부를 정벌하여 회복. 11. 홍건적 3,000명이 고려의 압록강을 건너와 약탈함. 12. 홍건적이 40,000명의 병력으로 압록강을 건너 고려의 의주를 함락시킴. 홍건적이 정주를 함락시키고 인주를 함락시킴. 홍건적이 철주를 침범함. 홍건적이 서경을 함락시킴.	△ 이해 ·티무르, 트란스옥시아나 정복을 시작.	
1360	1.19(양 2.6). 홍건적을 무찌르고 서경을 수복. 함종에서 홍건적 20,000여 명을 격파. 2.16(양 3.4). 이방실·안우 등, 홍건적을 격파. 3.22(양 4.8). 홍건적의 배 70척이 고려의 서해도에 침입. 4. 왜구가 고려의 사주 각산에 침입함. 5.23(양 6.7). 왜구가 전라·양광도에 침입. 윤5.1(양 6.14). 강화도에 왜구가 침입하여 300여 명의 주민을 살해하고 쌀 4만 여 석을 약탈해 감.		△ 이해 ·오스만투르크, 무라트 1세, 즉위하여 다시 영토를 확장시킴. ·잉글랜드와 프랑스가 브레티뉴 화약을 맺음. (백년전쟁 일시 휴전)

연도	한국	동양	서양
1361	1.16(양 2.21). 최영, 서북면도순찰사 됨. 2.15(양 3.22). 이자춘, 동북면병마사가 됨. 2.22(양 3.29). 전라·양광도 군인들이 왜구의 배 5척을 나포하고 30여 명을 살상. 3. 왜적이 남해현에 불을 지름. 4.16(양 5.20). 경상도에 왜구 침입. 9. 독로강 만호 박의가 반란을 일으킴. 10.20(양 11.17). 홍건적 100,000명이 군대가 삭주·이성에 침입(홍건적 제2차 침입 개시) 11.14(양 12.1). 이성계, 홍건적을 대파. 12. 홍건적이 고려의 절령책을 격파. 개경을 함락함.	8. 주원장, 강주에서 진우량에 승리함.	△ 이 해 •덴마크, 발데말 4세, 한자동맹군 함대를 격파.
1362	1.17(양 2.12). 정세운·안우·홍건적을 대파하고 정성수복. 2.3(양 2.27). 조소생이 나하추를 유인하여 삼살·홀면 지방을 점령함. 8.24(양 9.12). 탐라의 목호가 반란을 일으킴.	△ 이 해 •인도, 바흐마니왕국과 비자아나가르왕국의 항쟁이 시작됨.	△ 이 해 •오스만투르크, 아드리아노플(에디르네)을 점령.
1363	윤3. 김용 등이 난을 일으켜 행궁을 침범함. 안우정과 기장수 등이 군사를 거느리고 난을 평정함. 4. 왜구 선박 213척이 교동에 정박. 안우정을 왜적방어사로 삼음. 왜구가 수안현 침입함. 6. 평택현에서 이양태 등이 반란을 일으킴.	1. 평옥진, 성도에서 황제를 칭하고 국호를 하라 함.	△ 이 해 •오스만투르크, 제3차 마리자 전투에서 발간 연합군을 대파.
1364	1.1(양 2.4). 최유가 원의 군사 10,000명으로써 덕흥군을 받들고 고려의 압록강을 넘어 의주를 침입.	1. 주원장, 자립하여 오왕을 칭함.	△ 이 해 •오스만투르크, 콘스탄티노플 침공.

연도	한 국	동 양	서 양
1364	포위함. 이성계가 최유의 군대를 정주에서 대파. 2.1(양 3.4). 이성계, 여진의 침입을 대파하고, 화주·함주 지방을 수복. 3.11(양 4.13). 경상도 해변에 왜구 침입. 여진의 삼선·삼개 등이 화주 이북을 점령. 3.15(양 4.17). 경상도수군사 김속명, 진해에서 왜구 대파. 6. 왜구가 해풍군, 재량에 침입함.		·프랑스, 샤를 5세가 즉위하여 잉글랜드와 교전을 벌임.
1365	3. 왜구가 교동과 강화를 침범함.		
1366	5. 왜구가 심아현을 침범함. 6. 왜구가 양천현에 침입하여 조운선을 약탈함.		
1367	3. 왜구가 강화부에서 노략질함.	10. 주원장, 서달에게 북벌을 명함. 12. 주원장, 방국진을 항복시킴.	
1368		1. 주원장, 금릉에서 명 건국. 8. 원 순종이 대도에서 개평으로 달아나고 서달이 대도에 입성함.(원 멸망. 이후부터 북원)	
1369	7. 가계 남해현에 있는 귀화한 왜인들이 배반하여 본국으로 돌아감. 8.3(양 9.4). 만호·천호를 서경·이주·강계 등에 배치하여 서북면의 방비를 강화. 11. 왜적이 영주, 온수, 예산, 면주의 양곡 운송선을 약탈함.		△ 이 해 ·잉글랜드와 프랑스가 백년전쟁을 재개함.

연도	한 국	동 양	서 양
1369	12. 동북면원수지문하성사 이성계를 보내 동녕부를 공격한 뒤 북원과 절교하기로 함. 각 지의 예마들과 5부의 한량관들을 모두 5군 대에 나누어 소속시킴.		
1370	1.4(양 1.31). 이성계, 우라산성을 공격. 2.9(양 3.6). 내포·선주에 왜구가 침노. 8.13(양 9.3). 이성계 등이 원의 동녕부를 공격. 11.2(양 11.20). 이성계를 보내어 요성을 침. 12.11(양 12.29). 공민왕이 보평청을 시찰.		
1371	3.3(양 3.20). 해주에 왜구가 침노. 7.3(양 8.13). 왜구가 예성강에 침입하여 병선 40여 척을 불사름. 7.16(양 8.26). 이성계, 지문하부사가 됨.		△ 이 해 ·오스만투르크, 마리차강 싸움에서 세르비아에 대승을 거둠.
1372	2. 왜구가 배주 금곡역을 침입함. 3. 왜구가 순천, 장흥, 탐진, 도강 등 각 군을 침범함. 4. 탐라가 유경원, 이용장을 살해하고 반란을 일으킴. 5. 왜구가 강릉부와 영덕 및 덕원의 현들으로 침범함. 왜구가 안변과 함주, 북청주, 홍주를 침범함. 10. 자제위를 설치하고 미소년들을 뽑아 배속시킴.		·에스파냐군, 잉글랜드 해군을 격파함.
1373	2. 왜구가 구산현을 침범함. 3. 왜구가 하동군을 침범함.		

연도	한 국	동 양	서 양
1373	6. 왜선이 동강과 서강에 모여 고려의 양창을 침범함. 7. 왜적이 교동을 함락시킴. 8. 이용좌군과 이용우군을 설치함. 유연과 변안열로 각각 통솔케 함.		
1374	3. 왜구가 안주에 침입함. 왜구가 경상도를 침범하여 병선 40척을 파괴함. 4. 왜선 350척이 경상도 합포에 침입하여 노략질함. 이성, 한방도, 최사정이 왜적과 목미도에서 싸워 전사함. 왜구가 자연도를 침범함. 5. 왜구가 강릉, 경주, 울주, 삼척을 침범함. 8. 최영 등이 제주를 평정.		
1375	9. 이성원수 최공철 휘하 200여 명이 모반한 후 압록강을 건너 달아남. 10. 요·심의 초적이 고려에 이주를 청함.		
1376	1. 점성직으로 군사에게 상을 줌. 7. 부여·정주 등에 왜구가 침입. 최영, 홍산에서 왜구를 대파. 9. 왜구가 고부·태인 등의 관아를 불사르고 전주를 함락. 윤9. 왜구로 인하여 조운을 그만둠.		
1377	5.6(양 6.12). 왜구 때문에 도읍을 옮기려고 철원의 지세를 살핌. 이성계, 지리산에서 왜구 격파. 박위, 황산강에서 왜구 격파.	4. 명. 등유, 토번을 토평함.	△ 이 해 •남독일, 도시전쟁이 시작됨.

연도	한 국	동 양	서 양
1377	7. 북원이 고려에 정료위의 협공을 요청. 10. 좌무선, 화통도감을 설치하고 화약과 화포를 제작. 11. 배극렴, 130여 척으로 침입한 왜구와 격전을 벌임.		
1379	5. 왜구가 진주·풍천의 관아와 민가를 불태움. 윤5. 일본해도포착관, 왜구와의 전투에서 패배. 8. 우인열·배극렴 등, 화구를 사주에서 격파. 9. 경상도 원수 우인열, 사주에서 왜구 대파.		
1380	4. 최영, 해도통사를 겸함. 8. 왜선 500여 척이 고려의 진포구에 들어와 약탈함. 고려의 나세와 최무선의 해군이 화포를 사용하여 이를 격파. 9. 이성계, 운봉에서 왜구를 대파.	△ 이 해 ·티무르 제국, 이란과 인도에 침략하기 시작함.	△ 이 해 ·제노바, 키오자해전에서 베네치아에게 패배. ·모스크바대공, 드미트리 2세, 쿨리코보전투에서 최초로 킵치크한국에 승리.
1381	12. 명. 전우덕 등이 북원의 군대를 배석강에서 대파. 북원의 왕이 보령으로 달아나 자살함.		△ 이 해 ·잉글랜드, 와트 타일러의 농민 폭동 발생. ·토리노조약으로 베네치아와 제노바가 화해.
1382	1. 명. 운남을 평정. 3. 명. 전우덕의 군사가 귀환.		
1383	5. 해도원수 정지가 지휘하는 고려해군이 박두양에서 왜구 120척을 격멸. 8.1(음 9.27). 교주도 영월·정선 등지에 침입한 왜구 1,300여 명을 격퇴. 단천에 침입한 호발도의 침략군을 격퇴.		

연도	한국	동양	서양
1383	9. 일본에서 왜구가 납치해간 고려인 112명을 돌려보냄. △ 이 해 • 명이 철령위 설치를 통보함에, 고려의 우왕이 요동정벌을 논의함.		
1384	1. 명의 기병 100명이 고려의 강계에 침입하여 만행을 저지름. 8.10(양 8.26). 일본이 왜구가 납치해간 고려인 92명을 돌려보냄. 9.23(양 10.8). 최영을 문하시중, 이성계를 수문하시중으로 임명함. 11.16(양 12.28). 요동의 군대가 북원에 침입하자 고려의 김득경이 이를 격파. 12. 이성계, 동북면 도원수가 됨. 무예도감 설치하고 군사훈련을 강화.		△ 이 해 • 프랑스, 플랑드르와 파리에서 봉기 등을 평함.
1385	4.1(양 5.10). 명 사신이 고려의 감무 등을 석방. 5. 명에 사은사를 보내 시호 승습을 청함. 7. 정몽·운지점 등, 왜적을 격파. 9. 이성계, 함주에서 왜구 대파. 11. 경상도 도순문사 박위, 왜구를 격파.	△ 이 해 • 명. 고주만이 난을 일으킴. 조앙 정과 탕화에게 평정하게 함.	
1386		△ 이 해 • 티무르 제국. 현재 이란 중부의 도시 이스파한에서 대파란을 감행. • 명. 탕화에게 왜구를 막게 함.	△ 이 해 • 스위스연방 8주, 젬바하전투에서 오스트리아를 격파.
1387	1.		
1388	2.15(양 3.23). 명이 철령 이북에 철령위 설치를 고		△ 이 해

연도	한국	동양	서양
1388	려에 통고함. 이에 철영이 섬지계획을 철회하도록 고려가 명배에 요구함. 고려의 우왕이 최영과 요동 공략을 밀의. 3.1(양 4.7). 명이 강계에 철령위를 설치. 고려가 요동격군을 편성하고, 명 사신 21명을 처단하고 5명을 억류함. 4.3(양 5.9). 최영을 팔도도통사, 조민수를 좌군도통사, 이성계를 우군도통사로 하여 명 정벌을 개시. 5.22(양 6.26). 이성계, 위화도회군으로 실권 장악. 7.7(양 8.9). 일본사신이 왜구가 납치해간 고려인 250명을 돌려주고 《대장경》을 요청함. 9. 정방을 상서사로 고침. 12. 최영 죽음.	 이성계의 4월기문(『고려사』)	·남독일 도시전쟁이 재개.
1389	2. 경상도원수 박위, 왜구의 근거지인 대마도를 정벌, 왜선 300여 척 격파. 7.7(양 7.29). 왜구가 함양에 침입, 절제사 김상이 패사.	△ 이 해 ·티무르 제국, 동차가타이한국을 병합.	△ 이 해 ·남독일 도시전쟁이 끝남. ·세르비아가 오스만투르크의 종속국이 됨.
1390	1.12(양 1.28). 이성계, 8도군마를 엿솔음. 6. 왜적이 양광도를 침범함. 8.10(양 9.18). 전라도에 침입한 왜구를 격파. 12. 군자시 설치.	△ 이 해 ·북원 멸망.	
1391	1. 5군을 3군으로 축소. 9. 왜구, 고려의 남양에 침입.	△ 이 해 ·북원, 명에 항복하고 멸망.	·제노, 동로마군을 니코폴리에서 대파.

연도	한 국	동 양	서 양
1392	2. 왜구, 고려의 경상도 구라도에 침입함. 7.17(양 8.5). 이성계(태조)가 수창궁壽昌宮에서 왕위에 오름. **조선 건국.** 7.18(양 8.6). 도총중외제군사부都摠中外諸軍事府를 폐지하고 의흥친군위義興親軍衛를 설치, 종친과 대신에게 여러 도의 군사를 나누어 맡게 함. 7.28(양 8.16). 문무 백관의 관제 제정. 서반 품계를 정하고(정1품~종9품), 의흥친군위를 10위衛로 편제. 9.24(양 10.10). 도평의사사都評議使司에서 22조목을 상언, 16~60세 민정民丁의 부역 원칙, 관역館驛의 운영 원칙, 시위군侍衛軍·기선군騎船軍의 운번 교대 등을 얻음.	△ 이 해 ·티무르, 바그다드를 다시 침공.	
1393	1.16(양 2.27). 독기纛旗를 제작하여 제사지냄. 5.14(양 6.23). 왜적, 교동에 침구. 5.20(양 6.29). 이화李和 등을 보내 왜적 격퇴. 5.26(양 7.5). 각도에서 군적을 올림. 8도 합계 200,800여 명. 9.13(양 10.18). 각도의 안렴사 폐지. 관찰출척사 파견. 9.14(양 10.19). 중방重房 폐지. 삼군총제부三軍摠制府를 의흥삼군부義興三軍府로 개칭. 11.9(양 12.12). 정도전鄭道傳의 제의에 따라 진법 훈련.	△ 이 해 ·감보디아(진랍), 시암에 침입했다가 패퇴. ·티무르, 일리를 공략하여 일한국을 멸함.	△ 이 해 ·불가리아, 오스만투르크의 속령이 됨.

연도	한 국	동 양	서 양
1393	11.12(양 12.15). 의주·이성·강계도의 변상한 군관을 장무掌務만 남기고 돌려보냄.		
1394	1.12(양 2.12). 중군군후소中軍軍候所를 폐지하여 훈련관訓鍊觀에 병합.		
	1.25(양 2.25). 여러 절제사가 거느린 군관과 한량인으로 토지를 받은 자들 중에서 의방에 있는 이들을 치변.		
	2.29(양 3.31). 정도전鄭道傳, 군제개편안을 올림. 10위의 명칭 개정, 군계급 호칭의 개정 등을 연급.		
	3.6(양 4.6). 각도 도절제사의 순행군관巡行軍官을 수를 정함.		
	3.11(양 4.11). 정도전에게 오군진도五軍陣圖로 군사 훈련을 실시하도록 명함.		
	5.30(양 6.28). 정도전, 《조선경국전朝鮮經國典》을 편찬하여 바침.		
	8.2(양 8.28). 간관 전백영全伯英, 상소를 올려, 마병 5정 1군장, 보병 3정 1군장이 진법안 건의.		
1395	△ 이 해	·티무르, 킵차크한국과 동차가타이한국을 점령하여 서아시아 통일.	
	2.13(양 3.4). 서반 관제 개정, 의흥진군위 10위十衛를 10사十司로 개편..		
	4.1(양 4.20). 삼군부三軍府에 《수수도鬼狩圖》와 《진도陣圖》를 간행하게 함.		
	4.19(양 5.8). 좌무신崔茂宣 죽음. 아들 최해산崔海山에게 화약수련법을 남김.		
	4.27(양 5.16). 각도 수령에게 병마단련兵馬團鍊의 관		

연도	한 국	동 양	서 양
1395	직을 겸하도록 함. 4.28(양 5.17). 무예[도시武藝都試]를 실시하여 33인 선발. 6.6(양 6.23). 정도전[鄭道傳, 《경제문감經濟文鑑》을 편찬하여 바침. 11.2(양 12.14). 처음으로 서북면 임원[임원林原]·임반[林畔]에 관승[館丞] 설치. 11.21(양 1396.1.2). 각도 역로의 말에 싣는 짐의 무게를 60근으로 제한.		
1396	1.9(양 2.18). 118,070여 명을 징발하여 도성 축성 시작. 2.28(양 4.6). 도성 축성 완료, 총 길이 19,200척. 9.24(양 10.26). 도성 주간공사 완료, 성문의 이름 제정. 11.30(양 12.30). 감무 제도 제정. 11. 동래·평해·영해·울진·울주에서의 왜구 침입 격퇴. 12.3(양 1397.1.2). 김사형[金士衡] 등, 왜구의 근거지인 일기·대마도 공격. 12.9(양 1.8). 왜, 배 60척으로 경상도 영해에서 부항.	 강무도(세종대왕기념사업회)	△ 이 해 • 오스만투르크, 니코폴리스전투에서 헝가리 격파. • 잉글랜드, 파리강화조약. 리처드2세, 프랑스 앙녀 이사벨라와 혼인하여 프랑스와 화해.
1397	1.24(양 2.21). 의흥부[義興府]에 사인소[舍人所] 설치. 2.11(양 3.10). 도평의사사, 군제 개혁에 관하여 상소. 마·보병의 봉족 지급 등을 정함. 4.23(양 5.20). 전함 품관의 상경수위를 명함.		△ 이 해 • 덴마크, 칼마르연맹을 체결하여 북유럽 3국을 통일.

연도	한국	동양	서양
1400	으로 나누어 1년씩 교대하도록 함. 12.19(양 1401.1.3). 별시위別侍衛를 창설하고, 사순司楯·사의司衣로 1,300명을 혁파함.		
1401	1.14(양 1.28). 군기감 둔전屯田 혁파. 윤3.1(양 4.14). 최무선의 아들 최해산崔海山을 발탁하여 군기감 주부로 임명. 5.20(양 7.1). 삼군부에 명하여 무신武臣들의 집에 인사청탁하러 드나드는 것을 금지하도록 함. 순작법巡綽法을 엄히 함. 7.13(양 8.22). 의흥삼군부義興三軍府를 승추부承樞府로 개편하는 등 관제 개혁. 8.17(양 9.24). 병조전서 고거정高居正을 파견, 경원부慶源府에 축성하도록 함. 10.21(양 11.26). 함길도 경원부慶源府 축성.	△ 이 해 •티무르, 바그다드를 약탈한 후 소아시아를 공략.	△ 이 해 •폴란드, 리투아니아와의 합병을 정식으로 승인.(비르노협정)
1402	1.1(양 2.2). 경상도 제수관이 계림鷄林·안동安東·상주尙州·진주晉州의 노이巡撫를 혁파. 1.6(양 2.7). 처음으로 무과법 시행. 2.5(양 3.7). 군수제정 확보를 위해 공신전功臣田과 사사전寺社田의 수세법 제정. 4.18(양 5.19). 무과 관한武科觀衡 제도 제정. 4.22(양 5.23). 사사전寺社田을 혁파하여 군자軍資로 이속. 6.3(양 7.3). 순군 만호부巡軍萬戶府를 순위부巡衛府로 개정. 6.11(양 7.11). 삼군도총제三軍都摠制 이하 무관의 편	△ 이 해 •명, 연군, 남경을 점령. 혜제가 분사하자 연왕 즉위.(명 태종太宗)	△ 이 해 •오스만투르크, 바야지트1세가 앙카라전투에서 티무르에게 체포되어 공위시대 시작. •신성로마제국, 독일기사단, 헝가리로부터 노이마르크를 획득.

연도	한 국	동 양	서 양
1402	제를 새로 정함. 예조에서 사냥 규정인 수수법蒐狩法을 올림. 왜구 추적용의 소신선小船을 처음 제작.		
	8.1(양 8.29). 경작지의 다소에 따른 군정軍丁의 성적법成績法 제정.		
	9.8(양 10.4). 삼군 도총제·총제의 인사권을 병조가 맡도록 함.		
	9.11(양 10.7). 평안도 이성泥城·강계江界 축성.		
	11.11(양 12.5). 좌정승 하윤河崙, 우정승 이무李茂를 겸판승추부사로 임명.		
1403	1.4(양 1.26). 대정隊長·대부隊副 900인을 혁파하고 갑사甲士 500인 증액.		
	5.30(양 6.19). 병조, 중외 군사수를 보고. 총 296,310명.		
	6.29(양 7.18). 삼군에 각각 도총제부都摠制府 설치. 상호군上護軍을 절제사節制使로, 대호군大護軍을 첨절제사僉節制使로, 사막司幕을 중순중위中巡中衛 사중군순위사司中軍巡衛司로, 순위부巡衛府를 의용순금사義勇巡禁司로 개정하는 등 관제와 관직을 개편.		
	7.16(양 8.3). 절제사를 상호군으로, 첨절제사를 대호군으로 다시 개칭.		
	7.22(양 8.9). 각 도의 발병호부發兵虎符를 제작하여 시행.		
	10.5(양 10.20). 경성鏡城 축성 완료.		

연도	한 국	동 양	서 양
1403	12.15(양 1404.1.27). 경상도·전라도 가포의 병선을 점검하여 과죄(科罪)하는 법 제정.		
1404	△ 이 해 4.21(양 5.29). 제주 토관의 명칭 개정. 5.23(양 6.30). 군역자의 소유 토지에 따른 봉족의 차등지급 규정 제정. 8.28(양 10.1). 처음으로 응양위(鷹揚衛)에 4번(番)을 둠. 수전패(受田牌)와 무수전패(無受田牌)를 혁파하고 성중애마(成衆愛馬)로 이루어진 병종을 만들 것을 명함. 수전패 중 연로하거나 병이 심한 사람을 돌려보내도록 명함. 9.19(양 10.22). 군령 반동 절차를 조정.	· 티무르, 중국 원정 시작(1405년, 원정 도중 오트라르에서 사망).	
1405	1.15(양 2.14). 군사행정을 맡은 승추부(承樞府)를 병조에 통합하는 등 관제 개혁. 3.1(양 3.30). 육조의 직무 분담과 소속 아문을 상정. 무선사(武選司), 승여사(乘輿司), 무비사(武備司) 등을 병조의 속사로 정함. 3.10(양 4.8). 무반보거법(武班保擧法) 제정. 8.4(양 8.28). 무관 시위(侍衛)법을 엄히 함.	6. 명. 정화, 제1차 남해 원정 시작.(1433년까지 전후 7차에 걸쳐 남해 원정)	△ 이 해 · 에스파냐, 프랑스 루이[12세]의 포기로 나폴리를 병합.
1406	3.7(양 3.26). 병마도절제사를 겸한 도관찰사·도순문사와 병조 사이의 이문식(移文式) 제정. 5.3(양 5.20). 지방에 살고자 하는 수전품관을 모두 군역에 충당하는 등 수전시위의 법을 엄히 밝힘. 7.20(양 8.3). 둔전법을 제정, 둔전 수입을 선군의 식량 지급에 사용하도록 함.	12. 명. 장보, 제1차 안남 원정 시작.	△ 이 해 · 이탈리아, 피렌체, 피사를 정복.

연도	한 국	동 양	서 양
1406	7.14(양 8.27). 지갑紙甲 개량. 9.29(양 11.9). 호군방護軍房 제설치. 10.30(양 12.10). 호조, 각 도별 호구수를 이룸. 11.15(양 12.25). 무하武學 등 10하十學 설치.		
1407	1.12(양 2.19). 호급둔전법戶給屯田法 제정. 1.19(양 2.26). 양계와 각도에 둔전屯田을 설치하도록 함. 3.3(양 4.10). 충청도·경상도·전라도 도절제사를 임명하고 각각 수군도절제사를 겸하도록 함. 4.7(양 5.14). 병조에서 군정사무軍政事目을 올려 삼군감사의 정선精選, 감사·군관을 사사로이 동원하는 것을 금지시킬 것 등을 논함. 6.1(양 7.5). 수군첨방水軍僉訪을 두어 각 포구를 순장하도록 함. 6.28(양 8.1). 둔전법과 연호미법烟戶米法 폐지. 9.2(양 10.2). 서북면 도순문사 이귀철李龜鐵이 진의 등에 따라 서북면의 군사 편제, 지휘체계을 정함. 매 익翼 마다 단련사團練使을, 매 익 마다 천호千戶 3인을 두도록 함. 9.5(양 10.5). 삼군三軍의 방패防牌를 처음 제작. 10.21(양 11.20). 내상직內上直을 내금위內禁衛로 개정. 12.8(양 1408.1.5). 처음으로 각군의 검총제檢摠制를 역파. 1위衛는 갑사 150인으로 편제.	5. 명. 장보, 안남왕 부자를 사로잡음. 6. 명. 안남을 교지로 개칭하고 교지포정사 설치. △ 이 해 ·명. 타타르 북방에 원정했으나 켈렌강에서 패배.	

연도	한 국	동 양	서 양
1407	12.22(양 1408.1.19). 예조, 십사겸상호군十司兼上護軍의 통속과 병령체계를 상정.		
1408	1.2(양 1.29). 해도찰방을 하삼도에 나누어 보내어 선군의 실태, 병선, 화약, 봉화, 해망海望 등을 점검하도록 지시. 2.25(양 3.22). 영삼군사領三軍事의 체통體統과 예도禮度를 정함. 3.21(양 4.7). 각도 병선의 수를 증액. 5.9(양 6.3). 각도 제수군의 월과군기月課軍器 액수를 정하도록 함. 7.17(양 8.6). 각도 도절제사의 군관수를 정함. 10.27(양 11.14). 삼군갑사三軍甲士 1,500명을 증액, 원 갑사 1,500명과 1년씩 교대로 시위하도록 함. 11.10(양 11.27). 십사겸상호군十司兼上護軍을 혁파하고 삼군장군총제三軍將軍摠制를 다시 둠.	△ 이 해 ·명. 정화, 제2차 남해 원정 시작.	
1409	1.18(양 2.2). 서북면에 관승節承 처음 설치. 각익翼 중·좌·우소에 부천호副千戶 1인씩 설치. 2.3(양 2.17). 훈련관 사직을 판관으로, 부사직을 주부로 개칭. 2.12(양 2.26). 평안도 평양에 의주로 옥성. 2.18(양 3.4). 왜선 14척, 풍해도 장신곶에 이르러 제주 등지에서 약탈한 부녀자 17명을 진내 주고 도주. 윤4.22(양 6.5). 혁파했던 대상像長, 대부像副 650인	△ 이 해 ·명. 영락제, 타타르 등 북정을 시작.	

연도	한 국	동 양	서 양
1409	을 다시 각 영에 편입시킴. 5.14(양 6.26). 이조와 병조에서 숙직명단인 생기省記를 동반·서반별로 나누어 만드록 함. 6.9(양 7.21). 내시위內侍衛 처음 실치, 40명씩 3번으로 나누어 삼군三軍에 분속. 8.11(양 9.19). 군정을 총괄하는 삼군진무소三軍鎭撫所 실치. 8.28(양 10.6). 삼군진무소를 의흥부義興府로 개칭, 병권을 병조와 의흥부로 분산. 10.18(양 11.24). 화차火車 시험 받시. 10.27(양 12.3). 병조, 의흥부, 삼군의 소관업무를 정하고 군령체계를 정비. 11도의 도절제사를 정함. 10.30(양 12.6). 중무시위사中武侍衛司를 순금사巡禁司로, 용양龍驤·호분虎賁 등 여섯 순위사巡衛司를 시위사侍衛司로 개칭. 11.14(양 12.20). 병조·의흥부에게 장군중제掌軍摠制의와 함께 감사甲士 귀제를 담당하도록 함. 11.28(양 1410.1.3). 삼군三軍의 직문주기織紋騎虎旗 제작. 12.13(양 1410.1.17). 국둔전國屯田 제실치. 12.25(양 1410.1.29). 수진패受田牌를 도성위都城衛로 개정.		
1410	1.12(양 2.15). 예조, 무과 친시親試 구정을 올림. 1.21(양 2.24). 수박희手拍戱를 시험하여 방패군防牌	2. 명. 엽락제, 진히 타타르를 정벌.(이후 5회에 걸쳐 원정)	△ 이 해 ·폴란드, 타넨베르크전투에서 독일기사단

연도	한국	중앙	동양	서양
1410	軍 보충. 2.3(양 3.8). 용직兀狄哈, 오도리五都里·울량합亢良哈과 함께 경원慶源에 침입. 2.4(양 3.9). 이종무, 각도 시위정군侍衛正軍의 수를 올림. 2.29(양 4.3). 경상도와 전라도 12곳이 산성 수축. 3.3(양 4.6). 각도 시위군侍衛軍을 진수군鎭戍軍에 합하여 교대로 변상變上하도록 함. 3.9(양 4.12). 김주도 김티사 조연趙涓 등, 두문동豆門洞 인근의 여진 부족을 토벌. 3.11(양 4.14). 화통군火㷁軍에게 첨령진鐵鈴翎篇, 석탄사석포子 등을 연습시키도록 함. 3.30(양 5.3). 성주 흘골산屹骨山坡 등 서북면 9곳에 축성. 4.5(양 5.8). 역마驛馬 사용 절차 개정. 4.13(양 5.16). 용직兀狄哈이 경원부慶源府에 침입. 병마사 곽승우 대패. 4.28(양 5.31). 경원부慶源府를 남쪽 내륙 경성鏡城으로 옮기도록 함. 5.12(양 6.14). 갑사甲士의 숙위번宿衛番法과 하번下番法 개정. 5.13(양 6.15). 사간원, 서반 5품 이하의 정·종 계급 법의 개정을 건의, 허락함. 5.22(양 6.24). 예조참의 박구朴矩, 상호군 최운뇌崔潤德을 동북면 조전지병마사로 삼아 파병.			착파.

연도	한 국	동 양	서 양
1410	6.27(양 7.28). 신자기旗字旗 제정. 6.29(양 7.30). 의흥부義興府, 감사甲士의 급가법給暇法을 아룀. 7.8(양 8.8). 이흥부, 과전을 받은 각 품을 18패로 조직. 10.15(양 11.11). 평양성 완성.		
1411	1.11(양 2.3). 응아위鷹揚衛에 공해전公廨田을 다시 내려 줌. 1.12(양 2.4). 각 위衛에 절제사를 둠. 3.13(양 4.5). 무과 마장법馬場法을 정함. 3.30(양 4.22). 함길도 경원진慶源鎭 혁파. 6.10(양 6.30). 새로 선발한 감사에게 주보走步·수박手搏牌數 등을 시험하여 능하지 못한 이들을 도태시킴. 6.17(양 7.7). 동북면 가별조家別抄 혁파. 7.12(양 8.1). 경기수군도절제사를 혁파하고 도만호都萬戶로 그 사무를 대신하도록 함. 7.14(양 8.3). 풍해도 해주 영군 600명을 파하여 장연·옹진·풍주 등 3진에 나누어 배속. 7.29(양 8.18). 경상도 신당포 만호神堂浦萬戶와 반계 전호樊溪千戶 혁파. 11.18(양 12.3). 호부虎符를 주고 받는 법 제정. 12.11(양 12.25). 동북면 수군 만호萬戶·천호千戶를 민만民萬이 겸임하도록 함.	△ 이 해 ·일본, 왜구, 땅나라 연해를 침략.	

연도	한국	동양	서양
1412	△ 이 해 1.25(양 3.7). 각도의 시위군으로 선군을 운대시킴. 7.25(양 9.1). 이중부를 폐지하고 병조에서 군정을 맡음. 삼군三軍·별시위別侍衛·응양위鷹揚衛의 절제사節制使 설치. 갑사甲士 3,000명을 2번으로 나누어 1년씩 교대로 시위하게 함. 8.20(양 9.25). 완산 자제패完山子弟牌 혁파. 12.1(양 1413.1.3). 강원도 삼척부 옥원역에 옥원역승沃原驛丞 겸 수성군호守城軍戶 설치. 12.24(양 1413.1.26). 사재감 소속 수군 피역자에 대한 진고상급법陳告賞給法 개정.	△ 이 해 •명. 정화, 제3차 남해 원정. 본대는 호르무즈까지 진출, 분대는 아프리카 동해안까지 도달.	
1413	2.16(양 3.17). 평양성 완성. 3.3(양 4.3). 각 도 시위군侍衛軍을 진속군鎭屬軍에 병함. 4.7(양 5.6). 경상좌우도의 수군을 나누어 배치. 7.9(양 8.5). 수군 만호萬戶·천호千戶의 품계에 따른 칭호 제정. 7.21(양 8.17). 동북면 각 익翼 천호千戶·백호百戶의 정원과 품계를 정함. 8.6(양 8.31). 동북면 천호千戶 등의 품계에 따른 봉족의 수를 정함. 8.21(양 9.15). 병조가 군용을 맡음에 따라 취각법吹角法 개정. 9.1(양 9.25). 충청도 기선군騎船軍, 시위군侍衛軍의 봉족을 제산과 거주 지역에 따라 재조정.		△ 이 해 •잉글랜드, 헨리5세, 부르고뉴의 존과 동맹 제결. 프랑스 침공 준비에 착수.

연도	한 국	동 양	서 양
1413	11.22(양 12.15). 신박 관리 규정 제정.		
	12.3(양 12.25). 신무사위사(愼武侍衛司)를 충무사위사 忠武侍衛司로 개칭.		
1414	4.7(양 4.26). 근무기간이 오랜된 신군에게 해령직 海領職을 주도록 함.	6. 명. 영락제, 오이라트를 대파하고 8월에 북 경에 이름.	
	6.27(양 7.13). 심군에 분속시켰던 내금위(內禁衛·내 시위[內侍衛·별시위[別侍衛를 모두 중군[中軍에 소속시킴.		
	8.15(양 8.29). 평안도 곽산성[郭山城·능화성[能化城·정 산성[青山城·약산성[藥山城, 영길도 함주성[咸州 城 등 축조.		
	8.21(양 9.4). 의용순금사[義勇巡禁司를 의금부[義禁府 로, 충순호위사[忠順扈衛司를 충호위[忠扈衛 로 개칭. 갑사[甲士 2,000명을 줄여 별패[別牌 조 직.		
	9.2(양 9.15). 광진[廣津·노도[露渡 별감[別監 설치.		
	9.8(양 9.21). 과염법[課鹽法을 시행하여 군자를 보충 하도록 함.		
	11.21(양 1415.1.1). 각도 별패[別牌 액수를 정함. 총 4,000명.		
	12.6(양 1415.1.16). 심군에 부사정[副司正 증설.		
1415	1.6(양 2.15). 녹과[祿科 상정.		10.25. 잉글랜드, 아진코트 전투에서 프랑스군을
	2.30(양 4.9). 약신[藥山에 축성.		대파. (백년전쟁)
	3.8(양 4.17). 관리의 비첩[婢妾 소생인 한품자손[限品 子孫의 군역 구정을 정함. 공신자제[功臣子		

연도	한 국	동 양	서 양
1415	衛와 各品子弟(各品子弟衛)를 설치. 보충군補充軍을 처음 설치. 3.15(양 4.24). 패사(牌司)의 중을 가두어 화통을 주조. 3.25(양 5.4). 삼군三軍을 10사十司 각 직책의 인원을 조정. 처음으로 삼군의 총제에게 변경 지역 절제사를 겸하도록 함. 4.4(양 5.12). 화통군火㷁軍 400명을 증인하여 총 1,000명으로 함. 4.7(양 5.15). 삼군三軍에 관직 17인 증설. 5.29(양 7.5). 제주도에 왜구 침입. 6.7(양 7.12). 풍해도 각 고을 응사(鷹師)를 모두 군역에 충정하도록 함. 6.10(양 7.15). 검교檢校 각품의 녹과 제정. 6.25(양 7.30). 각도 시위군을 시위사(侍衛司)와 진속군(鎭屬軍)으로 나누어 정하도록 함. 8.5(양 9.7). 취각령吹角令 개정. 11.11(양 12.11). 군정軍丁의 보충수족補充手足 수를 정함. 12.8(양 1416.1.7). 김주金州·영흥성永興城 완성.		△ 이 해 ·신성로마제국, 황제, 영국과 프랑스의 화해를 조정.
1416	1.12(양 2.10). 외방 주의 아전衙前의 관복 개정. 3.11(양 4.8). 각도 수군 도절제사에게 호부虎符를 주도록 함. 4.17(양 5.14). 경상도 경주안동도慶州安東道 병마도절제사를, 상주진주 도尙州晉州道 병마절제사를 우도 병마도절 제사로 개정.	1.12. 명. 정화, 제4차 남해 원정 시작.	

연도	한국	동양	서양
1417	1.20(양 2.6). 전라도 도절제사 군영을 도강현道康縣에 정함. 1.21(양 2.7). 경상좌도 도절제사 군영을 울산군蔚山郡으로 이전. 2.1(양 2.17). 전라도 장사 읍성長沙邑城, 평안도 용강 읍성龍岡邑城, 진산성架山城 축조. 2.15(양 3.3). 용성龍城에 석성을 쌓도록 명함. 4.28(양 5.14). 전라도 도강道康·장사長沙城 축조. 8.6(양 9.16). 왜구, 우산·무릉도에 침입. 8.20(양 9.30). 여연圖延을 강계도江界道에 붙이고 의천호嫊千戶 2인을 배정. 8.22(양 10.2). 부가적富家犾·시원時原 사이에에 목책성을 설치하고 경원부慶源府를 두도록 함. 10.22(양 11.30). 경성도 염포 만호鹽浦萬戶 설치.		
1418	1.13(양 2.18). 성문 출입에 사용할 원목부員木符를 만들고 사용 정치를 정함. 6.7(양 7.10). 의용위義勇衛, 익위사翊衛司 설치. 10사十司에 중령中領 재설치. 10사에 대장隊長·대부隊副 3,000명을 더 두도록 함. 7.14(양 8.15). 보패감사肆牌土 혁파. 8.10(양 9.9). 의흥부義興府를 의건부義建府로, 사금司禁을 사엄司嚴으로 하는 등 군제 개편. 8.12(양 9.11). 사도司導를 별사엄別司嚴으로, 좌패左牌를 조금우左禁右로, 우패右牌를 우금이右禁으로, 좌패우左紫衛로 개정.	1. 명. 교지(안남) 지역에서 명의 지배에 대항하여 또다시 반란 발생.	△ 이 해 ·프랑스, 부르고뉴의 존, 파리에 들어가 오를레앙당을 타살.

연도	한 국	동 양	서 양
1418	8.18(양 9.17). 취각령吹角令을 정함. 9.12(양 10.11). 의건부義建府, 삼군부三軍府에 통합함. 9.28(양 10.27). 경기 좌·우도 수군도 다른 지역 수군의 예에 따라 좌·우령左右領으로 나뉘 교대하게 함. 10.14(양 11.11). 좌·우금위左右禁衛를 혁파하여 내금내禁·내시위內侍衛에 병합. 11.3(양 11.30). 충의위忠義衛 설치.		△ 이 해 ·신성로마제국, 보헤미아에서 후스 저항에 항의하는 후스 임파에 의해 후스전쟁(보헤미아전쟁) 발발.
1419	2.24(양 3.20). 응양위鷹揚衛 혁파. 5.7(양 5.31). 충청도 비인현에 왜구 50여척 침입. 5.14(양 6.7). 쓰시마 정벌 제획. 6. 삼군도체찰사 이종무, 병선 227척, 군사 17,285명으로 쓰시마 정벌. 7.3(양 7.25). 쓰시마 정벌군, 거제도로 귀환. 8.10(양 8.30). 쓰시마 정벌에 참여한 군관과 군인들의 전공을 3등으로 나누어 포상. 9.20(양 10.9). 쓰시마 수호 종도웅와宗都態瓦, 항복을 청함. 10.11(양 10.29). 한성 및 개성의 방패防牌 군기감軍器監·별군別軍에 소속시킴. 12.1(양 12.17). 왜선 주위용의 삼판선三板船을 건조하여 전함에 적재하도록 함. 12.4(양 12.20). 각도의 병마절제사·수군절제사의 정역·도사를 파하고, 3군 녹사로 대신케 함.	6. 유강, 요동에 침투한 왜구 격퇴. 7. 정화, 남해 원정에서 귀환.	

연도	한 국	동 양	서 양
1420	1.7(양 1.21). 호군보護軍房 폐지. 윤1.27(양 3.11). 반니랑班泥浪 만호 혁파. 3.19(양 5.1). 경상·전라·충청도의 수군도절제사를 폐지하여 병마도절도사가 겸하게 함. 8.2(양 9.9). 공무중 익사한 신군의 집에 미두 4석씩을 주는 것을 법으로 제정. 10.27(양 12.2). 수군도절제사水軍都節制使를 수군도안무처치사水軍都按撫處置使로 개칭. 11.2(양 12.6). 수군도절제사를 다시 둠. 11.17(양 12.21). 왜선 주격용의 쾌선快船을 만들어 시험. 12.9(양 1421.1.12). 황해도 해주, 강화도 강음·삼좌·간성에 진을 설치.	△ 이 해	△ 이 해 •잉글랜드, 헨리5세, 프랑스 샤를6세의 딸 카트린과 혼인함으로써 프랑스 왕위 계승권을 인정받음.(트루아의 화약)
1421	2.23(양 3.26). 각도 무수전패無受田牌를 군역에 충당하도록 함. 5.18(양 6.17). 낙천정樂天亭에서 대열大閱 실시. 7.5(양 8.2). 평안도 군정軍丁 총수, 77,487호로 집계. 7.27(양 8.24). 근남성昆南城 축조. 8.12(양 9.8). 각도의 군사를 5위에 분속. 8.18(양 9.14). 영광성靈光城 축조.	△ 이 해 •명. 정화, 제5차 남해 원정 시작. 본대는 수마트라와 자바, 지대는 동아프리카와 페르시아만까지 도달.	
1422	2.23(양 3.15). 도성 공사 완료. 8.19(양 9.4). 각도 봉수처에 연대煙臺를 쌓도록 함. 10.29(양 11.13). 장흥부長興府·우구현天溝縣 축성. 11.10(양 11.23). 호군보護軍房 폐지. 12.23(양 1423.1.5). 제주 정의성旌義城을 진사리陳沙里음 里에 옮겨 쌓도록 함.	9. 명. 정화, 남해 원정에서 귀환.	△ 이 해 •오스만투르크, 무라트2세, 콘스탄티노플을 공격. •잉글랜드·프랑스, 백년전쟁 재개.

연도	한국	동양	서양
1423	2.26(양 4.6). 연광불燃光불을 서울 남산에 봉화 5곳 설치.	8. 명. 영락제, 또다시 타타르를 정벌.	7.21. 잉글랜드·프랑스, 크라방 전투.
1424	6.13(양 7.8). 평안도 각 익翼의 소속 군현과 군정 수 개정. 9.4(양 9.26). 전라도 나안군羅安部의 토성을 석성으로 개축하도록 함. 9.24(양 10.16). 동교東郊에서 대열大閱 실시. 10.1(양 10.22). 전라도 보성군寶城郡·나안군羅安部 축성.	7. 명. 영락제, 제3차 타타르 정벌 도중 진중에서 사망. △ 이 해 ·명. 정화, 제6차 남해 원정 시작. 수마트라 섬 동남부 대도시인 팔렘방까지 진출.	8.17. 잉글랜드·프랑스, 베르뇌일 전투.
1425	1.15(양 2.3). 경성京城에 방호소防護所 13개소 설치. 2.20(양 3.9). 함길도 중·좌익 소속 군현과 군정 수 개정. 7.13(양 7.27). 서반 관원의 포폄褒貶 규정 제정. 8.14(양 9.25). 처음으로 삼군 도진무三軍都鎭撫에 문신을 임명. 10.16(양 11.25). 거제도 사월포에 읍성을 만들도록 함. 12.16(양 1426.1.24). 국경 방어 중 병사자는 본기를 1년간, 공무 중 이사한 수군은 3년간, 전사자는 5년간 복호.	11. 명. 앙홍. 교지에서 패배.	
1426	1.4(양 2.11). 각도 시위군侍衛軍을 12패로 조정. 번상 구정을 정함. 1.17(양 2.24). 황해도 영강현永康縣을 폐지하고 강령현康翎縣 당부진唐津金과 합쳐 영강진永康鎭으로 삼음. 2.26(양 4.3). 금화도감禁火都監 설치.		3.6. 잉글랜드·프랑스, 성 제임스 전투. △ 이 해 ·덴마크, 한자동맹을 공격.

연도	한 국	동 양	서 양
1426	4.2(양 5.8). 명나라 사신이 가져온 태평소太平簫를 군기감에서 제작, 전습傳習토록 함. 4.5(양 5.11). 경상도 염포鹽浦에 도만호都萬戶 설치. 6.19(양 7.23). 성문도감城門都監과 금화도감禁火都監을 합쳐 수성금화도감修城禁火都監 설치. 9.24(양 10.24). 동교東郊에서 대열大閱 실시. 11.6(양 12.4). 충설했던 경상좌도 병마 도절제사와 수군 도안무처치사를 혁파하고 첨절제사와 도만호로 대신하게 함.		
1427	10.8(양 10.27). 경상도 영덕현盈德縣 축성. 12.14(양 12.31). 당진성唐津城 축조.	7. 명. 관리와 군인들이 쌀을 내어 속죄하는 것을 하용. △ 이 해 •대월. 여리, 1407년 이래 안남을 지배하던 명의 군대를 물리치고 즉위, 여왕조를 세우고 대월 수립.	△ 이 해 •신성로마제국. 후스당, 미에스 싸움에서 신성로마제국 황제인 지기스문트를 격파.
1428	8.5(양 9.13). 근장近仗, 방패防牌, 섭대정隊長·대부隊副 증원. 9.1(양 10.9). 작호갑사提虎甲士·취라치吹螺赤 증원.		△ 이 해 •잉글랜드, 부르고뉴 연합군과 오를레앙성을 공격.(백년전쟁)
1429	5.4(양 6.5). 경성鏡城·경원慶源에 백호百戶 직을 설치하도록 함. 7.28(양 8.27). 토관의 봉족수를 조정하는 등 제주 군정에 관한 법을 개정.		△ 이 해 •프랑스, 잔 다르크, 오를레앙성의 영국군 포위망을 해체하고 격파.(백년전쟁)
1430	4.23(양 5.14). 감무사 삼군 군사들이 각 소속별로 부착할 표장標章의 종류와 규격, 형태 등을 정함.		5.23. 프랑스, 잔 다르크, 부르고뉴에서 체포됨.

연도	한국	동양	서양
1430	6.1(양 6.21). 무과의 시험 과목과 평가 기준 개정. 8.18(양 9.5). 함경도의 예에 따라 평안도 방패防牌에게도 토관직을 주도록 함. 9.24(양 10.11). 성보 축조시 중국의 예에 따라 일정 간격으로 적대敵臺를 만들도록 함. 충청도 비인현庇仁縣 죽사동, 보령현保寧縣 지내리에 새 읍성을 축조하도록 함. 10.29(양 11.14). 함길도 경원부慶源府와 용성龍城의 계절별 부방군 규모를 정함.		△ 이 해 ·프랑스. 잔 다르크, 루앙에서 이단 판결을 받고 영국군에 의해 화형에 처해짐. ·신성로마제국. 후스파. 타우스 싸움에서 신성로마제국의 황제 지기스문트의 군대를 격파하고 승리.
1431	3.17(양 4.28). 장검습야杖劍習夜 인원 개정. 6.2(양 7.10). 감사가 이힐 기장세騎槍勢와 보장세步槍勢의 구장을 정함. 각도 염초焰硝 생산량 개정. 8.7(양 9.13). 성보城堡의 설치와 방어는 병조가, 성보의 신축과 보수는 공조가 맡도록 함. 10.24(양 11.28). 감사 체제의 임적기준 개정. 11.26(양 12.30). 여연군閭延郡에 축성.	△ 이 해 ·명. 정화, 7차 남해 원정 시작.	
1432	2.10(양 3.11). 북방에 연대·신포·소화포를 비치하여 유사시에 대비. 3.23(양 4.23). 별시위別侍衛 증원. 4.17(양 5.16). 평안도 절제사에게 여변부사를, 함길도 절제사에게 김주목사를 겸임토록 함. 4.19(양 5.18). 별시위別侍衛를 좌와·우와로 나누고 병력 증원. 5.16(양 6.13). 병에 배 만드는 공장工匠을 정함.		

연도	한 국	동 양	서 양
1432	5.17(양 6.14). 경상도 도장무녹사都掌務錄事 혁파.		
	6.14(양 7.11). 함길도 영북진寧北鎭 설치. 내[이]포乃而浦·도만호都萬戶 신설.		
	8.20(양 9.14). 평안도·함경도 각 읍邑 소속 진호·만호의 선정 절차 제정.		
	10.20(양 11.12). 전라도 수영水營을 목포로 이전.		
	12.9(양 12.31). 강계절제사 박초朴礎, 여연군에 집 임한 여진기병 400여 명 격퇴.		
	12.20(양 1433.1.11). 사수색司水色 설치.		
1433	1.13(양 2.2). 숙배肅拜의 규모 개정.		
	2.21(양 3.12). 군사 3,000명으로 파저강의 여진족을 토벌하기로 함.		
	3.11(양 3.31). 기사騎射·보사步射의 시험방식과 평가기준을 새로 정함.		
	5.7(양 5.25). 평안도 절제사 최윤덕崔潤德, 파저강 여진 정벌의 경과와 전과를 보고.		
	6.15(양 7.1). 내금위內禁衛 포폄·취재 때의 기사騎射·보사步射 입격기준 개정.		
	6.18(양 7.4). 함길도·평안도 연변 고을에서 3년마다 보사步射·기사騎射·기창騎槍에 능한 이름 선발하도록 함.		
	7.4(양 7.20). 하경복河敬復·정흠지鄭欽之·정초鄭招·황보인皇甫仁 등, 황명으로 《진서陣書》 편찬.		
	7.7(양 7.23). 500호 이상되는 고을은 매년 봄·가을로 훈도를 정해 군사훈련을 실시하도록 함.		

연도	한 국	동 양	서 양
1433	7.18(양 8.3). 새로 만든 《계축진설》을 《진도(陣圖)》와 함께 인쇄, 배포토록 함. 윤8.25(양 10.8). 강무(講武)와 대열(大閱)의 실시를 항구적 규정으로 정함. 9.2(양 10.14). 한 번에 여러 발이 화살을 발사할 수 있는 새로운 화포 제작. 11.13(양 12.24). 중호위(中虎衛)의 정원을 200명 증액, 총 400명으로 함.		
1434	1.6(양 2.14). 함길도 경원부(慶源府)·영북진(寧北鎭)에 토관 설치. 1.16(양 2.24). 군마의 점고 설치와 관리부실에 대한 처벌규정 제정. 3.16(양 4.24). 군기감에 겸군기(兼軍器) 10여 명을 두어 화포를 전담케 함. 3.22(양 4.30). 군직 400을 증액하여 감사 군역을 유지하는데 사용하도록 함. 5.8(양 6.14). 영북진(寧北鎭) 인근 알목하(斡木河)에 진을 설치하도록 함. 7.2(양 8.6). 각도 염조장에 당염조 제조법을 익히게 하도록 명함. 7.4(양 8.8). 갑산(甲山) 무료구자(無路口子)에 읍성을 쌓도록 함. 경원(慶源)과 영북(寧北)에 목책을 쌓도록 함. 7.19(양 8.23). 군기감 군기 검고 규정 신규 제정. 9.23(양 10.25). 동자갑선(冬字甲船)·왕자선(往字船)을	10. 명. 사천성 송변의 만족을 평정.	

연도	한 국	동 양	서 양
1434	제작, 시험.		△ 이 해
	9.24(양 10.26). 등교東郊에서 대열大閱 실시.		・프랑스, 샤스7세, 부르고뉴공 필리프2세와 화해.
	10.9(양 11.9). 별시위를 1,000명으로 증액.		・이탈리아, 나폴리 여왕이 죽자 프랑스의 앙
	10.24(양 11.24). 최령진률僉領을 도호부로, 영부부率 批府를 영북진으로 삼음.		주가와 아라곤가가 나폴리 왕위를 놓고 싸 움.
	10.27(양 11.27). 삼군의 지사知事・첨지僉知를 혁파 하고 업무 분장을 조정.		
1435	1.6(양 2.3). 경성내에 8개소, 궁성내에 2개소의 사 격연습장을 설치.		
	1.18(양 2.15). 여연 군수 김윤수金允壽 등, 오랑합이 2,700여 기병 격퇴.		
	2.6(양 3.5). 화야고을 소격전둥에 건설.		
	4.8(양 5.5). 양계 지역의 군현별 화포・방패의 수량 을 정함.		
	6.17(양 7.12). 남염첨김鑛鈇鐵甲 제작.		
	6.25(양 7.20). 평안도 개천价川・순천順川・박천博川 소재 마병・보병의 소속 군익도를 변경.		
	7.6(양 7.30). 전라도 소흘라당所屹羅堂에 만호 설치. 황해도 감목監牧官을 혁파하고 만호・천호 에게 겸임시킴.		
	8.5(양 8.28). 첨산鐵山 읍성을 가산架山으로 이전.		
	8.29(양 9.21). 경상도 웅신현熊神縣에 성을 쌓도록 함.		
	9.1(양 9.22). 잡색군정이 갖추어야 할 개인 군장과 각 패牌별 군장을 정함.		

연도	한국	동양	서양
1435	9.27(양 10.18). 함길도 허진(虛津)에 읍성을 쌓도록 함. △ 이 해 ·화약무기 비격진천뢰(飛擊震天雷) 발명.		△ 이 해 ·프랑스, 파리 수복. ·보헤미아, 후스전쟁 종결. 후스당, 신성로마제국 황제 지기스문트와 화해.
1436	3.8(양 3.25). 사자위(獅子衛) 설치. 4.27(양 5.13). 함길도 절제사영을 용성(龍城)으로 이전. 5.29(양 6.13). 사수색(司水色)을 수성전선색(修城典船色)으로 개칭. 윤6.18(양 7.31). 삼군·감사 각 영(領)의 판직 감축. 9.26(양 11.4). 화령부(和寧府) 축성. 10.3(양 11.11). 경원에 침입한 올적합의 군사 3,000여 명 격퇴. 11.22(양 12.29). 경상우도 도만호를 옥포에서 내이포로 이전. 11.27(양 1437.1.3). 회령부의 원산보元山堡·장현보·장현보長川堡를 하나의 성보로 통합. 백동에서 이주해 이르는 과저강 하류 군현에 화포교습관火砲敎習官 설치. 12.27(양 1437.2.2). 경상좌도 설제사를 다시 설치.		△ 이 해
1437	2.20(양 3.26). 소은량(所隱梁)·장주(長州)·박단(圓) 구자口에 만호와 천호를 두도록 함. 3.29(양 5.3). 갑산성(甲山城) 축조. 4.13(양 5.17). 함길도 종성 인근의 누야기(耨野耆)에 보를 설치하도록 함.	1. 일본, 오우치 모치요, 큐슈를 평정.	

연도	한국	동양	서양
1437	4.20(양 5.24). 전라도 진도에 군현을 설치하고 수령에게 만호를 겸하도록 함.		
	5.1(양 6.4). 만호 신귀申貴, 70여기로 조명간 구자通明干口子에 잠입한 올량합 300여기 격퇴.		
	5.29(양 7.2). 각도 각관의 활·갑옷·이 등의 구격을 통일시키도록 함. 각도 화통장火㷁匠의 체제를 통일시키도록 함.		
	6.14(양 7.16). 평안도 고산리高山里·서해西海·산양회山羊會·정수精水 등에 만호 신설.		
	6.18(양 7.20). 평안도 연변 각 구자口子에 검선劍船을 배치하도록 함.		
	7.7(양 8.8). 순천부順天府에 진 설치.		
	7.27(양 8.28). 중완구와 소완구 중간의 새로운 완구碗口 제작.		
	9.14(양 10.13). 이천李蕆·이화李樺·정덕성鄭德成 등, 7,000여 명의 군사로 여진 토벌.		
	10.16(양 11.13). 동서 양계에 도절제사를 보좌하는 도사都事나 경력經歷을 파견하도록 함.		
	10.20(양 11.17). 함길도 경원慶源城·경흥慶興城 축조.		
	12.11(양 1438.1.6). 신진보辛津保·하유가보何臾家洑推圖 300여기로 침입한 야인 3,000여기를 격퇴.		
1438	1.15(양 2.9). 평안도 벽동군碧潼郡에 진을 설치하도록 함. 평안도 연변 요새의 목책을 석보石堡	8. 일본, 아시카가 요시노리 박두호, 모치우지를 토벌.(에이쿄의 난)	

연도	한 국	동 양	서 양
1438	로 개축하도록 함. 4.4(양 4.27). 평안도 연변에 5리 간격으로 주막撘幕을 설치하고 만호가 순심하도록 함. 5.5(양 5.28). 평안도 여연圖延, 강계江界 등에 2품의 수장守將을 파견하도록 함. 6.14(양 7.5). 기술 유출을 우려하여 화약장을 북쪽 변경 지역 부방赴防에서 제외. 6.29(양 7.20). 함길도 경원부·회령·종성·경흥의 천호·백호 정원을 줄임. 8.24(양 9.13). 연변 식보에 중국식 옹성甕城을 축조하고 수비병을 두도록 함. 9.12(양 9.30). 10시에 각기 자비군 50명씩을 새로 두기로 하고 그 관리규정을 정함.		
1439	1.16(양 1.30). 경상도 남해현 적량赤梁의 병선을 지도地島浦로 옮기도록 함. 1.28(양 2.11). 경상도 김해金海·영일迎日에 축성. 윤2.7(양 3.21). 충청도 면천沔川邑城 축조, 평안도 여연부閭延府의 상무로上無路에 석보 축조. 4.15(양 5.27). 무인현務安縣 목포木浦와 보성군寶城郡 여도呂島에 병선을 배치하고 만호 설치. 5.10(양 6.21). 함길도 갑산군 어면수동魚面水洞에 벽성璧城을 쌓도록 함. 10.20(양 11.26). 강원도 평해군성平海郡城 축조. 11.10(양 12.15). 충청도 면천沔川城 축조. 11.20(양 12.25). 경상도 장기長鬐·영일迎日·남해南		△ 이 해 • 프랑스, 오를레앙셍령 반포.(상비군 설치)

연도	한국	동양	서양
1439	海·김해金海 등에 축성. 11.25(양 12.30). 동래진을 동래 속현인 동평東平으로 이설.		
1440	2.6(양 3.9). 감사 정원을 3,000명에서 6,000명으로 늘려 6번으로 조정. 3.5(양 4.6). 함길도 함흥咸興·영흥水興·김주吉州·정성鏡城에 조궁소造弓所를 설치하여 각궁角弓을 제작하도록 함. 7.29(양 8.26). 소사주小瀉州의 새 성터에 성을 쌓아 삭주부朔州府 읍지를 옮기도록 함. 만포 구자滿浦口子 주변에 석성을 쌓고 강계 절제사 영으로 삼음. 여연부閭延府 인근 상무로上無路에 새 읍을 설치하도록 함. 갑산군甲山郡 삼수리三水里에 석보를 쌓고 갑산 진호가 수호하도록 함. 11.26(양 12.20). 다온多溫 온성군穩城那을 신설하여 경성도鏡城道 우익에 소속시키도록 함.		
1441	1.29(양 2.20). 함길도 회령부에서 경흥까지의 강변에 연대烟臺 설치. 중성에 동관童關·동풍東豊·서풍西豊·응구鷹谷·방원防垣 등의 다섯 보堡를, 회령에 고령高嶺·화풍和豊·옹희雍熙 등의 보를 신설, 온성에 포진源·주원周原·낙토樂土 등의 보를, 경원에 훈융訓戎 진수鎭, 北·안정安定·무이撫夷 등의 보를, 경흥 사차마수次魔에 진변보邊保를 신설.	6. 일본, 가키쓰의 변 발생. 아카마쓰 미쓰케, 쇼군 아시카가 요시노리를 살해.	

연도	한 국	동 양	서 양
1441	2.7(양 2.27). 중앙진(䕞)湯鎮 설치. 3.15(양 4.6). 평안도 조명간通明干 행성行城과 벽단碧團 행성 축조. 6.8(양 6.26). 잡색군雜色軍의 징병과 부패 편성 원직 제정. 9.15(양 9.29). 함길도 온성부穩城府 행성行城 축조. 9.16(양 9.30). 별시위別侍衛를 1,000명에서 1,600명으로 증액. 10.1(양 10.15). 화조水䃕를 처음 만들어 평안·함길도에 보냄.		
1442	1.17(양 2.27). 평안도 무창군茂昌郡 보신甫山·가사동家舍洞 등 19곳에 민보 신설. 3.2(양 4.12). 평안도 도절제사영을 영변군寧邊郡에서 강계부江界府로 이전, 양변으로 나누었던 경기 수군을 다시 합변하도록 함. 3.10(양 4.20). 평안도 창성군昌城郡 창주 구자昌州口子에 석보와 행성 축조. 평안도 조명간通明干 행성行城의 무너진 곳을 수축하고 석보 축조. 평안도 우예 구자虞芮口子에 행성行城과 석보 축조. 평안도 강계부江界府 만포 구자滿浦口子에 행성行城과 석보 축조. 평안도 강계부 고산리 구자高山里口子에 행성 축조. 평안도 자성군慈城郡 구자地窄里口子와 구자에 행성 축조. 3.15(양 4.25). 함길도 온성 행성穩城行城과 종성 행		△ 이 해 • 오스만투르크, 헝가리에서 야노시 후니아니군에 패배. • 프랑스, 가스코뉴를 영국으로부터 탈환.

연도	한 국	동 양	서 양
1442	성종행성城鐘行城 축조. 4.27(양 6.5). 함길도 온성부穩城府와 경원부慶源府를 진으로 삼음.		
1443	9.20(양 10.12). 함길도 온성군穩城郡과 종성군鐘城郡에 행성 축조. 10.20(양 11.11). 함길도 운현방당峴方▩洞에 보루를 쌓고 삼수 만호에게 지키도록 함. 함길도 갑산군甲山郡 지항포知項浦에 보를 설치하도록 함.		△ 이 해 •알바니아: 발칸반도 남서부에 독립 정부를 수립하고 오스만투르크와 대립.
1444	7.1(양 7.15). 평시 60부를 베껴서 평안·함길도에 나누어 보냄. 10.11(양 11.20). 집현전에 명하여 오례의주五禮儀注를 상정詳定하도록 함. 11.1(양 12.10). 이천李蕆, 동맹鋼鑛 대신 무쇠水鐵로 화포를 제조하기 위해 여진의 제철기술을 배워오게 할 것을 건의.	△ 이 해 •일본, 교토의 민중, 기타노사를 불태움.	4.16. 잉글랜드·프랑스, 투르 강화조약 체결. 향후 5년간 평화가 이어짐. △ 이 해 •오스만투르크, 바르나전투에서 유럽 연합군을 격파하고 제3대 발칸조약 체결. •프랑스, 국민상비군 사수부대를 설치. •폴란드, 무정부 상태가 시작됨. •유럽 각지에 제철 고로 출현.
1445	5.19(양 6.24). 평안도의 이주도義州道 수영水營을 서락포西洛浦로, 평안도平安道 수영을 광량포廣梁浦로 이전. 7.7(양 8.9). 함길도 종성부鐘城府 인근에 행성 축조. 7.18(양 8.20). 2품 이상 관리의 자손 등으로 이루어진 충순위忠順衛 설치. 감사 정원을 1,500명 감축하고 병상 구성과 편제를 개편. 총통위銃筒衛를 신설하도록 함.		

연도	한 국	동 양	서 양
1445	9.27(양 10.27). 사표국을 두어 화포를 관장하게 함.		
1446	1.30(양 2.25). 함길도 종성부鐘城府 소읍嘯邑 등에 행성 쌓음. 2.29(양 3.26). 평안도 벽동碧潼과 정녕定寧에 행성 쌓음. 4.3(양 4.28). 군기점고의 법 개정. 7.13(양 8.5). 함길도 갑산의 인차외因遮外에 석보 쌓음, 함길도 종성부鐘城府와 회령부會寧府에 행성 쌓음.		△ 이 해 •스위스, 신성로마제국으로부터 독립.
1447	1.7(양 1.23). 평안도 벽동군碧潼郡과 정녕군定寧郡, 함길도 회령부會寧府에 행성 쌓음. 7.8(양 8.19). 함길도 삼수군三水郡에 행성 쌓음. 9.4(양 10.13). 각도 연변 군현을 중요도에 따라 3등급으로 나누어 무재 있는 수령을 차등 파견. 9.6(양 10.15). 평안도 인주목사의 수군 첨절제사 겸직을 폐지하고 별도로 수군 첨절제사를 두도록 함. 10.29(양 12.6). 평안도 연변 군현을 강계도江界道와 삭주도朔州道에 나누어 소속시키고 연변沿邊 식전道에 도절제사영 설치.	7. 일본, 야마시로에서 농민의 봉기인 쓰지이키 발생. △ 이 해 •명, 영종, 오이라트를 격파하고 귀환.	
1448	1.28(양 3.3). 갑사甲士, 별시위別侍衛, 방패防牌, 섭육십攝六十, 근장近仗, 총통위銃筒衛의 충원 규모와 취재 입격 기준 제정.	8. 명, 복건에서 '등무칠의 난' 발발.	

연도	한국	동양	서양
1448	3.19(양 4.21). 평안도 자성군 서해 구자(西解口子)의 만호를 혁파. 4.9(양 5.11). 함길도 도절제사영을 경성(鏡城)에서 종성(鍾城)으로 이전. 6.13(양 7.13). 평안도 도절제사를 폐지하고 감사가 겸임하도록 함. 7.12(양 8.11). 함길도 갑산(甲山) 지항포(池港浦) 등에 행성 축조. 함길도 회령(會寧)에 행성 축조. 9.13(양 10.10). 《총통등록(銃筒謄錄)》을 여러 도의 절제사(節制使)·처치사(處置使)에게 보냄. 12.6(양 12.31). 총통전(銃筒箭)의 제조법과 연습 절차를 크게 개정.		
1449	1.3(양 1.26). 평안도 이산군(理山郡) 앙토리(央土里)에서 위원군(渭原郡)까지 행성 축조. 3.4(양 3.27). 봉화대(烽火臺)마다 군호둔(軍戶屯) 10만(萬)을 덜어 혁파. 7.7(양 7.26). 부거현(富居縣)을 회령부(會寧府)로 삼고 진(鎭) 설치. 보(堡)로 이전, 도호부로 삼음. 8.2(양 8.19). 변란에 대비하여 간도에서 총 26,000여 명을 가정군(假定軍)으로 충액하기로 하고 우산정별 대상자 선정.	8. 땅. 오이라트의 예센의 군대가 침공하여 토목보에서 영종을 포로로 잡음.(토목의 변) 10. 명. 우겸 등, 경사까지 침입한 예센의 군사를 격퇴.	△ 이해 ·잉글랜드, 프랑스, 백년전쟁 재개. ·신성로마제국, 현재의 남부 독일 지역에서 도시전쟁 발생.
1450	윤1.16(양 2.28). 평안도 의주성을 수축. 의주성 복편 구룡연(九龍淵)까지 행성 축조. 3.9(양 4.20). 우예(虞芮) 읍성(邑城) 축조. 3.11(양 4.22). 《동국병감(東國兵鑑)》을 편찬을 명함. 4.16(양 5.26). 경상도 연해의 수식(水植)을 혁파하고,	5. 명. 오이라트를 선부에서 격파. 오이라트, 명에 화의를 요청.	△ 이해 ·프랑스, 샤를7세, 포르미니전투에서 영국군에 대승을 거두고 노르망디 회복.(백년전쟁)

연도	한 국	동 양	서 양
1450	대신 연대煙臺를 쌓도록 함. 8.7(양 9.12). 중통군銃筒軍을 1,500명으로 증원. 감사와 중통군을 증액하여 평안도 부방인원을 더하도록 함.		
1451	1.16(양 2.17). 화포와 화차火車를 시험. 2.13(양 3.15). 군기감과 평안도·함길도에서 화차를 제조하여 사용하도록 함. 5.2(양 5.31). 함길도 회령 부근 보을하 구자甫乙下仇子에 만호를 두고, 백성城을 설치도록 함. 6.7(양 7.5). 문종, 25자를 5자로 개편하는 정음 글자로 하는 중앙군 개편안을 병조에 내림. 6.19(양 7.17). 문종, 새로 《진법陣法》 편찬. 7.2(양 7.29). 12자를 의흥사義興司·충좌사忠佐司·충무사忠武司·용양사龍驤司·호분사虎賁司의 5사司로 개정. 8.18(양 9.12). 지역별로 배치할 화차의 수량을 정함. 10.20(양 11.13). 중성부鐘城府 읍성 축조. 10.24(양 11.17). 문종, 새로 정한 진설陣設의 의주儀注를 편찬하고 교정을 보도록 명함. 10.29(양 11.22). 충청도 결성현 성結城縣城 축조.	△ 이 해 ・일본, 나라에서 도쿠세이(덕정)를 요구하는 봉기 발생. ・오이라트, 예센, 타타르의 간 탈탈불화를 살해하고 대원간을 칭함.	
1452	5.19(양 6.6). 의주에 붙였던 인산군麟山郡을 다시 설치. 5.26(양 6.13). 수양대군(세조), 《역대병요歷代兵要》 편찬.		

연도	한 국	동 양	서 양
1452	7.4(양 7.20). 병선 훼손시 그 값을 징수하는 기준을 정함.		
1453	6.9(양 7.14). 전라도·경상도·충청도·강원도의 각 도회소별 제조 군기의 종류와 1년 제조 수량을 정함. 10.21(양 11.21). 평안도의 좌·우도 도절제사 체제를 폐지하고 도절제사영을 영변(寧邊)에 둠.		△ 이 해 ·오스만투르크, 메흐메트2세, 콘스탄티노플을 점령하고 동로마제국을 멸망. ·프랑스, 카스티용전투에서 영국군을 격파하고 기옌 지역을 회복. 백년전쟁 종료.
1454	3.10(양 4.7). 지방군 총현을으로 진서패를 간략하게 간추림. 5.29(양 6.24). 삼수에 침입한 야인 격퇴. 10.29(양 11.19). 삼수군(三水郡)을 혁파하고 만호를 둠.		△ 이 해 ·신성로마제국, 독일기사단, 폴란드와의 싸움 재개.
1455	4.13(양 4.29). 평안도 우예(虞芮)·여연(閭延)·무창(茂昌) 3군을 혁파하고 옛 여연부에 읍을 설치하도록 함. 평안도 이주 방산보로 옮겼던 정녕(定寧)을 옛 읍으로 다시 이전하고 청수보(淸水堡)에 만호를 방산으로 옮기도록 함. 평안도 의주에 다시 진을 설치하도록 함. 9.11(양 10.21). 병조, 전국의 군사도 편제를 보고. 11.10(양 12.18). 평안도 경차관 양성지(梁誠之), 여연·무창·우예(虞芮) 지도를 올리고, 긴요한 관문(關門)·무장(茂場)·우예(虞芮) 지도를 보고. 11.23(양 12.31). 함길도 부령(富寧)을 옛 읍인 부거(富居)로 이전하고 무산보(茂山堡)를 진으로 삼음.	△ 이 해 ·명. 방영에게 호광의 반란을 진압하게 함. ·일본. 바쿠후, 아시카가 시게우지를 토벌. ·타이. 자루군, 말라카 원정.	5.22. 잉글랜드, 제1차 성 알반스 전투. △ 이 해 ·잉글랜드, 랭커스터가(붉은 장미) 문장과 요크가(흰 장미) 문장 간에 장미전쟁 발발.
1456	1.20(양 2.25). 서울 군사도 군적을 작성토록 함. 6.8(양 7.10). 원종공신 아문인 충익사(忠翊司) 설치.	△ 이 해 ·명. 방영, 호광의 반포를 매파.	△ 이 해 ·오스만투르크, 아테네 점공.

연도	한 국	동 양	서 양
1456	12.20(양 1457.1.15). 원종공신 및 자손으로 이루어진 충찬위忠贊衛 설치.	·오이라트, 우즈베크족과 교전.	·헝가리. 오스만트르크군을 베오그라드에서 격파.
1457	1.16(양 2.10). 각도 도절제사영의 소재지를 정하고, 각도 도절제사를 수령이 겸직하도록 함. 전라도 강진현康津縣에 진 설치. 3.6(양 3.30). 제색군사를 요아에 분속. 4.1(양 4.24). 군영의 전담과 보고 체동을 정함. 7.4(양 7.24). 혁파된 중추원 군자를 다른 병종으로 입속시키는 절지를 정함. 9.26(양 10.14). 부령富寧 도호부를 설치하여 절제사를 두고 무산茂山의 절제사를 혁파. 10.20(양 11.6). 부대편성에서 지방 익군제도를 폐지하고 진을 중심으로 한 진관체제鎭管體制를 정비. 각 도에 거진巨鎭을 설치.	3. 명. 타타르군, 명을 침공.	
1458	1.15(양 1.29). 평안도 자성군慈城郡 혁파. 2.26(양 3.11). 거진도鎭의 습진사목習陣事目 제정. 3.29(양 5.11). 활 120근을 당기는 자를 신발해 만강대霹靂隊 편성. 5.17(양 6.27). 함길도 도절제사영을 옛 종성鍾城에서 성장城城으로 다시 이전. 8.24(양 10.1). 여러 포구의 병부兵符 조건을 정함. 9.26(양 11.1). 동교東郊 낙천정樂天亭에서 대열大閱 실시.		
1459	4.26(양 5.27). 함길도 경흥부를 무안보撫安堡로 이전.	4. 명. 방응, 동묘를 대파.	9.3. 잉글랜드, 블로어 헤쓰 전투.

연도	한국	동양	서양
1459	7.17(양 8.14). 병조, 경상·전라·충청도의 새로 진을 설치할 지역과 진의 운영 방안을 보고. 8.14(양 9.10). 중순위忠順衛 폐지. 8.15(양 9.11). 사자위獅子衛 설치. 8.25(양 9.21). 호익위虎翼衛를 평로위平虜衛로 개칭. 9.15(양 10.11). 파적위破敵衛 신설. 9.18(양 10.14). 천인으로 구성된 장용대壯勇隊 신설. 10.7(양 11.1). 새 진법을 확정하고 병정兵政으로 명명. 10.10(양 11.4). 화양정華陽亭에서 대열大閲 실시. 11.1(양 11.25). 정군正軍과 시위패侍衛牌의 명칭을 정병正兵으로 통일하고 편제와 운용방안을 정함.		
1460	1.28(양 2.20). 회령會寧에 침입한 여진 추장 아비거阿比車를 격퇴. 2.4(양 2.25). 가도 영건甲山의 액수를 정함. 회령 부근의 여진족, 강을 건너 도주. 2.5(양 2.26). 평안도 만포구자滿浦口子를 진으로 삼음. 2.12(양 3.4). 승지 이극감李克堪·양성지梁誠之·중승중응 등에게 《손자주해孫子註解》 교정을 명함. 2.19(양 3.11). 종성鍾城 절제사 조방림趙邦林, 난입한 여진 800여 기를 격퇴. 2.24(양 3.16). 부령富寧·경성慶城에 침입한 여진 격퇴.		7.18. 잉글랜드, 노스햄턴 전투. 12. 잉글랜드, 웨이크필드 전투, 랭카스터가가 요크가의 군대를 매복 공격, 랭카스터가의 군대가 런던을 향해 남쪽으로 이동. △ 이 해 ·덴마크, 슐레스비히와 홀슈타인을 병합.

연도	한 국	동 양	서 양
1460	2.26(양 3.18). 황해도 무지곶無知串에 영을 설치. 2.30(양 3.22). 평안도 이산理山·벽동碧潼·창성昌城읍을 독진獨鎭으로 삼음. 4.1(양 4.21). 평안도 강계부江界府 산단山端과 진배자가개者介의 연대烟臺 혁파. 5.10(양 5.29). 무예 도시武藝都試 구정 개정. 취재取材의 절목節目을 간략하게 개정. 8.27(양 9.11). 장용대壯勇隊 시취, 전국으로 확대. 9.11(양 9.25). 함길도 도체찰사 신숙주申叔舟, 변경을 얻담아 침입했던 올량합兀良哈 등이 여진을 토벌하였음을 보고. 9.22(양 10.6). 군직으로 감정을 겸하는 것 혁파. 10.4(양 10.17). 세조, 황해도, 평안도 일대를 순행. 11.9(양 11.21). 하삼도下三道을 평안도·황해도·강원도로 사민徙民하도록 함.		
1461	1.21(양 3.2). 《병요兵要》 200부를 인쇄, 강습자에게 배포. 1.27(양 3.8). 평로위平虜衛의 취재 규정 개정. 2.17(양 3.28). 무과 녹상 절차를 개정. 2.21(양 4.1). 이극감李克堪·김국광金國光에게 《북정록北征錄》 교정을 명함. 7.2(양 8.7). 성중관成衆官의 영직影職 제수 구정을 제정. 7.18(양 8.23). 각도 한산직閑散職 3품 이하를 정병正兵·시위侍衛로 편성.	△ 이 해 ·명. 타타르의 패배, 하서에 침입. ·명. 조고상의 반란을 진압.	2.2. 잉글랜드, 모티메르 교차로 전투. 2.17. 잉글랜드, 제2차 성안반스 전투. 3.29. 잉글랜드, 토우턴 전투, 에드워드4세, 랭커스터가를 크게 무찌르고 즉위, 요크왕조가 시작됨. 헨리6세를 런던탑에 유폐. △ 이 해 ·오스만투르크, 트라페룬스제국을 점탁.

연도	한 국	동 양	서 양
1461	10.3(양 11.4). 세조, 《병장설兵將說》 편찬.		
	11.21(양 12.22). 장성진城鎭에 침입한 여진 700여 기병을 격퇴.		
	11.28(양 12.29). 병선의 속도를 증대기 위해 조운선의 건조법을 모방케 함.		
1462	1.27(양 2.25). 선전관宣傳官·진무鎭撫·부장部將 등의 취재 절지를 정함.		
	2.18(양 3.18). 신숙주申叔舟·최항崔恒·이승소李承召·서거정徐居正, 세조의 《병장설》에 주註를 찬술.		
	2.25(양 3.25). 병조, 각도 습진군에習陣軍額이 조정 절자抄定節次를 올림.		
	4.27(양 5.26). 경상도 가맹포加猛浦의 병선을 인근 포로진포安晉浦로 이전.		
	5.1(양 5.29). 호적 완성. 이조판서 이극배李克培를 충청·전라·경상도의 군직도순찰사로 삼아 군적을 작성케 함.		
	6.4(양 6.30). 파적위破敵衛·장용대壯勇隊의 복질服閥 후 취재 구정을 정함.		
	6.9(양 7.5). 각읍에서 병기를 나누어 만들게 함.		
	7.24(양 8.19). 40이 넘은 유음을 증군하게 함.		
1463	5.21(양 6.7). 군자감 대창大倉 인공.		△ 이 해
	6.5(양 6.21). 제술諭을·제영諭營 둔전의 수량·자호字號·사표四標를 장부로 만들어 관리를 엄격		·오스만투르크, 베네치아와 해전을 벌임. ·포르투갈, 가서블랑가 점령.

훈련도감한무진도
(『속병장도설』, 규장각한국학연구원)

연도	한국	동양	서양
1463	하 하도록 함. 12.19(양 1464.1.27). 세조, 신숙주申叔舟·최항崔恒·홍응洪應·송처검宋處儉·노사신盧思愼 등과 함께 병서의 구결口訣을 정함.		
1464	1.25(양 3.2). 세조, 군적 개정을 명함. 2.14(양 3.21). 봉족奉足 지급 규정 개정. 4.17(양 5.22). 군사의 사일仕日 지급 규정 개정. 7.22(양 8.24). 삼갑전법三甲戰法을 인쇄하여 장수들에게 나누줌. 9.24(양 10.24). 군적 개편을 위해 호패를 정지.		△ 이 해 •잉글랜드, 랭커스티가의 최후 반란을 진정시킴.
1465	1.20(양 2.15). 영진군營鎭軍의 급보 규정 개정. 6.20(양 7.13). 병조, 대열의주大閱儀注를 아룀.	3. 명. 형양의 난 발생.	△ 이 해 •프랑스, 부르고뉴와 오를레앙 지역의 영주들, 루이11세에 대항하여 공선동맹 결성.
1466	2.27(양 3.13). 군령서《계승도서制勝圖書》를 참고하도록 함. 6.10(양 7.21). 군적 개편으로 누정漏丁 98,000여인을 찾아냄. 11.17(양 12.24). 양성지, 《총통등록銃筒謄錄》을 국역하고 한문본은 태워버릴 것을 건의.		△ 이 해 •신성로마제국. 독일기사단, 제2차 토른조약에서 서프러시아 영토를 폴란드에 할양하고 동프로이센을 봉토로 삼음.
1467	3.25(양 4.28). 잡색군雜色軍 설치. 5.16(양 6.17). 전 회령會寧 절제사 이시애李施愛, 함길도 길주吉州에서 난을 일으켜 함길도 전역으로 확산. 6.11(양 7.11). 충청도 비인庇仁진·태안泰安진·병마절도사영兵馬節度使營·전라도 나주진羅州	△ 이 해 •일본. 오닌의 난으로 전국시대 시작.	△ 이 해 •프랑스. 샤를르, 부르고뉴공이 되어 루이11세에 대항.

연도	한 국	동 양	서 양
1467	鎭·부안진扶安鎭·순천진順天鎭·중앙진興陽鎭·진도진珍島鎭·병마첨절도사영兵馬僉節度使營의 군사 규모를 정함. 8.13(양 9.11). 이시애 잡혀 죽음. 9.26(양 10.23). 강순康純·남이南怡 등, 명군과 함께 여진을 정벌하여 이만주李滿住 등을 잡음.		
1468	1.5(양 1.29). 평안도를 3도로 나누고 각각 절도사를 임명. 6.14(양 7.3). 여진 30여기, 온성穩城에 침입해 농민 4인을 살해하고 5인을 잡아감. 7.22(양 8.9). 조석문曺石文·노사신盧思愼에게 《북정록北征錄》을 찬정撰定할 것을 명함.		△ 이 해 · 프랑스, 루이11세, 부르고뉴공 샤를르와 페론스에서 전투.
1469	4.16(양 5.26). 종모법從母法의 제설시에 따라 혁파된 보충군補充軍을 다시 편성. 7.7(양 8.13). 《무정보감武定寶鑑》 완성. 7.20(양 8.26). 한성부 방리군坊里軍을 가려 뽑고 장수를 임명하여 통솔케 함. 12.5(양 1470.1.6). 군적 개정.		
1470	1.8(양 2.8). 사복시司僕寺, 각도 목장에 방목할 마필의 수효를 보고. 1.28(양 2.28). 각 군현별 군기서 상납 공시물의 공인貢案을 새로 정함. 2.30(양 4.1). 군적을 재편하여 군액 조정. 110,468. 3.7(양 4.8). 내금위內禁衛·별시위別侍衛·갑사甲士의	△ 이 해 · 명, 헝양의 유민이 제자 봉기. · 참파(임읍). 안남의 대월국에게 패망.	△ 이 해 · 잉글랜드, 랭커스터가의 공신 위러베직, 헨리6세를 복위시킴. 에드워드4세, 프랑스로 망명.

연도	한 국	동 양	서 양
1470	정원 감액, 훈련원 관원에 대한 인사권을 병조로 돌림. 3.16(양 4.17). 병조, 무과 출신에게 교육할 병서목록과 훈련체화을 올림. 7.8(양 8.4). 조운선의 승선 인원을 조정. 9.16(양 10.10). 격구擊毬를 무과 및 무예 도시武藝都試 시험과목에 추가. 9.29(양 10.23). 영안도永安道 온성진穩城鎭 유원보柔遠堡 성보를 쌓고 만호를 배치토록 함.	△ 이 해	4.14. 잉글랜드, 바넷 전투. 에드워드4세, 귀국하여 위력배치을 진사시킴. 5.4. 잉글랜드, 튜키스베리 전투. 요크가의 완전한 승리. 런던 탑에 수감되어 있던 헨리6세 피살. △ 이 해 • 잉가. 두파크, 즉위하여 대제국을 확립.(영토 100만 평방킬로미터)
1471	5.25(양 6.13). 예조, 감사甲士·별시위別侍衛의 시취 규정 등 《경국대전》에는 수록하지 않았으나 준행해야 할 조목들을 아룀. 6.10(양 6.27). 경상도 청하현淸河縣의 음성을 석보로 토성土城으로 이축하도록 함. 11.22(양 1472.1.2). 병조, 병종별 번상에 따른 제자階資 기준을 정리하여 보고.	△ 이 해 • 명. 만리장성 수축. • 일본. 시게우지, 마사토모에게 패하여 지바로 도주.	△ 이 해
1472	1.30(양 3.9). 병조, 제주 3읍의 방수防戍 대책을 보고. 3.10(양 4.17). 강무장인 아차산峨嵯山에서의 경작과 벌제를 금함. 4.18(양 5.25). 무예도시武藝都試 평가 기준 제정. 6.5(양 7.10). 온성읍성穩城邑城에 침입한 올적합兀狄哈 100여기 격퇴. 8.6(양 9.8). 면천되어 양인이 된 자는 감사에 소속	11. 명. 형양의 난을 평정.	△ 이 해 • 프랑스, 부르고뉴공 샤를르, 노르망디를 유린.

연도	한 국	동 양	서 양
1472	시키지 말도록 함. 8.13(양 9.15). 경상도 밀양密陽 수산제守山堤 둔전 재설치. 10.9(양 11.9). 각도 관찰사에게 포구의 방비 점검 을 명함.		
1473	10.15(양 11.5). 각도에 일본 해적에 대한 방비대책 을 내림. 11.6(양 11.25). 정기 활쏘기 시험에 통과하지 못한 기병驥兵·정병正兵은 나장羅將·조례皂隷·수 군 등에 충군하도록 함.	4. 일본. 야마나 마사토요와 호소카와 마사모 토, 강화 체결. 9. 명. 홍염지에서 타타르군의 침입을 대파.	
1474	7.3(양 8.15). 해적에 대비하여 진라도 진도珍島·흥 양興陽의 방수군을 증강하도록 함. 7.17(양 8.29). 영인남도永安南道 우후虞候 폐지. 8.15(양 9.25). 진라도 소홀라곶所訖羅串에 진임한 왜 선 1척 나포. 9.3(양 10.13). 병선 자재인 경상도 연해 지역의 소 나무 벌목을 금지하도록 함. 11.1(양 12.9). 진함사便艦司 관원을 파견하여 병선 건조를 감독케 함. 12.27(양 1475.2.3). 이산에 진임한 여진 기병 3,000 여 명 격퇴. △ 이 해 · ≪국조오례의國朝五禮儀≫ 완성	6. 명. 군역 40,000을 동원하여 변장 건설.	
1475	1.20(양 2.25). 군적을 개작하도록 함. 1.28(양 3.5). 평안도 장성長城을 포위 공격한 여진		△ 이 해 · 오스만투르크, 크리미아를 정복.

연도	한 국	동 양	서 양
1475	수전어기 적퇴. 2.5(양 3.11). 여진 올적합[兀狄哈], 경원慶源에 침입. 2.24(양 3.30). 평안도 주파 구자儂坡口子에 석성石城을 쌓도록 함. 3.13(양 4.18). 여진의 침입에 대비하여 만포滿浦·이산理山·장성長城의 방비를 강화하도록 함. 4.7(양 5.11). 각 진·포구의 군관은 반드시 시제試才로 뽑은 사람을 임명하도록 함. 4.30(양 6.3). 내금위內禁衛 군사도 습사習射를 할 것을 명함. 5.5(양 6.8). 회자 시험. 5.27(양 6.30). 봉수의 해이를 막기 위해 사목事目 제정. 6.9(양 7.11). 새로 만든 궁노弓弩를 시험. 8.3(양 9.2). 구령구자儂寧口子 만호萬戶를 다시 둠. 8.9(양 9.8). 황해도·강원도 각 진의 병력을 조정. 9.8(양 10.7). 병조, 병종별 군액 현황을 보고. 9.10(양 10.9). 병조, 전국의 도별 정병正兵 수를 보고. 9.26(양 10.25). 광주廣州 정금원定今院 등에서 28,115명을 동원하여 대열大閱 실시. 10.29(양 11.27). 전라도 강진康津 읍성 축조. 11.29(양 12.26). 장용대壯勇隊에 양인만 소속시키도록 함. 12.1(양 12.28). 조졸漕卒을 수군 체제에 편입.		

연도	한 국	동 양	서 양
1475	12.16(양 1476.1.12). 장용대壯勇隊, 장용위壯勇衛로 개칭. △ 이 해 · 신숙주申叔舟, 새로운 모양의 병선 고안. ·《국조오례의國朝五禮儀》 간행.		
1476	1.6(양 2.1). 영안도永安道 아오지阿吾地에 보루를 섬 치하고 만호를 둠. 5.23(양 6.14). 경상도 울산蔚山·장기長鬐, 전라도 용 안龍安의 읍성, 황해도 황주黃州의 구성棘城 등을 축조하도록 함. 9.7(양 9.24). 신숙주申叔舟의 건의로 건조한 병선을 각도에 보급하도록 함.		△ 이 해 · 부르고뉴공 샤를르, 스위스 군정에 서 패배.(무르텐전투)
1477	1.28(양 2.11). 중청도 청풍淸風의 석류황石硫黃을 제 취하여 시험하도록 함. 2.18(양 3.3). 낙천정樂天亭에서 대열大閱 실시. 윤2.28(양 4.11). 호조, 경상도의 음장에 군향을 비 축할 군현을 보고. 4.6(양 5.18). 석류황石硫黃을 바치는 자를 논상하도 록 함. 6.20(양 7.29). 병조, 군적을 올림. 전국의 정군 134,973, 봉족 332,746. 7.6(양 8.14). 신전관에게 매달《진법陣法》·《병정 兵政》과 무경칠서武經七書 등을 고강하도록 함. 7.16(양 8.24). 군사의 말을 점고하는 규정을 정함.	△ 이 해 · 일본, 오닌의 난 평정.	△ 이 해 · 프랑스, 부르고뉴의 샤를르, 낭시전투에서 스위스군과 싸우다 패하여 사망. · 프랑스, 루이[11세], 부르고뉴공국 병합.(프 랑스 근대의 출발점)

연도	한 국	동 양	서 양
1477	9.27(양 11.2). 각지 석류황으로 제조한 화약을 비교 시험함. 10.3(양 11.8). 광주廣州 정금원定金院 등에서 대열大閱 실시. 10.29(양 12.4). 새 철김鐵甲을 시험하고 군기시에 제작을 명함. 경상도 옹신邕山·장임원·장임原, 전라도 흥덕興德의 읍성 완성. 11.15(양 12.19). 도성의 정병을 선발하여 정기적으로 화포 발사를 훈련하도록 함.		
1478	2.10(양 3.14). 전라도 각 포구의 병부兵符를 새로 제작하여 보냄. 황해도 해주진海州鎭 복설. 2.12(양 3.16). 경상도 남해의 미조항彌助項에 첨입한 왜적이 격퇴. 2.29(양 4.2). 영안도 온성穩城과 유원진柔遠鎭에 장성 축조. 5.25(양 6.25). 영안도·평안도에 겸사복兼司僕 설치. 10.13(양 11.7). 양성지梁誠之, 《오례의五禮儀》를 등수 가하여 화포 관련 기록을 삭제하고 재반포할 것을 건의.		△ 이 해 · 모스크바공국, 이반3세, 노브고로트를 점령하여 병합. · 오스만투르크, 메흐메트2세, 알바니아를 점령. · 잉글랜드, 에드위드4세, 클라렌스공을 살해.
1479	1.27(양 2.18). 병조, 강원도 군정 감소에 따른 대책을 보고. 2.22(양 3.15). 수군의 육호통六統篇 훈련을 강화. 2.26(양 3.19). 일본통신사 일행에서 화약장火藥匠을 제외하도록 함. 3.12(양 4.3). 2품 이상 관원의 서위, 아우, 조카도		8.19. 오스트리아공국, 막시밀리안, 기네가테에서 프랑스군을 격파.

연도	한 국	동 양	서 양
1479	중순위衆順衛 임수을 하응. 4.5(양 4.26). 평안도 위원原原 읍성을 옮겨 쌓도록 함. 9.29(양 10.14). 진관鎭串 등에서 대열大閱 실시. 평안도 청주진성鲁淵鎭城 죽조. 음10.9(양 11.22). 삼도 도체찰사 어유소魚有沼를 원수로 하여 군사 10,000으로 건주위 여진을 공격하도록 함. 창성도 만양 읍성 죽조. 11.30(양 1480.1.11). 영안도 고령진성高嶺鎭城 죽조. 12.20(양 1480.1.31). 도원수 운필성芸弸城, 강을 건너 여진 부락을 공략.		
1480	8.25(양 9.28). 평안도 절도사 신한沈瀚에게 철령권 철사鐵篩를 시험하도록 명함. 10.28(양 11.29). 영안도 고령진高嶺鎭 장성 죽조. 11.10(양 12.11). 병조, 편전片箭 훈련 장려책 올림. 11.23(양 12.24). 병조, 신설한 정로위定虜衛의 운용 방안을 올림. 12.9(양 1481.1.8). 명에 활 제조용 수우각水牛角 구매를 요청.	△ 이 해 ·명. 일왕, 타타르를 격퇴. ·타타르, 다얀칸의 할거 시대 시작.	△ 이 해 ·오스만투르크, 오트란트를 공략하여 베네치아 해군을 격파. ·프랑스, 루이11세, 앙주공국을 병합. ·모스크바공국, 이반3세, 킵차크한국을 멸하고 독립.
1481	9.7(양 9.29). 왜선 3척, 독산도禿山島에 침입. 우후 박운경朴間敬 전사. 10.12(양 11.3). 군기시, 총 1,500정을 새로 제조.	△ 이 해 ·명. 타타르의 침입을 격퇴.	△ 이 해 ·오스만투르크, 바야지트2세 즉위. 이우 섬이 항에 대항하여 반란을 일으켰으나 실패. ·프랑스, 프로방스를 합병.
1482	1.23(양 2.10). 전함사典艦司에 왜선을 모방한 배를 시험 건조하도록 함.		△ 이 해 ·에스파냐. 페르난도2세와 이사벨1세, 이베

연도	한국	동양	서양
1482	2.13(양 3.2). 양성지梁誠之, 어람본 1부 외에는 《동국여지승람東國輿地勝覽》을 모두 국역하여 엄히 보관하고 한문본은 모두 없앨 것을 건의. 이 무렵, 양성지의 연변성자도沿邊城子圖·양계연변방수도兩界沿邊防戍圖·제주삼읍도濟州三邑圖, 안질순찰의 연해조운도沿海漕運圖, 어유소의 영안도연변도水安道沿邊圖, 이순숙李純淑의 평안도연변도平安道沿邊圖 등 만들어짐. 9.24(양 11.4). 쓰시마의 도장기匠에게 겸을 만듦도록 함. 9.30(양 11.10). 평안도 아질이성阿叱耳城과 고산리 진성高山里鎭城 죽조.		리아반도 좌후의 이슬람 왕국인 그라나다 왕국 정복전을 시작. · 포르투칼. 콩고강 어귀를 점령. 유럽인의 아프리카 진출이 시작됨. · 오스트리아. 막스밀리안, 프랑스 왕과 다려스조약을 체결하여 부르군디·플랑드르·룩셈부르크 3국을 영유.(부르고뉴공가 단절)
1483	1.30(양 3.8). 왜적, 고성固城에 침입하여 노략질. 2.19(양 3.27). 이문里門과 경수소警守所의 근무지침 제정. 3.5(양 4.11). 왜적, 전라도 도마이磨伊와 배나리 등에 침입. 3.14(양 4.20). 편진片箭·충권 장려케 논의. 4.13(양 5.19). 일반 여염閭閻에 군역에 가지하는 승려는 대처승이 예에 따라 군역에 충정하도록 함. 8.2(양 9.3). 평안도 위원渭原 읍성을 압록강변으로 이축移築하도록 함. 10.30(양 11.29). 평안도 위원 읍성 축조. 12.26(양 1484.1.24). 김여석金礪石, 《기해년정건주위도己亥年征建州衛圖》와 일기를 올림.	△ 이 해 · 오스만트르크, 헤르체고비나를 정복.	

연도	한 국	동 양	서 양
1484	5.29(양 6.22). 무예 도시武藝都試의 강사講書의 사용함. 무경과 정점을 정함. 6.1(양 6.23). 《진서陣書》 1천 본本을 인쇄하여 무신에게 나눠 주고, 각 위장衛將이 하하 군사들에게 교육시키도록 함.	△ 이 해 ・일본. 교토 지방에서 농민들의 무장 봉기 발생.	
1485	윤4.27(양 6.9). 표신標信 사용 규정 제정. 11.28(양 1486.1.3). 경기수군절도사 혁파.	△ 이 해 ・일본. 야마시로에서 무장 봉기 발생.	8.22. 잉글랜드, 리처드3세, 보즈워스전투에서 랭커스타가의 지류인 튜더가의 리치모드백작에게 패하여 사망. 헨리7세 즉위. 장미전쟁 끝나고 튜더왕조가 시작됨.
1486	2.29(양 4.3). 평안도 이주 구룡연九龍淵에 장성 축조. 8.14(양 9.11). 영안도 회령 인근 강탄江灘 8곳에 땅을 파고 나무를 심어 설험設險하도록 함. 8.29(양 9.26). 영안도 고림 연대始林煙臺·실호리동 구失號里洞口·시가동徐加洞·도위동都魏洞·무기동無其洞·좌창동좌和倉洞口·내정동冷井洞·주류전동구仍伊羅遷洞口 등지에 장성 축조. 10.29(양 11.24). 경상도 제포성薺浦城 축조. 12.2(양 12.27). 병조, 포호절목捕虎節目을 올림.		
1487	2.29(양 2.23). 충청도 닉산성德山城·청주성淸州城, 영안도 유원진성茂遠鎭城 축조. 3.11(양 4.4). 동지중추부사 이계동李季仝, 명의 활산기 훈련 방식을 아룀. 3.29(양 4.22). 영안도 해산진惠山鎭 성 개축. 8.3(양 8.21). 최무선崔茂宣의 증손 최식崔湜, 《용화포섬적도用火砲殲賊圖》와 《화약고법火砲法》을		

연도	한 국	동 양	서 양
1487	바침. 9.7(양 9.23). 귀화한 왜인·야인은 중소부터 군역에 충정하도록 함. 9.30(양 10.16). 영안도 아산참성阿山岾城 축조. 10.28(양 11.13). 전라도 부안성扶安城을 퇴축退築하고, 영안도의 세천농보城細川農堡城, 미첨진성美籤鎭城과 장성, 아오지보성阿吾耳地堡城 등 축조.		
1488	2.30(양 4.11). 영안도 방원보防垣堡 축조. 3.29(양 5.10). 영안도 옥련보玉蓮堡·아산보阿山堡·조산보造山堡 축조. 5.10(양 6.19). 왜적, 경상도 고성의 두도豆島, 동현同縣·가배량加背梁 등에 침입. 6.29(양 8.6). 경상도 가계 수영진성水營鎭城 축조. 9.24(양 10.28). 진관鎭串보에서 대열大閱 실시. 12.30(양 1489.1.31). 경상도 사천현 삼천진성三千鎭城 축조.		
1489	2.4(양 3.5). 축성시 성의 표준 높이와 감축관리의 처벌기준 제정. 2.15(양 3.16). 병조, 군사를 권면할 시제무試才節目을 올림. 2.30(양 3.31). 경상도 남해현성南海縣城·고개진성古介鎭城 축조. 3.30(양 4.30). 영안도 부령富寧의 무산보茂山堡城·어유간보魚游澗堡城, 회령會寧의 풍산보성		△ 이 해 •이탈리아. 베네치아. 오스만투르크로부터 사이프러스 섬을 빼앗음.

연도	한국	동양	서양
1489	豊山倭城 등 축조. 4.22(양 5.22). 수군 보인의 위계 응시를 금함. 9.28(양 10.22). 낙전 정병天兵에서 대열大閱 실시. 12.1(양 12.22). 각 포구에 오는 왜선의 체제를 은밀히 살펴 기록하도록 함.		
1490	2.14(양 3.4). 이말후末이 바친 궁노弓弩와 수전도水戰圖를 병조에 내려 시험하도록 함. 3.30(양 4.19). 영안도 단천端川의 쌍청구자석성雙靑口子石城·운룡口子石城·오음구자석吾音口子石城·운룡진석성龍鎭石城·진동보성東堡城·동인보성同仁堡城 등 축조. 4.5(양 4.24). 병오년(1486, 성종 17) 군적을 올림. 총액 158,127. 4.6(양 4.25). 전라좌도·경상좌도 수군절도사에게 새로운 궁노弓弩를 보내어 제작, 시험하도록 함. 4.29(양 5.18). 전라도 회령포성會寧浦城 축조. 5.30(양 6.17). 경상도 염포성鹽浦城 축조. 6.28(양 7.15). 경상도 조라포성助羅浦城, 전라도 돌산포성突山浦城 축조. 8.27(양 9.11). 장래장수將來將帥 27인 선정. 8.29(양 9.13). 경상도 부산포성富山浦城·옥포성玉浦城·당포성唐浦城·가배량성加背梁城 축조. 9.30(양 10.13). 경상도 평산포성平山浦城·두산포성頭山浦城 축조. 윤9.29(양 11.11). 경상도의 적량포성赤梁城·지세포성	△ 이 해 · 일본, 교토 지방에 또다시 농민 무장 봉기 발생.	△ 이 해 · 신성로마제국, 막시밀리안1세, 합스부르크 가령을 통일.

연도	한국	동양	서양
1490	知世浦城·사랑성沙梁城·안골포성安骨浦城·영등포성水登浦城, 전라도의 발포성鉢浦城 등 축조. 10.30(양 12.11). 전라좌도 수영성水營城, 영안도 건원보성乾元堡城 축조. 11.29(양 1491.1.9). 경상도 다대포성多大浦城 축조. 12.1(양 1491.1.10). 삼포에 관리를 파견, 왜선의 모형을 만들어오도록 함.		
1491	1.19(양 2.27). 경흥慶興에 침입한 여진 올적합 1,000여 명 격퇴. 경흥부사 나사종羅嗣宗 등 전사. 1.24(양 3.4). 평안도 창성昌城에 침입한 여진 100여 명 격퇴. 3.24(양 5.2). 양계의 군량 저축 조건을 정함. 3.29(양 5.7). 전라도 여도성呂島城 축조. 4.18(양 5.25). 북정을 결정하고 허종許琮을 도원수에 임명. 7.2(양 8.6). 보정堡丁 중에서 사족士族은 제외토록 함. 7.13(양 8.17). 자피선皮船을 타고 강을 건너 평안도 창성昌城을 공격한 여진을 격퇴. 8.21(양 9.24). 평안도 고사리高沙里에서 여진족 대파. 9.30(양 11.1). 평안도 의주 소곶석보所串申石堡 축조. 10.29(양 11.30). 전라도 사도성蛇渡城, 평안도 인산진성麟山鎭城 축조. 11.10(양 12.10). 북정군, 여진족을 정벌하고 개선.	△ 이 해 ·일본. 호조 소운, 이즈를 점령.	

연도	한국	동양	서양
1492	1.3(양 1.31). 평안도에 파견함. 조전장助戰將 이하 경군京軍의 규모를 정함. 1.29(양 2.26). 여진 1000여기, 벽동군碧潼郡 내습. 1.30(양 2.27). 벽단堡를 포위 공격한 건주 여진 1000여기 격퇴. 3.8(양 4.4). 화포와 화차 훈련을 강화하기 위하여 습조일習操日을 마련하도록 명함. 3.30(양 4.26). 평안도 벽동의 대파아성大坡兒城·소파아성小坡兒城·광평성廣平城, 이산의 산양회山羊會城·방산진方山鎮城, 의주의 수구석보水口石堡城·청수석보靑水石堡城 등 축조. 4.5(양 5.1). 병조, 무예 있는 자를 서열 자제로 구성된 위솔衛率의 편성과 운영 방안을 올림. 4.8(양 5.4). 서얼 자제로 구성된 우림위羽林衛 설치를 명함. 8.12(양 9.3). 경기 영종永宗·화량花梁·초지草芝·제물濟物 등 포구의 부족한 수군을 각선감사作散 甲士로 충원하도록 함. 10.30(양 11.19). 강원도 평해읍성平海邑城, 진티도 용안읍성龍安邑城 축조. 11.29(양 12.18). 경상도 양산읍성梁山邑城·칠원읍성漆原邑城 축조.		△ 이 해 •에스파냐. 이베리아반도 최후의 이슬람 왕국인 그라나다 나스르왕조를 멸망시켜 에스파냐 통일을 완성.
1493	1.3(양 1.20). 각도 가운데 충통진銃筒■을 보정補定하여 제작하도록 함.	△ 이 해 •일본. 호소가와 마사모토, 아시카가 요시즈	△ 이 해 •프랑스. 샤를8세, 앤티스에서 막시밀리안

연도	한 국	동 양	서 양
1493	3.5(양 3.22). 위사(偉士)가 착용할 소엽아수첨갑(小葉兒水籤甲)을 수철(水鐵)을 제작하도록 함. 6.15(양 7.27). 여진의 소요에 대비해 증강했던 안도 배산(裵山) 지역의 병력 감축, 금군(禁軍)의 호령호(號令號)에는 반드시 표신(標信)을 사용하도록 명함. 7.21(양 9.1). 양계에 흑각궁(黑角弓)을 보냄. 9.30(양 11.8). 개성부 옛성 개축. 10.20(양 11.28). 제포(薺浦)의 왜인 50여 명, 관리를 구타하고 난동을 부림. 11.28(양 1494.1.5). 잔약한 조군(漕軍)·수군(水軍)을 육군으로 보인으로 이정하고 충실한 수군 여정(餘丁)으로 충정하도록 함.	미를 쇼군에 옹립하고 거병.	세와 화해.
1494	1.8(양 2.13). 보인(保人)에게도 솔정봉족(率丁奉足)을 지급하도록 함. 3.29(양 5.4). 영안도 삼삼파보(森森波堡) 축조. 5.11(양 6.13). 경상도 관찰사에게 진충통(前衆統)과 신기전(神機箭) 발사 훈련을 임의 감독할 것을 명함. 6.4(양 7.6). 경성(鏡城)의 보아(甫阿)·덕지피덕삼파(德榛坡) 등의 보를 혁파하고 군사를 삼삼파보(森森波堡)에 함속. 7.30(양 8.30). 평안도 벽단진성(碧團鎭城) 축조. 8.1(양 8.31). 각도 재상경차관(災傷敬差官)에게 회포(灰庖) 사격훈련의 감독을 명함.	△ 이 해 •명. 귀주의 묘족을 평정.	△ 이 해 •프랑스, 샤를8세, 나폴리 왕위를 요구하며 나폴리왕국을 점공. (이탈리아전쟁) •유럽. 토르딜랴스조약으로 에스파냐와 포르투갈의 쎄움 종결, 교황령 경계선을 획정.

연도	한국	동양	서양
1495	3.24(양 4.18). 밀부密符 새로 제작. 4.17(양 5.11). 군수용 대차大車를 만들어 쓰도록 함. 10.19(양 11.5). 개성부 성을 수축하고 한산군성韓山郡城을 축성하도록 함. 12.2(양 12.18). 무경칠서武經七書, 《대관의두對款議頭》 등을 간행하여 무사들에게 널리 배포하도록 함.	11. 명. 트르판의 추장 아묵마를 격퇴하고 합밀을 탈환.	△ 이 해 •프랑스, 샤를8세, 나폴리를 점공. •프랑스, 군대에서 최초로 철제 탄환 사용.
1496	1.13(양 1.28). 무신의 사사試射에 의한 고과 규정 제정. 윤3.25(양 5.7). 내금위內禁衛 선발 기준 제정. 7.2(양 8.10). 건주위建州衛 여진, 위원渭原에 침입.		
1497	1.26(양 2.27). 부산포 거주 왜인의 불법 어로 통제. 2.25(양 3.28). 왜구, 전라도 녹도鹿島에 침입하여 만호 김세준金世俊 등 20여인 살상. 2.30(양 4.2). 군기시에 수은 갑주甲胄 제작을 명함. 3.7(양 4.9). 섬 지역에 숨은 왜구를 수색하기 위해 순변사巡邊使를 파견하도록 함. 3.28(양 4.30). 전라도 순변사 이계동李季仝, 왜구에 대한 수색, 토벌 계획을 보고. 5.29(양 6.29). 순변사巡邊使 이계동李季仝, 전라도 수영 병력의 중앙대 제음 보고.		△ 이 해 •스칸디나비아반도, 스칸디나비아동맹 결성.
1498		7. 명. 월왕, 하란산에서 타타르 소앙자의 침입을 격파.	

연도	한 국	동 양	서 양
1499	3.5(양 4.14) 왜적, 전라도 여도呂島 등에 침입. 4.3(양 5.12). 여진족, 삼수군三水郡에 침입. 4.20(양 5.29). 북도진鎭에 침입한 여진 격퇴. 7.20(양 8.26). 여진족, 평안도 이동梨洞에 침입. 10.23(양 11.25). 명년의 여진 토벌을 준비하기 위한 사무事目 마련.		△ 이 해 ·신성로마제국, 마지밀리안세, 스위스연방과 싸워 패배하고 바젤화약으로 스위스연방 13주의 독립을 승인. ·프랑스, 루이12세, 밀라노를 정복.
1500	1.20(양 2.19). 병조, 양계 장성도長城圖를 올리고 장성 수축을 건의. 2.12(양 3.11). 정변사警邊使 이극균李克均에게 주파坡에서 인산麟山까지 장성 축성을 위한 측량을 명함. 2.28(양 3.27). 전라도 마도馬島에 침입한 왜선 11척 격퇴. 3.22(양 4.20). 의정부, 감포 보의 현황을 보고. 군기사 보유 갑옷 6,615벌. 3.25(양 4.23). 주파동樞坡洞에 침입한 여진 격퇴. 11.3(양 11.23). 함경도 어면보魚面堡와 신방구비神方仇非 주추州厚에 성보를 설치할 경우의 득실을 조사하도록 명함.	△ 이 해 ·명, 타타르족, 산서의 대동에 침입. ·티무르, 투르크계 민족인 우즈베크족에게 멸망.	△ 이 해 ·모스크바공국, 리투아니아와 리보니아를 공격.
1501	윤7.8(양 8.21). 부령진富寧鎭을 청승파오단靑升坡烏丹로 이설하고, 볍해鱉海 및 신방구비神方仇非에 축성하는 죄의정 성준 등의 건의를 받아들임. 8.19(양 9.30). 여진의 침입에 대비하기 위해 임목	4. 7. 명, 타타르 다얀칸의 침입으로 영하 함락. 명, 보안에서 묘족이 일으킨 미노의 난을 평정.	△ 이 해 ·프랑스, 루이12세, 에스파냐의 페르난도2세와 함께 나폴리를 공격. ·이탈리아, 레오나르도 다 빈치, 나하산·축담·전동·신한·온도계·방적기 등 군사 과학을 과학음

연도	한 국	동 양	서 양
1501	강을 건너 적정을 살피는 월강척후제越江斥候制 복구. 12.21(양 1502.1.29). 부령진富寧鎭을 정승파오달政承波吾達로, 무산보茂山堡를 양영만동梁永萬洞으로 각각 이설하자는 성준 등의 건의를 받아들임.		연구.
1502	4.1(양 5.6). 전라좌도 수군, 중양흥양興陽에 침입한 왜구 격퇴. 7.24(양 8.26). 경상도 삼천진三千鎭 인근에 연대煙臺를 쌓도록 함. 8.12(양 9.12). 우림위羽林衛의 제아지 중의, 전라도 중앙려興陽縣 다고두多古頭에 보를 설치하도록 함. 11.9(양 12.8). 비양사備禦司에서 만든 갑옷을 군사의 녹봉으로 구입하여 별시위別侍衛·감사甲士에게 지급토록 함.	7. 명. 왕식, 묘족의 여주장 미노를 참살. △ 이 해 ·김자크한국. 멸망.	
1503	4.22(양 5.17). 본국 활이 우수성을 숨기기 위해 명에 보내는 활을 조잡하게 제작하도록 함. 4.27(양 5.22). 명과의 마찰을 우려하여 활을 정교하게 제작하여 사신에게 주도록 함. 10.25(양 11.13). 군마의 관리와 훈련 규정 제정.		△ 이 해 ·오스만투르크, 베네치아와 준약을 체결하고 전쟁을 종식.
1504	8.15(양 9.22). 평안·황해의 보수를 시행하지 말도록 명함. 8.16(양 9.23). 우림위羽林衛 폐지. 8.24(양 10.1). 무악재毋岳帖·아차산峨嵯山을 제외한		

연도	한 국	동 양	서 양
1504	각진各鎭은 진대로 봉수를 올려 변을 보고하도록 함.		
	8.25(음 10.2). 함경도의 보고를 이자산伊子山 봉수에서는 올리지 못하도록 명함.		
	10.2(음 11.8). 정금원淨金院 등에서 대열大閱 실시.		
	11.1(음 12.6). 모든 봉수의 폐지를 명함.		
1505	1.4(음 2.7). 도성 개축을 위한 하삼도 군사 차출의 기준을 정함.		
	3.30(음 5.3). 거도선居刀船 30척과 토진파선 20척의 제작을 명함.		
	4.26(음 5.29). 좌·이 응방左鷹坊에 파진군破陣軍·취라치吹螺赤 등을 배속시키도록 함. 전장戰場에서 쓰이는 화살 50,000부部를 간도에서 제작하여 올리도록 함.		
	5.13(음 6.14). 내금위內禁衛, 충정위衝鋌衛로 개칭.		
	5.15(음 6.16). 충정위衝鋌衛 산하에 소직위掃職衛 설치.		
	6.29(음 7.29). 겸사복兼司僕, 보려대補旅隊로 개칭.		
	8.16(음 9.13). 왜적, 경상도 조라포助羅浦에 침입.		
	8.28(음 9.25). 군기시에 전장에서 쓸 화살 10,000부를 제작하도록 명함.		
	9.5(음 10.1). 개성부 강무 때 군사 30,000을 징발하여 대열大閱하게 할 것을 명함.		
	9.6(음 10.2). 충정위衝鋌衛를 궁력弓力에 따라 3등급으로 나누어 관리하도록 함.		

연도	한국	동양	서양
1506	9.4(양 9.20). 변경 봉수와 순경(巡警)을 재시행하도록 함. 10.10(양 10.25). 우림위(羽林衛) 재설치.		
1507	9.16(양 10.21). 진관(鎭管)에서 강무 성종조 진서(陣書) 사용을 논의. 9.17(양 10.22). 성종대의 진법(陣法)을 인쇄하여 대내에 들이도록 함. 9.19(양 10.24). 선전관은 모두 무과 출신으로 의망(擬望)하도록 명함. 11.1(양 12.4). 서얼 중 제주와 포행이 뛰어난 자 이외에는 겸사복(兼司僕) 임수을 허락하지 말도록 함.	△ 이해	• 교황청, 교황 율리우스세, 반베네치아 동 맹을 주장.
1508	2.29(양 3.30). 양계의 월경 척주후(斥候)를 활성화하기 위해 척주가 잠해도 변장을 치벌하지 말도록 함.	△ 이해	• 신성로마제국, 신성로마제국 황제, 로마교 황과 프랑스, 에스파냐 왕들이 반베네치아 동맹인 캉브레동맹을 결성.
1509	1.5(양 1.25). 왜구, 가덕도(加德島)에 침입. 3.21(양 4.10). 도첩이 없는 중을 환속시켜 군역에 충당하는 법을 밝힘. 4.3(양 4.21). 전라좌도 수군절도사 이종(李宗), 왜구 17인 참급. 수군절도사의 순행(巡行)을 임명 대로 시행할 것을 명함. 4.12(양 4.30). 화포 전습을 잘련하기 위해 파진군(破陣軍) 누율의 누율을 낙녀히 주도록 함. 4.17(양 5.5). 이종인(李宗仁), 왜구 13인 참급.	9. 타타르, 소왕자, 명의 연수 지방에 침입. △ 이해 • 명, 강사·효공·협서 등지에 유적 발생. • 일본, 관동관령 우에스기 아키사다, 나가오 다메카게를 공격, 나가오 다메카게, 잇츠료로 도주.	△ 이해 • 신성로마제국, 막시밀리안세, 베네치아에 패하여 팔라비를 상실. • 에스파냐, 비 레오, 푸에르토리코를 정복.

연도	한 국	동 양	서 양
1509	7.16(양 8.1). 신설된 희령 首音浦堡에 첨사를 파견하고 축성하도록 함. 8.3(양 8.18). 함경도 관찰사, 제죽년(1493) 군적과 비교하여 군정이 많이 감손되었음을 병종별로 보고. 9.4(양 9.17). 군적을 개정케 함. 윤9.2(양 10.15). 진변에 능하지 못한 무신들을 도태시키도록 함. 12.30(양 1510.2.8). 군적 개정. 정군 177,322, 잡군 123,958.		
1510	2.3(양 3.12). 경상우도 수군절도사 이종의(李宗義), 예선을 주적하여 7인을 참급. 4.4(양 5.11). 삼포왜란(三浦倭亂) 발생. 제포(薺浦)·부산포(釜山浦) 함락. 4.5(양 5.12). 웅천성(熊川城) 함락. 4.8(양 5.15). 황형(黃衡)을 좌도방어사, 유담년(柳聃年)을 우도방어사에 임명. 영등포(永登浦) 함락. 4.11(양 5.18). 성을 버리고 달아난 웅천현감 한윤(韓倫)을 잡수하도록 함. 동래현(東萊縣)을 공격한 왜적 격퇴. 4.13(양 5.20). 왜적, 조라포(助羅浦)에 침입. 4.17(양 5.24). 쓰시마 도주, 서계를 보내 화호를 요청. 4.19(양 5.26). 제포의 왜적 섬멸 이후 일본과의 관계 단절.	10. 명. 양호, 유호, 유칠이 유적이 봉기.	△ 이 해 ·교황청, 캉브레동맹에서 탈퇴. ·에스파냐, 벨라스케스 데 쿠엘라르드, 쿠바를 정복. ·포르투갈, 알부케르크, 동로마제국의 주요 항구인 인도의 고아항을 점령하여 동양무역 거점으로 삼음.

연도	한국	동양	서양
1510	4.21(양 5.28). 왜조, 쓰시마 도주의 서계에 회답.	 유순정 초상(©개인소장)	
	4.25(양 6.1). 잠확한 수급으로 무덤을 만들어 왜적에게 보이도록 함.		
	5.21(양 6.26). 왜구에 대비, 안변安邊에 안대安代를 설치.		
	5.24(양 6.29). 도원수 유순정柳順汀, 왜적의 재침에 대비해 각 포구에 석산의 진법을 막는 방어시설을 갖출 것을 건의.		
	5.30(양 7.5). 삼포왜란에서의 군공에 따른 포상 구장을 정하여 설치.		
	6.1(양 7.6). 삼포왜란의 책임이 있는 무관들을 징계.		
	6.30(양 8.4). 왜자·내금위積差內禁衛 100을 더 두어 200으로 함. 안골포에 침입한 왜구 격퇴.		
	8.4(양 9.6). 제포薺浦 첨절제사를 혁파하고 웅천현熊川縣을 도호부로, 영등포永登浦 첨절제사를 승격.		
	8.7(양 9.9). 이 무렵, 비변사備邊司 설치.		
	8.14(양 9.16). 임직 선전관을 2인에서 4인으로 증액.		
	8.20(양 9.22). 경상도 병사에게 비어방략備禦方略을 내림.		
	9.16(양 10.18). 제주목사 장임張琳, 방어 절목防禦節目을 올림.		
	12.20(양 1511.1.19). 가덕도加德島에 침입한 왜적 격퇴.		

연도	한 국	동 양	서 양
1511	2.28(양 3.27). 함경도 미전수美錢水洞·오리동五里洞 등에 연대煙臺를 설치하도록 함. 12.16(양 1512.1.4). 가덕도에 숨어든 왜선 31척 토벌.	2. 명. 화림에서 농민 봉기 발생.	△ 이 해 •에스파냐, 국왕 페르난도, 베네스와 신성동맹을 체결하여 프랑스에 대항.
1512	1.5(양 1.23). 삼포왜란을 포함하여 《동국병감東國兵鑑》을 재편찬하도록 함. 1.15(양 2.2). 평안도 용천龍川·안주安州의 성을 수축하도록 함. 4.21(양 5.6). 북도 절도사, 여진의 야군 11명을 사로잡아 있다고 보고. 5.14(양 5.28). 무산진茂山鎭에 여진 100여 명 침입. 6.22(양 8.3). 중진應天·중탕靖應 두 절의 대종으로 총통을 제조하여, 양계 및 하삼도의 각 진에 나누어 보내게 함. 6.23(양 8.4). 쓰시마 도주의 화친을 요청을 허락. 6.29(양 8.10). 함경도의 장성한 교생들을 군역에 충정하도록 함. 7.3(양 8.13). 여진 1,000여 명, 갑산부甲山府에 침입. 7.10(양 8.20). 의주목사 성세정成世貞, 침입한 여진 족을 추격하여 승전. 7.13(양 8.23). 여진 2,000여 명, 창성부昌城府에 침입. 아군 피해 없이 격퇴. 7.16(양 8.26). 요랑캐 땅 갇수이 사람을 보내어 지형을 그려오도록 함. 9.4(양 10.13). 망합亡哈 등에게 속고내速古乃를 공격	윤5. 명. 하남이 적을 토벌. 12. 명. 대모산에서 농민 봉기 발생.	△ 이 해 •신성로마제국. 막시밀리안세, 영국의 헨리 8세와 신성동맹에 가담. •프랑스, 에스파냐의 페르난도와 교황 율리우스2세의 신성동맹군을 라벤나에서 격파.

연도	한 국	동 양	서 양
1512	하계 하여 포로로 잡혀갔던 19명을 되찾아옴. 경주 노서의 동물로 군기 주조.		
1513	6.12(양 7.14). 신진완에 무과 출신과 취재한 사람을 교대로 자임하도록 함. 7.12(양 8.12). 전라도에서 뇌부養와 뇌장樓을 올림. 11.2(양 11.28). 왜변에 대비하기 위해 병선을 신조하여 가게 진내見力梁과 남해 노량露梁에 추가 배치하도록 함.		△ 이 해 •잉글랜드, 헨리8세, 신성로마제국 막시밀리안세와 연합하여 프랑스에 점입. •스코틀랜드, 제임스4세, 프랑스와 연합하여 영국을 점입했다 패사.
1514	1.30(양 2.24). 삼포왜란시 왜인에게 협력한 제포첨사 김세균金世鈞의 관작 추탈. 2.12(양 3.8). 무재 있는 자를 교대로 육조에 지임하여 양성하도록 함. 3.3(양 3.28). 사찰의 건립과 중창을 금하고 젊은 승려를 추세하여 충군하도록 함. 10. 지변사무무신知邊事武臣 14인을 신중하여 비변책을 올리게 함.	타타르, 소왕자, 명에 점입하여 관마 532필을 약탈. 7.	△ 이 해 •프랑스, 신성동맹과 화해. •모스크바공국, 리투아니아의 스몰렌스크를 병합.
1515	2.4(양 2.17). 함경도 고원高原·경성鏡城 등에 도전을 설치하도록 함. 5.5(양 6.16). 중이 간음하여 낳은 자식도 군역에 충정할 수 있도록 함. 6.25(양 8.4). 보병의 분번分番을 8번에서 10번으로 개정. 9.7(양 10.13). 군사가 3년상을 지내기를 원하면 허락하도록 함.	명. 타타르 소왕자, 조하천에 점입. 1.	△ 이 해 •프랑스, 프랑수아1세, 즉위 후 이탈리아에 점입하여 밀라노를 재점령. •에스파냐. 나폴리를 합병.

연도	한 국	동 양	서 양
1515	10.9(양 11.14). 충의위忠義衛의 6품을 지낸 자도 충찬위忠贊衛·충순위忠順衛 출신처럼 과거 급제 후 삼관三館의 말단에 보속시키도록 함.		
1516	4.17(양 5.18). 활 400장과 전죽箭竹 100,000개를 병조에 내려 습사군사習射軍士에게 나누어 주도록 함. 4.20(양 5.21). 변방의 토병 8,300여 명에게 납의衲衣를 나누어 주도록 함. 4.22(양 5.23). 활 1,000장과 전죽箭竹 100,000개를 양계에 보냄. 5.18(양 6.17). 병조판서 고형산高荊山이 바친 죽궁竹弓을 군기시에 내려 시험 제작하도록 함. 8.4(양 8.31). 병조, 병종별 별부방 군사別赴防軍士의 수를 보고. 12.8(양 12.30). 군역지원 감소를 막기 위해 《경국대전》의 문구를 수정, 양인 천자첩良賤妾子손도 보충대에 들어갈 수 있도록 함. △ 이 해 ·《서정록西征錄》 간행.		△ 이 해 ·프랑스, 프리부르조아으로 스위스와 화친.
1517	2.23(양 3.15). 야인 1,000여 명, 방산진 건너편에 주둔. 4.26(양 5.16). 변방 방비를 강화하기 위해 임시로 축성사築城司 설치. 5.28(양 6.16). 축성사와 도체찰사를 폐지하고 순찰사 2인을 뽑아 변방의 일을 주관하도록 함.	10. 명, 무종, 자칭 위무대장군주수라 하고 스스로 군사를 통함.	△ 이 해 ·오스만투르크, 셀림세, 이집트 카이로를 점령하여 맘루크왕조를 멸망시킴.

연도	한 국	동 양	서 양
1517	6.6(양 6.24). 죽성사를 비변사備邊司로 개칭, 삼군이 군국 사무를 감령監領하도록 함. 11.16(양 11.29). 맹획순孟獲孫이 만든 새로운 활을 시험 제작하도록 함. 12.28(양 1518.1.9). 평안도의 나이 든 하생들을 중군하도록 함.		
1518	7.27(양 9.1). 평안도·함경도에 《사서四書》·《소학小學》 및 《장감박의將鑑博議》·《무경武經》·《손자孫子》·《오자吳子》·《진서陣書》 등을 보내 각 진보의 군관들에게 의하도록 함.	명. 왕수인, 강서의 적을 평정.	9.
1519	8.21(양 9.14). 무학武學을 설치하여 무사들을 기르고 지게 함.	명. 왕수인, 영앙의 반란을 평정.	6. △ 이 해 ·에스파냐. 콩키스타도레스(정복자) 중의 한 명인 코르테스, 아메리카 아스테카 문명 정복을 시작.
1520	2.13(양 3.2). 각도 수군의 분반을 정하여 황해·강원·충청은 3번, 경상·전라는 2번으로 함. 5.12(양 5.28). 변방의 일뿐 아니라 경중京中의 병무도 비변사가 병조와 함께 의논하여 조지하도록 함. 윤8.21(양 10.2). 의주성義州城을 수죽하도록 함. 10.14(양 11.23). 직제하 서주保厚, 배그 강노强弩와 극국구戟弓蹴弓을 만들어 바침. 11.13(양 12.22). 의주성 수죽공사 완료.	일본. 교토에서 농민이 무장 봉기 발생. 타타르, 명의 섬서성 대동을 침공.	1. 6.7. 잉글랜드. 황금 성직자의 전투. 헨리8세와 포랑스의 프랑시스1세 사이에 단기간에 걸 진 동맹관계 수립.
1521	1.16(양 2.22). 직제하 서주保厚가 새로 만든 노궁弩 弓·극국궁亟克戰弓·편조진騙條戰弓·벽력포霹靂砲		△ 이 해 ·오스만투르크. 바그다드를 점령.

연도	한 국	동 양	서 양
1521	등을 군기시에 내림.		•신성로마제국, 기름셰, 프랑스 · 나왕 · 포랑수아1세와 이탈리아를 둘러싸고 전쟁을 벌임. •신성로마제국, 민치 등에 의한 제레페파의 난 발생. •에스파냐, 코르테스, 아스테크왕구을 점령.
1522	3.9(양 4.5). 군기시, 서주徐厚의 벽력포霹靂砲를 제작하여 시험 받사. 4.4(양 4.29). 삼포왜란 이래 병사가 수사를 겸하던 것을 개정. 4.12(양 5.7). 여연閭延·무창茂昌에 거주하는 여진족 30여호가 개간을 계속하므로 그질 것을 효유. 5.26(양 6.19). 주자도樞子島에서 적왜들이 민간인 30여 명 살상. 6.4(양 6.27). 왜선, 전라도 회령포會寧浦·가리포加里浦 등에 난입. 6.11(양 7.4). 왜선 12척, 전라도 신달량新達梁에 침입. 6.14(양 7.7). 왜선들이 초도草島·보길도甫吉島·주자도樞子島 등지에 출몰. 노근도老勤島에서 왜선 8척 격퇴. 6.19(양 7.12). 왜변에 대비하여 고형신高荊山·심정沈貞 등 2인을 순변사巡邊使로 임명. 6.21(양 7.14). 순변사를 비변사 제조調로 개칭.	11. 명. 왕양, 산동에서 봉기.	△ 이 해 •오스만투르크, 로도스를 점령. •신성로마제국, 라인 지방에서 기사전쟁 발발. •신성로마제국, 영국과 동맹하여 프랑스에 대항.

연도	한 국	동 양	서 양
1522	6.24(양 7.17). 이 무렵, 함경도 황사언동黃士彦洞과 장군파將軍坡에 보루堡壘를 신설. 6.26(양 7.19). 왜선들이 전라도 조야도助也島·평이매도平伊梅島 등에 출몰. 8.8(양 8.28). 비변사 당상들이 비변사 폐지를 청하였으나 허락하지 않음. 9.15(양 10.4). 동래 염장鹽場에 왜구 침입.		
1523	1.23(양 2.8). 15년만에 군적을 개정하도록 함. 5.14(양 6.26). 평안도 절도사 이지방李之芳, 여연閭延·무창茂昌 지도를 올림. 승정원에 항상 비치하도록 지시. 5.27(양 7.9). 황해도 풍천豊川에 왜구 침입. 5.28(양 7.10). 황해도 풍천의 초도椒島에서 왜적과 교전. 6.26(양 8.7). 충청도 군관 심의손沈義孫, 왜선과 교전하였으나 패전. 각도 맹선猛船과 비거도 선鼻居刀船의 비율 등 병선의 제도와 선박 개조를 논의. 6.27(양 8.8). 충청도 서천포舒川浦 만호 권환權皖 등, 직도稷島에서 왜선과 교전. 8.30(양 10.8). 정병대립자正兵代立者 처벌 규정을 기록 밝힘. 1인 대립자는 도배徒配 1년, 2인은 도배 3년, 그 이상은 전가입거全家入居. 10.29(양 12.5). 여연閭延·무창茂昌에 거주하는 여진 족의 죽음을 의결.	2. 명. 유간, 하남과 산동의 적을 평정.	△ 이 해 · 프랑스, 이탈리아 지역을 침입하여 밀라노 를 점령. · 스웨덴, 덴마크로부터 독립. 구스타브1세 즉위.

연도	한 국	동 양	서 양
1523	12.10(양 1524.1.15). 여연·무창의 여진족을 축출하기 위해 군사를 동원하게 함. 12.29(양 1524.2.3). 이 해의 군적, 정군 186,091, 잡군 125,074.		△ 이 해 ·신성로마제국, 슈바르츠발트 지역에서 농노제 폐지를 요구하는 농민전쟁 발생.
1524	1.2(양 2.5). 평안도 절도사 이지방李之芳, 여진 축출을 위해 출진. 1.12(양 2.15). 절도사 좌위장左衛將 이함李菡 등, 허공교虛空橋에 주둔중 여진족의 기습으로 군사 50여 명 사상. 2.20(양 3.24). 이지방, 파탕동波湯洞·고도古道洞 여진족을 치다. 등지의 여진족 축출을 보고. 8.9(양 9.6). 좌윤 서후徐厚, 왕명으로 《성제공수도說制攻守圖解》에서 시행할 만한 기계를 골라 그 용도를 갖추어 아룀. 8.19(양 9.16). 평안도 우후 이장李長 등, 여연閭延에서 여진과 교전하여 축출.	1. 일본. 호조 우지쓰나, 에도성을 공략. 8. 명. 대동에서 병변 발생. 9. 명. 투르판이, 숙주에 침입.	
1525	6.13(양 7.3). 병조, 군적중무軍籍中無 등을 보고.	1. 명. 10,000의 기병으로 감숙 지방에 침입한 타타르 소왕자 무리를 격퇴. 2. 일본. 호조 우지쓰나, 이와쓰키성을 공략. 9. 명. 숙주 지방에서 투르판을 격퇴.	△ 이 해 ·에스파냐. 신성로마제국 연합군과 파비아에서 프랑스군을 격파하고 프랑수아1세를 생포.
1526	7.16(양 8.23). 영중추사 서후徐厚, 《총통식銃筒式》·《군문요람軍門要覽》·《총통순손증적해銃筒循孫積攵集觧》·《장총원구將銃元龜》 등을 바침.	△ 이 해 ·무굴제국. 티무르의 후손 바베르, 로디왕조를 쓰러뜨리고 무굴제국 수립.	△ 이 해 ·오스만투르크, 슐레이만1세, 모하치전투에서 헝가리군을 격파. ·에스파냐. 마드리드조약을 체결하여 프랑수아1세를 석방.

연도	한 국	동 양	서 양
1528	1.24(양 2.14). 만포첨사에서 여진인이 첨사僉使 심사손沈思遜을 살해. 4.7(양 4.25). 《진서陣書》·《병장설兵將說》·《병정兵政》 등을 인해하여 널리 배포하도록 함. 윤10.12(양 11.23). 병조, 정로위定虜衛·갑사甲士의 정원과 조과 인원을 보고, 정로위 2,297(정원 1,500), 갑사 17,910(정원 14,800).	6. 명. 왕수인, 양광의 여러 요랑개를 평정.	
1529	5.20(양 6.27). 보병步兵의 대립가代立價가 한달에 적게는 30여필, 많게는 50필에 이름. 5.21(양 6.26). 1510년(중종 5) 이후 병선 150여척을 개조하여 왜선 주적용의 경쾌선 輕快船 제작.	10. 일본. 엔라쿠사 승려들, 일련종도와 항쟁. △ 이 해 •명. 남북으로부터의 침략이 격심해짐.(북로남왜의 외환)	△ 이 해 •오스만투르크, 빈을 포위.
1530	1.3(양 1.31). 정직正職에 있는 자는 위장衛將을 겸임하지 못하도록 구성을 개정할 것을 명함. 1.20(양 2.17). 여진족, 산양회보山羊會堡에서 변을 일으킴. 2.10(양 3.8). 군공을 탐해 죄 없는 여진인을 포획, 살해하여 산양의 변을 일으키게 한 신우형申右衡 등을 추국케 함. 3.10(양 4.7). 전라도 가리포加里浦에 침입한 왜구 격파. 3.18(양 4.15). 습진시에는 진서陣書를 포함한 모든 진법서를 사용하도록 함. 4.6(양 5.2). 선전관들에게 진서陣書를 강습시키도록 명함.		

연도	한 국	동 양	서 양
1531		3. 명. 타타르의 기병 60,000 침입. △ 이 해 •일본. 호조가와 다케구니, 미요시 모토나가에 패하여 자살. •미얀마. 통구왕조의 타빈셰티왕, 미얀마를 통일.	△ 이 해 •신성로마제국. 프로비스탄트 제후들, 슈말칼덴동맹 결성. •에스파냐. 콩키스타도레스(정복자)중의 한 명인 피사로, 아메리카의 잉가제국 정복을 시작.
1532	9.20(양 10.18). 봉수烽燧 구성을 어길 경우, 군법을 적용해 엄히 다스릴 것을 명함.	△ 이 해 •일본. 호소가와 하루모토, 잇향종 신도를 토벌.	△ 이 해 •에스파냐. 피사로, 페루를 정복.
1533	7.14(양 8.4). 여외정병旅外正兵을 혁파하고 감사監士를 감축하여 봉족奉足을 보증하는 문제 논의.		△ 이 해 •에스파냐. 피사로, 잉가제국의 수도 쿠스코를 점령하여 잉가제국을 완전 정복.
1534		△ 이 해 •일본. 쇼군 아시카가 요시하루의 주선으로 오우치 요시타카와 오토모 요시아키가 강화.	
1535	6.1(양 6.30). 역승驛丞을 혁파하고 참방察訪으로 대체할 것을 명함.	3. 명. 요동군의 반란 발생. 4. 명. 광녕군의 반란 발생.	△ 이 해 •에스파냐. 밀라노공국을 지배.
1536	2.6(양 2.26). 군기시와 각 군현에 보관된 오래 묵어 쓸모없게 된 궁시弓矢를 개조를 명함. 4.1(양 4.20). 정변사譯邊使 심언광沈彦光, 여연·무창 등지로 보낸 체탐인體探人이 여진과 교전을 벌였다고 보고. 11.1(양 11.14). 매일 1회 이상 습열習閱을 명함.		

연도	한국	동양	서양
1537	4.5(양 5.13). 평안도 감영·병영 소속 아전(衙前)의 수를 감축해 군역자원을 확충하는 문제, 평안도 내지의 무관 수령을 구경지역 조방장(助防將)으로 파견함에 따른 폐단 등 논의.	△ 이 해 • 일본, 효조 우지나가, 스루가의 이마가와서를 공략.	△ 이 해 • 잉글랜드, 웨일스를 병합.
1538	8.8(양 8.31). 복병을 두기 위해 경상도 가덕도(加德島)에 진을 설치하는 문제 논의. 9.30(양 10.22). 전라도관찰사 김정국(金正國), 보병 가포(布) 징수 과정의 폐단, 사용 연한이 지난 병선의 처리 과정의 폐단, 군역 결원 보충 과정에서의 폐단 등 군정의 문제점 보고.	△ 이 해 • 명, 모박온, 안난(대월)이 마등용을 토벌.	△ 이 해 • 오스만투르크, 술레이만1세, 프레베사해전에서 에스파냐·베네치아·교황 연합군을 대파하고 지중해의 해상권을 장악. • 에스파냐, 볼룸비아를 점령.
1540	7.1(양 8.2). 경원 부근에 사는 여진 추장 올하내두(訥乃豆), 침입해온 여진 추장 올지개두(知介와 싸워 40여 명을 죽이고 16명을 생포. 12.17(양 1541.1.13). 각도 병사(兵使)·수사(水使)의 군관은 무과 출신의 신관散官과 훈련원(訓鍊院) 권지(權知) 중에서 선발하도록 함.		
1541	6.21(양 7.14). 경상우도 병사, 제포첨사 왜관(倭館) 왜인의 난동으로 군사 3명 사망하였다고 보고. 6.27(양 7.20). 영등포(永登浦) 만호 송가록權, 제포에서 귀환한 중 왜선과 교전하여 패배. 군사 29명 사망. 7.15(양 8.6). 장애 이외의 서리를 군역에 충당하도록 함. 12.28(양 1542.1.13). 비변사 기능 강화.	4. 명, 안난(대월)이 마등용을 항복시키고 안남도통사를 설치.	△ 이 해 • 오스만투르크, 헝가리와 알제리를 정복.(부다페스트 점령)

232

연도	한 국	동 양	서 양
1542	12.13(양 1543.1.17). 함경도관찰사 김섬金銛, 정총. 정원 지역 진보의 군졸 인구를 보고하고 사민徙民을 건의.	6. 타타르, 얼타칸, 명의 산서에 침입. 10. 명. 광비의 변란 발생.	△ 이 해 ・잉글랜드, 프랑스 및 스코틀랜드와의 전쟁 시작.
1543	2.13(양 3.17). 병조 당상, 사민徙民 대상지를 정한 인거인절목人居人節目을 보고. 5.13(양 6.14). 전주 여진의 요동 침략으로 명나라 피난민이 이주로 몰려와 강변에 유지하고 변방 수비를 강화하게 함.	1. 명. 귀주의 묘족 봉기. 8. 일본. 포르투갈인 배가 다네가섬에 표류해 옴. 철포와 화약 전래.	
1544	1.1(양 1.24). 하삼도의 각종 죄 지은 자들을 재충하여 변방에 제수토록 함. 4.12(양 5.3). 경상도 사량진蛇梁鎭에 왜선 20여 척이 침입하여 공성하였으나 격퇴. 5.22(양 6.11). 경상도 가덕도加德島에 진을 설치하도록 함. 8.5(양 8.22). 동복 현감 정거도鄭琚道, 법성포 만호 오윤필吳允弼 등, 영광 성이도營伊島에서 당 신향선과 교전하여 괘배. 9.7(양 9.23). 경상도·전라도의 한정閒丁을 찾아내 군정을 제우도록 함. 9.12(양 9.28). 다대포多大浦에 군사를 증어하고 첨사僉使를 둠.	△ 이 해 ・명. 북경성의 외성 완성.	△ 이 해 ・신성로마제국. 크레피에서 프랑스와 화약.
1545	10.6(양 10.21). 3개월에 한반은 장수들에게 습진習陣을 행토록 할 것을 명함. 11.3(양 12.6). 표류해 온 중국인에게서 철환을 사용하는 총통 제작법을 배우도록 명함.		

연도	한국	동양	서양
1546	9.25(양 10.19). 전라도 안도安島 인근에 침입한 왜선 3척과 교전, 왜인 5명을 죽임. 9.28(양 10.22). 재능 있는 무신을 육조·승정원의 하직下職에 등용하도록 함. 11.20(양 12.12). 강원도 울진현에 왜선 7척 출몰.		△ 이 해 •신성로마제국, 위엘베르크전투에서 작센군 포리드리히를 생포.
1547	11.10(양 12.21). 《수무정보감 續武定寶鑑》 편찬을 위해 찬집청撰集廳을 두고 내병조內兵曹에 국局을 설치.	2. 명. 매동사로에서 신부독문에 이르는 장성 800리를 재수축.	
1548	6.13(양 7.17). 여진, 평안도 만포진滿浦鎭에 침입. 10.16(양 11.15). 《수무정보감 續武定寶鑑》 완성.	6.13. 타타르, 얀타린, 명이 매동을 침입하여 하인을 살해.	
1549	1.3(양 1.31). 함경도 내근의內禁衛·겸사복兼司僕·진군親軍衛의 상번上番을 정지하고 가까운 변경 지역에 유방留防하도록 명함. 3.4(양 4.1). 병조에서 사목事目을 제정하여 도망한 양계兩界 입거인入居人을 쇄환하도록 함.	2. 명. 타타르 얀타린, 명을 침공.	△ 이 해 •잉글랜드, 프랑스 및 스코틀랜드와의 전쟁이 재발.
1550	1.4(양 1.21). 당상관 이상이 가진 정수 이외의 반인 伴人을 환수. 8.29(양 10.9). 수군水軍 폐단을 점검하기 위해 경상도와 전라도에 감군어사監軍御史를 파견. 10.22(양 11.30). 제승·조관調官이 정수 외의 자비기리 한 반인伴人, 각 관청의 정원 외의 자비自備·차비差備·서리書吏, 양계兩界 감영監營과 각도 병영兵營·수영水營의 정원 외의 아전衙前, 보충대補充充隊 출신으로 역이 없는 자 등을 찾아내 조	8. 명. 타타르 얀타린, 북경을 포위.(경술의 변)	

연도	한국	동양	서양
1550	녹둔(鹿屯)의 겸임을 보충하도록 함.		
1551	2.27(양 4.2). 사헌부의 진의로 양계(兩界)에도 안군어사(按軍御使) 파견.		△ 이 해 • 오스만투르크, 헝가리에 침입.
1552	5. 제주도에 침입한 왜구 200여 명을 격퇴. 7.27(양 8.16). 여진, 경흥의 서수라(西水羅)에 돌입하여 40여 명 살해.	4. 명. 왜구, 절강에 침입.	△ 이 해 • 러시아, 카잔한국을 병합.
1553	윤3.14(양 4.27). 쓸고 재능있는 무인을 지금에 상관없이 '권관(權管)'으로 칭하여 주요 진보에 파견할 수 있도록 함. 6.17(양 7.27). 황당선(荒唐船), 개성 옹진에 들어와 군인을 살해. 7.9(양 8.17). 진도 조도(鳥島)에 들어온 왜인 격퇴. 9.3(양 10.9). 새로 만든 윤선(輪船)을 시험.	윤3. 명. 왜구를 구원하여 연해에 침입해온 왕직을 격퇴.	7. 잉글랜드, 노스톰벨랜드의 반란 발생. △ 이 해 • 포르투갈, 명의 마카오를 점유하여 점령.
1554	1.4(양 2.5). 함경북도 병사 이사증(李思曾), 조군(助軍串)에서 여진과 교전하여 59명 참획. 2.5(양 3.8). 지변사재상을 많이 뽑아 변방의 임을 맡김. 2.8(양 3.11). 사간원에서 비변사 혁파를 청하였으나 허락하지 않음. 5.22(양 6.21). 함경도 경흥의 조산보(造山堡)를 포위 공격한 공걸합(公乞哈) 기병 수백명 격퇴. 5.25(양 6.24). 제주 천미포(川尾浦) 인근에 침입한 왜인 격퇴. 6.18(양 7.17). 전라우도 수사 김빈(金贇), 횡간도(橫看島) 인근에서 왜선과 교전하여 15명 참급.		△ 이 해 • 잉글랜드, 켄트에서의 반란, 메리와 필립의 결혼을 방해하려 함.

연도	한 국	동 양	서 양
1554	6.25(양 7.24). 제주목사 남지근(南致勤), 왜인 12명을 목베었다고 보고. 12.18(양 1555.1.10). 왜인이 만든 총통을 시험.		
1555	4.10(양 3.31). 도사(都事) 편전(片箭)을 모두 사용하도록 함. 5.11(양 5.30). 왜선 70여 척이 전라도 달량포(達梁浦)에 침입, 성을 포위함.(을묘왜변) 5.13(양 6.1). 달량성 함락. 5.17(양 6.5). 전라좌수사 최종호(崔終浩), 나도도(羅老島)에 침입한 왜적 31명 참살. 5.21(양 6.9). 왜적, 병영을 약탈. 5.26(양 6.14). 왜적, 강진현(康津縣)에 침입. 5.28(양 6.16). 왜적, 가리포(加里浦)·회령포(會寧浦)에 난입. 5.29(양 6.17). 전주부윤 이윤경(李潤慶), 영암(靈巖)에서 왜적과 교전하여 100여 명 참살. 6.12(양 6.30). 전라좌도 수군, 금당도(金堂島) 앞바다에서 왜선 28척 격퇴. 6.24(양 7.12). 병마절도사가 있는 곳에는 모두 평사(評事)를 두도록 함. 6.27(양 7.15). 제주에 왜적 1,000명 침입하였으나 모두 격퇴. 9.12(양 9.27). 제주에 침입한 왜적 54명을 참살하고 모두 격퇴. 9.16(양 10.1). 새로 만든 전선을 시험.	1. 명. 왜구를 규합하여 2차 침입한 해적 왕직을 격퇴. △ 이 해 •일본, 왜구, 명에 침입하여 남경 안정문을 불태우고 4,500명을 학살. •무로예쿠, 제2대 항제 후마슌, 수로앙조를 물리치고 벨리를 탈환하여 제국 부중에 나섬.	

연도	한 국	동 양	서 양
1555	10.21(양 11.4). 영암·제주 등지 승전에 따른 군공 포상. 11.4(양 11.17). 경상도·전라도에 내금위(內禁衛)와 겸사복(兼司僕)을 두도록 함. 11.22(양 12.5). 수군을 좌·우령(領)으로 나눠 2번으로 함. △ 이 해 · 양사언(楊士彦), 《남정기(南征記)》 지음.		
1556	1. 경기수군절제사의 영을 화량진에 설치. 6.1(양 7.7). 경상도 웅천에 침입한 왜적 섬멸. 6.14(양 7.20). 제주목사 김수문(金秀文), 왜선 5척을 불태우고 130여 명 죽임. 7.8(양 8.12). 전라도 삼도(三島) 왜포(倭浦), 청등도(靑藤島) 등에서 왜선 2척을 나포하고 수십명을 죽섬하였다고 보고. 7.15(양 8.19). 제주목사 김수문, 왜선 2척을 나포하고 75명을 잡급하였다고 보고.		
1557	4.21(양 5.19). 수군 정상화 방안 논의. 6.27(양 7.22). 전라도 신산포(薪山浦) 인근에서 왜선과 교전하여 19명 잡음. 7.5(양 7.30). 제주목사·전라감사·병수사 등에게 왜적에게 기구와 봉화를 중분히 조치할 것을 명함. 7.7(양 8.1). 전라우도 수사 오흠(吳欽), 조도초도(草島)에서 왜선과 교전하여 선박을 불태우고 왜적 22		△ 이 해 · 잉글랜드, 프랑스와의 전쟁 시작.

연도	한 국	동 양	서 양
1557	명을 목베었다고 보고.		△ 이 해 •프랑스, 포랑스에 있는 최후의 영국령인 칼레를 회복.
1558	8.15(양 9.26). 평사評事 혁파.	명. 타타르 30,000 기병, 감숙 지방에 침입. 8.	
1559	1.26(양 3.4). 황해도 역참 관군들의 복무기간을 5년내에서 3년으로 단축. 5.26(양 7.1). 청홍도清洪道 남포현藍浦縣에 표류한 황당선荒唐船과 교전, 7명이 전사하고 왜인 8명을 참료.		1.26. •프랑스, 에스파냐·영국과 카토-캉브레시화약(프랑스와 에스파냐가 이탈리아 지배권을 놓고 65년 간 벌인 분쟁을 마무리지은 조약 체결 (이탈리아전쟁). 프랑스의 이탈리아 지배 기도가 실패)
1560	12.2(양 12.18). 황해도 도적을 토벌하기 위해 순경사巡警使를 내려보내기로 함.	△ 이 해 •명. 복건 각지에서 유민이 봉기.	
1561	10.29(양 12.5). 도적이 잠잠해질 때까지 군적 시행을 정지하도록 함.	△ 이 해 •인도, 아크바르제, 북인도를 통일.	△ 이 해 •오스만투르크, 헝가리를 병합. •신성로마제국, 독일기사단 국가 멸망.
1562	11.11(양 12.6). 왜적의 침입이 있을 것이라는 첩보에 따라 8도의 감사·병사·수사에게 군비 및 수비 강화대책을 지시.	4. 일본. 교토에 농민의 무장 봉기 발생.	△ 이 해 •오스만투르크, 헝가리를 병합. •잉글랜드, 위그노파를 지원하기 위해 프랑스스로 원정. •프랑스, 종교 내란인 위그노전쟁 발생.
1563	7.10(양 7.29). 전라도·경상도의 감사·병사·수사에게 방비가 허술한 곳을 힘껏하고 전함戰艦·기계機械·중통筒의 정비와 병졸 훈련에 힘쓸 것을 하유.	4. 명. 척계광 등, 복건의 평해에서 왜구를 격퇴.(중화대첩) △ 이 해 •일본. 미카와에 일향종 신자가 중심이 된 무장 봉기 발생.	

연도	한 국	동 양	서 양
1564	5.17(양 6.25). 경상도 울산에 침입한 왜선 나포. 10.6(음 11.9). 청홍도淸洪道 음성 옹암산熊巖山에서 동철銅鐵을 제련하도록 함.	2. △ 이 해 •명. 척계광, 복건에서 왜구를 평정. •명. 총병 유대유, 고이동 해양에서 왜구를 대파.(해풍지첩) •무로마치. 아버르데제, 고드와나왕국을 복속.	△ 이 해 •오스만투르크, 몰타 섬 공격에 실패. •오스만투르크, 트리폴리를 병합. •네덜란드, 가톨릭과 상인들, 브뤼셀에서 귀족 동맹을 결성하여 에스파냐에 대항. •에스파냐. 필리핀 정복을 시작.
1565	9.5(양 9.28). 평안도 서해평西海坪에서 여진과 교전. △ 이 해 •삼강진三江鎭에서 《총통식銃筒式》 간행.	12. △ 이 해 •일본. 사원에서 백련교도의 난 발생. •일본. 미요시 요시쓰구와 미쓰나가 하사히데, 쇼군 아시카가 요시테루를 살해. •남인도, 탈리코트전투로 비자야나가르왕국 멸망.	△ 이 해 •오스만투르크, 술레이만세, 서향가리를 공격하다 제토와르전투에서 전사. 후임으로 셀림2세 즉위. •네덜란드, 북부 7개 주(현 네덜란드), 동맹을 맺어 에스파냐의 지배로부터 벗어나기 위해 봉기.
1566	1.11(양 1.31). 비변사, 압록강변 서해평의 여진족을 공격하여 몰아낼 것을 건의.	△ 이 해 •일본. 모리 모토나리, 아마코 요시하사를 항복시킴.	
1568	5.1(양 5.27). 평안도절도사 김수문金秀文, 서해평에서 여진족을 습격하여 마을을 불태움. 5.13(양 6.8). 여진 기병, 상토上土에 침입.	5.1. △ 이 해 •미얀마. 제3차 아유타야 공격을 감행하여 함락시킴.	△ 이 해 •네덜란드, 네덜란드 독립전쟁 시작. 에스파냐 펠리페2세의 가톨릭 위주 전제정치에 맞서 북부 7개주(현 네덜란드)가 중심이 되어 독립운동을 전개하고 남부 10주(현 벨기에)는 중도에 이탈.

연도	한국	동양	서양
1569		△ 이 해 •무굴제국. 크샤트리아 출신의 라지푸트(왕자)족을 정벌. •타타르, 알탄칸, 티베트 원정 시작.	
1570	7.20(양 8.21). 《오례의五禮儀》 간행, 반포.	10. 타타르, 알탄칸, 명에 화친을 요구.	△ 이 해 •오스만투르크, 베네치아로부터 키프로스를 획득. •잉글랜드, 해군제독 드레이크, 서인도제도로 항해하여 에스파냐령을 습격. •프랑스, 생제르맹화해를 통해 위그노 전쟁 일시 휴전.
1571	11.29(양 12.15). 조군遭軍·수군水軍의 과중한 군역 부담에 따른 폐단을 논의.	3. 명. 타타르의 알탄칸과 화친하고 순의왕에 봉함.	10.7. 에스파냐, 연합함대, 레판토해전에서 오스만투르크 해군에 승리.(이후 에스파냐함대는 '무적함대'로 불리며 한동안 지중해와 대서양 항로를 독점)
1572	8.1(양 9.7). 평안도절도사 이대신李大伸 등, 서해평西海坪의 여진족 공격.		△ 이 해 •프랑스, 생바르톨로뮤 축일에 나바르의 왕 앙리와 샤를9세의 누이 마르그리트의 결혼식에 참석차 파리에 모인 신교도가 무참히 학살됨 '생바르톨로뮤의 학살' 사건으로 위그노전쟁이 재개됨. •네덜란드, 오라녜공 빌렘1세(오렌지공 윌리엄), '북부 7주 연합' 장관이 됨.(네덜란드 독립전쟁)
1573	6.9(양 7.7). 전라도 낙안 금오도金鰲島에 침입한 왜	6.9. 일본. 무로마치 바쿠후가 멸망하고 오다 노	△ 이 해

연도	한국	동양	서양
1573	구 격퇴. 8.20(양 9.15). 이 무렵, 하삼도에 군적경차관軍籍敬差官 파견.	부나가 전국을 통일. △ 이 해 •무굴제국, 구자라트(인도 서해안에 있는 주)를 정복하고 아그라성을 완성.	•오스만투르크, 베네치아와 강화 체결.
1574	3.8(양 3.30). 1567년 이후 사대부가 사점한 관둔전官屯田을 모두 관에 몰수하도록 함. 5.23(양 6.11). 평안도 강변 고을의 수령들은 문·무관을 섞어서 차임하도록 함.	1. 일본, 오다 노부나가, 도쿠가와 이에야스와 다케다 가쓰요리를 토벌. △ 이 해 •무굴제국, 아바르드매체, 베를·비하르·오리사를 정복.	
1575	3.17(양 4.27). 쓰시마 도주, 왜적이 조선 침략을 준비하고 있다고 통지.	3.17. 일본, 오다 노부나가, 철포를 이용하여 다케다 가쓰요리를 격퇴.	△ 이 해
1576	3.19(양 4.17). 방답첨사防踏僉使 이종원李宗元, 침입해온 왜선을 나포.	3.19. 일본, 대포가 전래됨.	△ 이 해
1577	△ 이 해 •남원에 황산대첩비荒山大捷碑 건립.	2. 명. 광동 나방의 반란 평정.	△ 이 해
1578	3.25(양 5.1). 군기軍器 개수를 관아에서 하지 않고 수군에게 전가한 지례현감知禮縣監 현감을 추국.	△ 이 해 •캄보디아, 시암에 침입.	△ 이 해 •잉글랜드, 네덜란드와 동맹 체결.
1579			△ 이 해 •네덜란드, 북부 7개 주, 유트레히트동맹 결성.(네덜란드 독립전쟁) 남부 10주, 가톨릭 신앙과 에스파냐의 지배를 인정.
1580			△ 이 해 •에스파냐, 펠리페2세, 포르투갈의 왕위 계승권을 주장하며 합병을 단행.

연도	한 국	동 양	서 양
1581	1.15(양 2.18). 동지사 일행, 옥하관玉河館에서 여진의 공격을 받고 동지사 양호凌湖 죽음.	1.16. 일본. 오다 노부나가, 명령을 어긴 고야산高野山에 대한 보복으로 승려 1,000여 명 살해.	△ 이 해 •네덜란드, 독립 선포, 북부 7개 주 연방공화국이 형성되고 빌렘1세가 통령이 됨.
1582		3. 일본. 다케다씨 멸망.	
1583	2. 경원부慶源府의 번호藩胡 우을기니于乙其乃, 회령會寧 변호 이탕개尼湯介 등, 난을 일으켜 경원부와 안원보安原堡 함락. 괘전에 재임을 당하여 경원부사 김수金燧·판관 양사의梁士毅 죽음. 경원부사 신립申砬·부령부사 김의金顗를 효수. 온성부사 신립申砬·온성보 현금의賢金義 등, 경원·안원보·춘융진春融鎭 등을 구원하여 적을 대파. 첨사 신상절申尙節, 춘융진을 제차 공격한 여진족 격퇴. 북병사 이제신李濟臣, 장수를 나누어 보내 강 건너 금득탄金得灘·안두리安豆里·자중도者中島·마진오麻田烏·상가암尙加巖·우을기于乙其·가여음파加汝音波·개동介洞 등지의 여진족 마을 습격. 식량과 무기를 불태우고 300여 명 참급. 2.15(양 3.8). 병조판서 이이李珥, 양병·재용·전마 등에 대해 상소. 4.1(양 5.21). 6진 출신 백성에 대한 쇄환령을 거듭 엄히 밝힘. 5. 첨사 정곤수鄭崑壽 등, 동관진潼關鎭을 포위 공격한 여진 추장 율보리栗甫里의 기병 수만명 격퇴. 온성부사 신립申砬, 종성을 포위 공격	1. 명. 미얀마, 운남(대월)을 침. 5. 명. 진주여진 부장 누르하치의 발흥으로 동북부 성장. △ 이 해 •미얀마. 명의 양창을 공격.	

연도	한 국	동 양	서 양
1583	한 여진 추장 울보리·이탕개의 10,000여 기병 격퇴. 만호 최호崔浩, 방원보防垣堡를 공격한 5,000여 여진 기병 격퇴하여 북방으로 파견. 7.10(양 8.26). 경원慶源에 침입한 여진 추장 우을기내于乙其乃를 참살. 8.1(양 9.16). 경원에 여진 2,000여 기 침입하였으나 격퇴.		
1584		4. 일본, 하시바 히데요시, 도쿠가와 이에야스와 오와리 나가쿠테에서 교전.	
1585	12. 회령 보하下鎮·종산보鐘山堡 등에 침입한 여진족 격퇴. 경기 수영에서 전선 건조.	12. 명. 긴주여진 부장 누르하치의 공격을 받아 동가성 등 상실. △ 이 해 · 무굴제국, 카불 병합.	△ 이 해 · 잉글랜드, 네덜란드와 동맹을 맺고 에스파냐와의 전쟁을 지원. · 에스파냐. 펠리페2세, 교황과 기즈공과 신성동맹 결성. · 네덜란드, 파르마공, 앤트워프 함락.
1586		1. 일본, 하시바 히데요시, 도쿠가와 이에야스와 화해. △ 이 해 · 명. 긴주여진 부장 누르하치와 화해. · 무굴제국, 카슈미르 점령.	3. 에스파냐. 잉글랜드에 대한 해군원정을 시작.
1587	2.26(양 4.3). 왜적선 18척, 중앙興陽에 침입. 녹도보 장 이대원李大元 패사敗死. 8.26(양 9.28). 여진, 운룡룡雲龍에 침입. 9.24(양 10.25). 해산진慙山鎮에 침입한 여진기병을	3. 일본, 도요토미 히데요시, 규수 평정.	4. 잉글랜드, 드레이크, 카디즈에서 스페인 함대를 괴롭힘. △ 이 해 · 오스만투르크, 이라크와 루리스탄 등 점령.

연도	한 국	동 양	서 양
1587	격퇴. 여진추장 마니응개尼應介 등, 녹둔도 공직. 이경록李慶祿·이순신李舜臣 등이 격퇴하였으나 11명 전사, 160여 명이 사로잡혀 감. 이후, 녹둔도 둔전 폐지. 10.16(양 11.15). 이순신, 녹둔도 일로 백의종군. 10.19(양 11.18). 승자총통을 만든 이지李墀에게 병조판서를 줌직. 11.7(양 12.6). 선전관 김경金景誅, 북정北征할 것을 상소. 12.26(양 1588.1.23). 녹둔도 함락.		·에스파냐, '무적함대', 잉글랜드 해군에 대패하여 해상권 상실. △ 이 해
1588	1.15(양 2.11). 이일李鎰, 녹둔도를 공격했던 여진 시전부락時錢部落을 정벌. 2.16(양 3.12). 여진, 해신에 침입. 8.14(양 10.4). 시간원에서 음묘왜변 후 설치되 각도 평사評事의 폐지를 정함에 허락함. △ 이 해 ·이일李鎰. 《제승방략制勝方略》 새로 증수.	5. 일본. 도요토미 히데요시, 나가사키를 되찾고 기독교도를 추방. △ 이 해 ·명. 건주여진 부장 누르하치에 의해 만주 전 지역 상실. ·여진. 누르하치, 건주여진을 통일. ·일본. 도요토미 히데요시, 작선정지령 하달.(왜구의 금지) ·무굴제국. 신드 정복.	
1589	7.28(양 9.7). 비변사, 하삼도의 병사兵使·수사水使 적합한 인물을 밀제. 신조, 녹둔도 일로 백의종군한 이경록李慶祿·이순신李舜臣 등의 뜻을 하교. 7 일본사신 히라요시平義智가 진헌한 조총鳥銃을 군기시軍器寺에 보관하도록 함. 조총,	1. 명. 유여국이 난 발생. 4. 명. 이원량이 난 발생. 11. 일본. 교토의 기독교 교회를 불태움.	

연도	한국	동양	서양
1589	처음으로 조선에 전래.		
1590	3.6(양 4.9). 통신사 황윤길黃允吉 일행, 일본으로 출발.	3. 일본, 도요토미 히데요시, 일본 전역을 통일.	
1591	2.13(양 3.8). 이순신을 전라좌수사에 임명. 2.26(양 3.21). 제색군사에게 철환鐵丸을 시습시킴. 3. 통신사 일행, 선조에게 귀환 보고. 서인인 황윤길黃允吉은 일본이 조선을 침략할 야망이 있다고 보고한 데 반해, 동인인 김성일金誠一은 이와 반대되는 보고를 함.	3. 명. 영하의 난 발생.(9월에 평정)	
1592	4.13(양 5.23). 일본침략군 25만, 조선에 침입. 4.14(양 5.24). 이일李鎰을 순변사로, 성응길成應吉을 좌방어사로, 조경趙儆을 우방어사로 삼아 각지로 파견. 경주·서생포·다대포·밀양 등 각지로 파견. 왜군에게 함락. 4.24(양 6.3). 이일, 상주에서 왜군에게 대패. 이령의 곽재우郭再祐 의병을 일으킴. 4.28(양 6.7). 광해군을 세자로 세우도록 함. 신립申砬, 충주 탄금대에서 왜군에게 대패. 4.30(양 6.9). 선조, 도성을 버리고 평양으로 몽진. 4. 한풍의 곽재우와 옥천의 조헌趙憲 등, 의병이 일어나기 시작. 5.2(양 6.11). 일본군, 수도 한성 점령. 5.6(양 6.15). 전라좌수사 이순신李舜臣, 옥포해전에서 26척의 왜선을 격파. 5.17(양 6.26). 김명원金命元, 임진에서 패배. 일본군	4.13. 일본, 조선 침략, 조선-일본 전쟁(임진왜란) 발발. △ 이 해 · 명. 조선-일본 전쟁(임진왜란) 발발로 조선에 구원병 파견.	

부산진순절도(육군박물관)

연도	한 국	동 양	서 양
1592	임진강 도강.	 한산도대첩 기록화(전쟁기념관)	
	5.29(양 7.8). 이순신, 노량에서 대응. 이때 거북선을 처음 사용.		
	5. 강원도 조방장 원호元豪, 여강에 주둔한 적을 섬멸.		
	6.2(양 7.10). 이순신, 당포에서 왜선 20여척 격침.		
	6.3(양 7.11). 한산도 근양병 13만, 용인에서 패전.		
	6.5(양 7.13). 이순신 등, 당항포에서 26척의 왜선 격파. (제1차 당항포해전)		
	6.11(양 7.19). 조승훈祖承訓 등이 이끄는 명나라 원군 도착, 선조, 의주로 몽진. 이덕형李德馨, 명나라에 구원을 요청하러 감.		
	6.13(양 7.21). 분조分朝하여 세자는 함경도 영변부로 가기로 함.		
	6.15(양 7.23). 평양 함락.		
	6.22(양 7.30). 선조, 의주 도착.		
	6.28(양 8.5). 경상우도 조유사 김성일金誠一, 각지의 의병 상황을 보고.		
	7.8(양 8.14). 이순신李舜臣, 한산도에서 왜선 70여척 격침하고 제해권 장악. (한산도대첩)		
	7.10(양 8.16). 이순신, 안골포에서 왜선 40여척 격침.		
	7.19(양 8.25). 조승훈이 이끄는 명군, 평양에서 대패하고 요동으로 퇴각.		
	7. 권응수權應銖, 웅지에서 왜군을 대파. 항진黃進,		

연도	한국	동양	서양
1592			

8. 이치에서 왜군 격퇴. 곽재우 격퇴. 현풍·창녕에서 왜군 격퇴. 의병장 고경명高敬命, 금산에서 전사. 의병장 김면金沔, 거창에서 왜병 격퇴. 조종의趙宗道, 의병을 모집하여 적을 토벌하고 강동에 주둔에 승응僧應을 설치하고 휴정休靜에게 승군의 조직을 맡김. 이정암李廷馣, 황해도에서 의병을 일으킴. 홍계남洪季男, 양진·안성에서 의병을 일으켜 적을 토벌.

도원수 김명원金命元, 이원익李元翼 등에게 평양성을 공격하게 하였으나 패배. 임해군臨海君·순화군順和君, 회령에서 가토 기요마사에게 사로잡힘. 진주판관 김시민金時敏, 금산 전투에서 조헌趙憲·영규靈圭의 의병, 장렬히 전사. 고경산의 휴정休靜, 전국에 격문을 보내 승병을 일으킴. 별장 권응수權應銖, 영천성 수복. 경상좌병사 박진朴晉, 10,000여 군사로 경주를 공격하였으나 패배. 박진, 비격진천뢰를 이용하여 왜군을 격퇴하고 경주 수복.

9. 이정암李廷馣 등, 황해도 연안에서 왜군을 대파. 이순신李舜臣, 부산포에서 일본군 대파. 명 유격장군 심유경沈惟敬, 평양에서 일본군과 회친 교섭 시작. 좌포장 이장손李長孫 발명, 비격진천뢰飛擊震天雷 발명.

곽재우 초상(경남 의령 충의사)

7백의총(충남 금산, ⓒ정득진)

연도	한 국	동 양	서 양
1592	10.3(양 11.6). 왜적, 진주성을 포위. 10.10(양 11.13). 김시민, 진주에서 고니시 유키나가의 30,000여 왜군을 대파하고 전사. 10. 심수경, 아산에서 의병을 일으킴. 12.22(양 1593.1.24). 이여송李如松 등이 이끄는 명나라 원군 40,000, 압록강을 건너 조선에 도착. △ 이 해 •서양식 화포 불랑기佛狼機 처음 제작.		
1593	1.8(양 2.8). 평양 수복. 1.24(양 2.24). 명군, 벽제관 싸움에서 일본에 패배. 1. 정문부鄭文孚, 길주를 수복하여 함경도 평정. 2.12(양 3.14). 권율權慄, 행주산성에서 남하하는 일본군을 대파. 3.20(양 4.21). 권율, 도원수에 임명. 4.19(양 5.19). 일본군, 후퇴하기 위해 한강을 건너 경상도 해안으로 남하. 4.20(양 5.20). 한성 수복. 5. 심유경, 일본군 보영에서 화친을 논의. 6.19(양 7.17). 가토 기요마사, 진주를 다시 공격. 6.29(양 7.27). 10여일간의 공방 끝에 진주 함락되고 장의사 김천일金千鎰 등 전사. 6. 일본, 두 왕자를 돌려보냄. 8.6(양 8.31). 좌병사 고언백高彦伯, 가토 기요마사의	9. 여진, 누르하치, 여진의 여러 부를 제압하고 송화강 상류로 점차 세력 확대. 행주대첩비(경기 고양. ⓒ장득진)	9. △ 이 해 •오스만투르크, 신성로마제국과 교전.

연도	한 국	동 양	서 양
1593	공격을 물리치고 경주 방어. 8.19(양 9.13). 선조, 훈련도감 설치를 의논하라고 전교. 8.22(양 9.16). 훈련도감 사목 제정. 8. 일본군, 접수 시작. 명군도 접수 시작이듬해 완료. 이순신李舜臣, 삼도수군통제사가 되어 본영을 한산도에 둠. 9.25(양 10.19). 《기효신서紀効新書》를 명나라에서 사오도록 명함. 바닷물을 졸여 염초를 제작하는 방법을 명나라에서 배워오도록 명함. 명군 제독 이여송李如松, 유정劉綎·오유충吳惟忠 ·낙상지駱尙志 등이 거느리는 보병 10,000명만을 잔류시키고 철군.	 『기효신서』(규장각한국학연구원)	
1594	3.29(양 5.18). 군제를 진관체제로 전환. 3. 이순신, 고성 당항포에서 일본 수군 대파. (제2차 당항포해전) 4.12(양 5.31). 도총섭 유정惟政, 울산에서 가토 기요마사를 만나 고니시 유키나가와 심유경 간의 강화교섭에 대하여 논의. 5.17(양 7.4). 부모상을 당한 훈련도감 낭청 한교韓嶠를 기복起復시켜 《기효신서紀効新書》 번역을 마치도록 함. 9.11(양 10.24). 명군 총병 유정, 완전 철군. 9. 체찰사 윤두수尹斗壽, 김덕령金德齡 등에게 거제 주둔 왜군을 공격하게 하였으나 실패.	3.29. 무굴제국, 칸다하르를 점령.	

연도	한 국	동 양	서 양
1594	운주수 파직당함. 10.2(양 11.13). 이순신李舜臣·원균元均 등, 50여 척이 전함으로 장문포의 적 해군진지 공격. 10.11(양 11.22). 6진의 여진이 반란을 일으켰으나 곧 진압함.		
1595	3.3(양 4.12). 명나라 도사 장응룡章應龍 등, 전단 왜영에서 가토 기요마사와 회담. 3.23(양 5.2). 명나라 훈련교관 12명을 가도에 보전하여 군병을 교육케 함. 6. 고나시 유카나가, 일본에 들렸다가 웅천영에 돌아와 주둔. 7.12(양 8.17). 간도의 대도호부에 무학을 두어 군사를 양성케 함. 7. 도망병을 잡수한 일로 도원수 권율權慄을 파직하고, 이원익李元翼으로 원수부의 일을 겸임케 함. 9.4(양 10.6). 봉왜명사 이종성李宗誠 등, 한성에서 부산 왜영으로 출발.	3.3. 메월(안남). 정씨, 막씨를 격파하고 메월(안남을 통일.	△ 이 해 · 러시아. 코자크의 대반란 발생.
1596	7. 이몽학李夢鶴, 충청도 홍산에서 난을 일으켜 8개 고을을 장악하였으나 부하들에게 살해당함. 8. 의병장 김덕령金德齡, 이몽학의 난에 연루되어 죽음.	△ 이 해 · 무굴제국. 아버르, 인도 북부를 정복하고 인도를 통일.	△ 이 해 · 잉글랜드, 프랑스, 네덜란드 독립을 승인하고 네덜란드와 함께 대에스파냐 동맹을 결성.
1597	1.14(양 3.1). 약20만이 일본군, 다시 조선을 침략. 2. 이순신李舜臣, 무고로 하옥됨. 원균元均, 삼	1.14. 일본. 조선을 다시 침략. 제2차 조선·일본 전쟁(정유재란) 발발.	△ 이 해 · 잉글랜드, 아일랜드가 반란을 일으킴.

연도	한국	동양	서양
1597	도수군통제사가 됨. 3. 명, 양호(楊鎬)에게 조선 군무를 경략시킴. 3. 경리조선군무 양호가 이끄는 20,000여 명 군, 재출병. 7.16(양 8.28). 원균 휘하의 수군, 칠영도·고성 주원포에서 기습을 당하여 대패. 원균·이억기李億祺 등 전사. 7.22(양 9.3). 이순신, 다시 삼도수군통제사가 됨. 8.3(양 9.13). 일본군 진주 입성. 8.16(양 9.26). 일본군, 전라도 방면으로 침입하여 명 부총병 양원(楊元)을 패배시키고 남원성 점령. 9.7(양 10.16). 명, 직산전투에서 일본군 대파. 9. 이순신, 13척의 전선으로 명량에서 왜선 130여척과 싸워 대승. 10. 일본군, 울산과 순천 사이의 남해안으로 퇴각하여 주둔, 이순신함대, 목포 보화도로 본영으로 옮김. 12. 명나라 정리 양호(楊鎬)·도원수 권율(權慄) 등이 이끄는 조·명 연합군, 가토 기요마사가 주둔한 울산 도산성 공격.	7. 명. 양응용네에 의한 파주의 난 발생. 10. 명. 여유담, 안남도통사가 됨. 평랑대첩비(전남 해남 충무사, ©장득진)	 해남 명량해전 대첩지 울돌목(©장득진)
1598	1.4(양 2.9). 명나라 정리 양호, 도산성 공격에 실패.(명나라 군사 4,000여 명 사상) 1.26(양 3.3). 별도의 관청을 설치, 군적을 정비토록 함.	4.17. 명. 사록특의 요동 침공으로 이여송 사망.	△ 이 해 •프랑스, 낭트칙령으로 신교도에 대한 신앙 자유가 인정되고 위그노전쟁 종결.

연도	한 국	중 국	서 양
1598	1. 명나라, 동일원(董一元)·유정(劉綎)을 도독, 진린(陳璘)을 수군도독으로 삼아 추가 파병. 2.17(양 3.23). 이순신, 보화도에서 고금도로 본영을 이진. 4.16(양 5.20). 이순신, 고금도에서 왜선 50여 척과 싸워 대승. 7.25(양 8.26). 교사대(敎師隊)를 편성, 명 유격 허국위(許國威)에게 《기효신서(紀效新書)》의 창도(槍刀)·낭선(筤筅)·등패(藤牌)·요파(鈀)·조총(鳥銃) 등의 기예를 배워오도록 함. 8.22(양 9.22). 순천·서생포의 일본군, 철수 시작. 9.20(양 10.19). 조·명 연합군, 수륙으로 진병하여 울산 도산성의 기토 기요마사와 순천 왜교의 고니시 유키나가를 협격. 10.7(양 11.5). 조·명 연합군, 왜교의 고니시 유키나가 진영을 함락하지 못하고 후퇴. 11.19(양 12.16). 이순신(李舜臣), 노량에서 왜적을 대파하고 전사(1545~). 일본군 전원 철수. △ 이 해 · 선무사(宣武祠) 건립.	대완구(육군박물관)	현자총통(진주박물관) 별황자총통(국립중앙박물관)
1599	2. 명군 철수 시작. (이듬해 9월에 완료) 5.1(양 6.22). 여진족의 침입에 대비, 북부지방에 조총과 화약제조에 필요한 석류황을 보냄. 10.15(양 12.2). 피폐해진 경상우도 상주포(尙州浦) 등 4진을 임시로 혁파.		

연도	한 국	동 양	서 양
1600	1.3(양 2.17). 명 총독 손방희孫邦熙와 일본 정세와 화친 문제 논함.	9. 일본, 세키가하라의 전쟁 발발. 도쿠가와 이에야스, 도요토미씨를 제압.	
	1.6(양 2.20). 명 유격 송덕륭宋德隆, 조선병 훈련 책임 맡음.	△ 이 해	
	1.26(양 3.11). 지중추부사 이일李鎰, 북쪽 요량개 대책과 의병 포상·진관법 등 건의.	·매월(안남). 완씨, 거병하여 정씨(북부)와 매월(안남)을 양분.	
	1.28(양 2.13). 좌의정 이항복李恒福, 왜적 침입 방비책 논함.		
	4.8(양 5.20). 함경북도병마절도사 이수일李守一, 오랑캐의 전투 결과 보고.		
	4.11(양 5.23). 장양상張良相, 부산에서 왜선 2척을 나포.		
	4.14(양 5.26). 아둥을 뽑아 목극木健과 린별을 가른 집 것을 명함.		
	4. 호인 노토老土 등이 부령 침입을 격퇴.		
	5.5 (양 6.15). 명 제독 이승훈李承勳, 명군의 주둔과 군량 문제 논의.		
	5.8(양 6.18). 함경도관찰사 윤승훈尹承勳, 북쪽 요랑개 토벌의 시말과 전과 보고.		
	7.3(양 8.11). 함경북도병사 이수일李守一, 북쪽 요량개의 노략질 보고.		
	7.9(양 8.17). 통제사 이시언李時言, 정의 앞바다에 나타난 왜선 한 척의 격파 보고.		
	7.14(양 8.22). 북쪽 오랑캐 침입.		
	7.20(양 8.28). 주문사 남이신南以信, 중국 정세 보		

연도	한국	동양	서양
1600	고. 요동의 정세 탐지와 국경의 방비 강화 지시. 8.1(양 9.7). 명 통판 도양성陶良性, 명군 접수 통보. 8.3(양 9.9). 명군 남병 1,000명이 도성 내 주둔 요청. 9.1(양 10.7). 명군 철군. 9.13(양 10.19). 명군 철군으로 빈 부산의 방비 대책과 방병에 대해 지시. 9.27(양 11.2). 왜란 이후 재료 제정한 병령과 사목 중 준천도감과 관계되는 것 이외의 것을 일체 혁파. 습진과 연재의 절차 명령. 11.16(양 12.21). 도제찰사 이원익李元翼, 변방의 양병책과 군적 관리 문제 건의, 시행. 12.9(양 1601.1.12). 군사들의 부방 원칙 준수 지시.		
1601	5.21(양 6.21). 포후 납砲哺法에 능한 명나라 사람 손응룡孫應龍에게 독약毒藥·해소海硝·지뢰포地雷砲 등의 제조법을 배우도록 함. 10.28(양 11.22). 각 목장마牧場馬, 24,000여필에서 전쟁 후 10,200여필로 격감.	8. 명. 이성량, 요동에 진수.	
1602	8.12(양 9.27). 무과 규정을 제정비하여 관리를 강화하도록 함. 12.5(양 1603.1.16). 쓰시마 도주 소오 요시토시宗義智, 사신을 보내 강화를 촉구.		
1603	6.14(양 7.22). 쓰시마 도주, 서계를 보내 제자 화호和好를 요청.		

연도	한 국	동 양	서 양
1603	10.7(양 11.9). 사천射賤을 훈련도감 군사로 삼는 것을 금함.		
1604	6.25(양 7.21). 호성공신扈聖功臣 86명, 선무공신宣武功臣 18명, 청난공신淸難功臣 5명 선정. 12.16(양 1605.2.3). 훈련도감, 선조가 내린 《기효신서紀效新書》·《연병실기鍊兵實紀》·《왜정비람倭情備覽》 등을 진서하고, 수정한 《조련도식操鍊圖式》·《권보신서紀效》 등을 올림. 《연병실기鍊兵實紀》·《기효신서紀效新書》·《조련도식操鍊圖式》·《권보拳譜》 등을 인출토록 함. 12.21(양 1605.2.8). 육산산성有山山城을 수축토록 함. 선조, 우리나라 산성제도의 문제점 지적. △ 이 해 ·3도수군통제사영, 거제도에서 고성 두룡포로 이전.	△ 이 해 ·명. 무창의 중인 온진 등이 난 발생.	
1605	3.15(양 5.2). 홀라온忽剌溫 여진, 기병 8,000여 명으로 동관童關을 함락. 4.16(양 6.2). 선무원종공신宣武原從功臣 9,060명, 호성원종공신扈聖原從功臣 2,475명, 청난원종공신淸難原從功臣 995명 선정. 4.20(양 6.6). 선조, 척계광戚繼光의 병서만 쓰지 말고 우리 실정에 맞는 병서를 만들 것을 훈련도감에 지시.		3.15. 폴란드, 러시아의 내란에 간섭.

연도	한 국	동 양	서 양
1605	7.2(양 8.15). 경기 죽주산성竹州山城 완성. 12.14(양 1606.1.22). 의주 체자도替子島 천사연청天使宴廳 앞에 지계地界를 작은 비석 건립.		
1606	5.6(양 6.10). 명나라와 염초鹽硝 무역 시작. 9.3(양 10.4). 《연병실기鍊兵實紀》 인쇄, 반행 12.24(양 1607.1.21). 나대용羅大用이 고안한 쟁선鎗船을 건조하여 시험해 보도록 함.		△ 이 해 · 네덜란드, 지브롤터에서 에스파냐 함대 격파.
1607	1.4(양 1.31). 일본에 파견할 회답쇄환사回答刷還使에게 조총을 구입해 오도록 할 것을 명함. 2.6(양 3.3). 건주여진 주장 누르하치, 중성 오갈암烏碣巖에서 홀라온忽剌溫과 싸워 대승. 4.3(양 4.28). 무경칠서武經七書 300여 질을 인쇄하도록 명함.		
1608	8.14(양 9.22). 해적선 8척, 법성포의 조운선 탈취. 9.9(양 10.17). 군산도의 해적, 부안 지역에서 상선 약탈. 9.15(양 10.23). 북도의 사전군을 정군으로 함. △ 이 해 · 황해도 연안延安에 연성대첩비延城大捷碑 건립.		
1609	1.18(양 2.22). 북쪽 변방 방어 체제 수립 지시. 교 동별장을 한 담 기한으로 교체하라고 신칙. 1.24(양 2.28). 새로 진이 설치된 백령도에 둔전 설치를 명함. 9.28(양 10.25). 서해 조암도에서 중국 해적선 나포.	12. 일본, 시마즈씨, 유구를 점략.	4. 에스파냐, 네덜란드와 휴전. 네덜란드 독립을 사실상 인정.

연도	한 국	동 양	서 양
1610	1.16(양 2.9). 중국에서 화약을 수입하게 함.		1.13. 폴란드, 폴란드군, 모스크바 점령.
1612	2.28(양 3.30). 해안 방어 강화를 위해 경상·전라도에 순무어사巡撫御史를 파견하도록 함. 9.12(양 10.6). 비변사, 병선을 상선으로 꾸며 해적들을 유인, 나포하여 섬멸할 것을 건의.		
1614	6.25(양 7.31). 평안도에 갑주甲冑·장구裝具·상현궁上絃弓·장편전長片箭·동개筒兒·구구환求具環·삼지창三枝鎗·당파鏜鈀·장검長劍·조총鳥銃·전죽箭竹 등 각종 무기를 보냄. 7.8(양 8.12). 명나라의 군사원조 요청에 대해 논의. 7.21(양 8.25). 화기도감, 화기 제조에 필요한 조치를 건의, 시행. 7.23(양 8.27). 서족변장에 대비하여 대포 주조, 보관토록 함. 7.29(양 9.2). 《국조정토록國朝征討錄》을 등시, 반포록 함.	7.8. 일본, 도쿠가와 이에야스, 오사카 토벌군 20만명 거병.	
1615	4.29(양 5.26). 성진城津에 진을 설치하고 첨사를 파견하기로 함. 11.19(양 1616.1.7). 훈련도감, 군기시의 철 2,000근으로 조총을 제작할 것을 건의, 시행. △ 이 해 ·좌수영대첩비左水營大捷碑 건립.	△ 이 해 ·여진. 처음으로 만주의 전국을 8개 군단으로 나누고 황백홍람기와 가기에 테두리를 둘러 만든 기를 합해 8가지 깃발을 각 군단의 표지로 삼은 '팔기'의 군제(소수의 만주인이 다수의 한인을 지배하는 조식이 됨)' 제정.	△ 이 해 ·네덜란드, 포르트강곶부터 인도네시아을 탈취.
1616	4.17(양 5.31). 중익부忠翊府를 충익위忠翊衛로 개정. 5.4(양 6.17). 도성 수축을 명함. 5.11(양 6.24). 강화도에 유사有司당상을 두도록 함.		

연도	한 국	동 양	서 양
1617			△ 이 해 • 러시아. 스톨보보조약으로 스웨덴에게 발트해 연안 지역을 양도.
1618	4.13(양 5.7). 무겸선전관武兼宣傳官 30인 증치. 윤4.24(양 6.16). 비변사, 명나라의 군대 파견 요청을 수용하자고 건의. 6.7(양 7.28). 정병에 관한 일을 조보에 싣지 말게 함. 6.10(양 7.31). 각도의 연한이 다 된 병선을 올려보내도록 하여 수리하여 쓰도록 명함. 6.14(양 8.4). 평양성을 수비하게 함. 7.1(양 8.20). 군기시·훈련도감에 대장군전·진천뢰·독시·식류화전 등의 병기 제조를 명함. 7.4(양 8.23). 경기 포천·영평을 합쳐 영평 판관을 설치하고 외영을 둠. 7.7(양 8.26). 여진에 대비, 전함 점검과 수전 훈련을 명함. 7.22(양 9.10). 여진 기병에 대비하여 철엽 방어 갑화를 명함. 10.8(양 11.24). 병기주조도감, 한도 1,000여 사두제작에 필요한 한도장 모집을 요청.	윤4.24. 후금, 누르하치, 명과 개전하여 무순과 청하를 함락.	△ 이 해 • 신성로마제국, 보헤미아의 신교도 반란을 계기로 30년전쟁(유럽 좌후, 최대의 종교전쟁) 시작.(유럽 각국이 가담하면서 정치를 앞세운 국제전으로 비화) • 표로이센공국, 브란덴부르크 변경백령과 합병하여 브란덴부르크-프로이센 형성.
1619	1.6(양 2.19). 비변사, 도로교遷군 15,500여 명에게 지급할 군포 마련 방안 보고. 1. 명나라의 요청으로 평양포수 400명 파견. 2.1(양 3.16). 명나라에 10,000명의 원군 파견.	1. 후금, 누르하치, 심양 사르후산 싸움에서 명군을 대파.	

연도	한 국	동 양	서 양
1619	2.21(양 4.5). 명의 요청으로 후금 정벌에 나선 강홍립姜弘立의 원군 13,000명, 강을 건너 명 장수와 만남. 3.4(양 4.17). 명에 간 원군, 부거富車에서 후금에 대패하여 김응하金應河 등 전사하고, 도원수 강홍립 등은 후금에 투항. 6.7(양 7.17). 우의정 조정趙挺을 보내 강화의 방비 태세를 점검.		
1620	5.11(양 6.11). 병조兵曹판리에 대한 2품 이상 대신들의 의견을 수렴하도록 명함.		
1621	5.10(양 6.29). 삼수군 훈련 독려. 6.11(양 7.29). 광해군, 후금이 이주를 우회하여 군 장성을 공격할 경우에 대비한 방어책을 마련하도록 비변사에 지시. 7. 명 장수 모문룡毛文龍, 국경을 넘어 서북진에 주둔. 9.5(양 10.19). 신봉변新烽邊을 파하여 속오군의 절반을 제우도록 함. 12.15(양 1622.1.26). 후금의 대군, 도강하여 모문룡을 신천에서 습격.	2. 후금, 심양과 요양을 점령.	5.10. 네덜란드, 대에스파냐 독립전쟁 재개.
1622	1.27(양 3.8). 후금의 침략에 대비, 곽진정郭震楨에게 승군 모집을 지시. 4.27(양 6.5). 도성안의 진병을 북방에 보내지 말게 함. 7.20(양 8.26). 하삼도의 방어를 위해 수원의 독성,	5. 명, 산동에서 백련교도의 난 발생. 6. 무굴제국, 간다하르 지역을 페르시아에게 상실.	△ 이 해 •네덜란드, 네덜란드 함대, 마카오를 공격. (이듬해, 펑후도 점령)

연도	한국	동양	서양
1622	공주의 금강에 요새 설치. 7.22(양 8.28). 이순신이 만든 방식으로 거북선을 제작하도록 전라 좌·우수사에게 명함. 10.30(양 12.2). 병기도감에서 조총 900여자루, 대포 90문 제조.		
1623	4.22(양 5.20). 여진 기병에 대비하기 위해 전차 사용을 검토하도록 명함. 5.11(양 6.8). 수령이 겸하는 방어사, 조방장을 선별하여 폐지. 6.1(양 6.28). 관찰사가 군안에 오른 자에게 수포하는 행위를 금하여 군율로 다스리도록 함. 10.29(양 11.21). 전라도 부방군 2,200명을 평안도로 파견. 윤10.9(양 11.30). 경상도 부방군 2,900명을 평안도로 파견.		
1624	1.24(양 3.13). 부원수 이괄李适, 반란을 일으킴. 2.11(양 3.29). 관군, 한성 안현에서 이괄의 군사를 격파. 4.24(양 6.9). 일본으로 가는 회답사에게 조총과 환도를 구입해 오도록 명함. (이후, 회답사 정립鄭岦의 신의문 증지) 5.24(양 7.9). 각궁 500장과 장전 1,000부를 평안도로 보냄. 5.28(양 7.13). 제주에 궁대弓俗를 만들어 올리도록 함.		

연도	한 국	동 양	서 양
1624	7.2(양 8.15). 중국에서 염초 2,000근을 추가 구입하도록 함. 7.28(양 9.10). 이서李曙가 관장하던 경기의 군사를 총융군으로 함. 8.5(양 9.17). 전총을 두어 경기 우도 군사를 총령하기로 함. 10.11(양 11.21). 이귀李貴, 도감과 어영청의 조직과 조련법을 개선할 것을 건의. 11.9(양 12.18). 총융사 이서, 경기 군사 점열 결과와 대오 편제 내역을 보고. 12.29(양 1625.2.6). 서로西路의 공한지에 둔전을 설치하도록 함.		3.7. 덴마크, 크리스티앙4세, 30년전쟁에 참가. (30년전쟁 제2기 돌입)
1625	1.3(양 2.9). 총융사 이서, 총융군의 조직과 훈련방안을 건의. 3.7(양 4.13). 지뢰포地雷砲를 서북지방 요새에 비치. 5.10(양 6.14). 황해도·평안도의 군병 보강. 6.23(양 7.26). 남한산성에 행궁을 짓도록 명함. 7.20(양 8.22). 호패법을 실시할 것임을 8도 감사에게 하유. 8.3(양 9.4). 삼혈총·조총 각 1,000자루를 제작하여 경기 군병에게 나누어 주도록 함.	11.25. 무굴제국, 장군 아하바트 한, 반란을 일으킴.	
1626	6.5(양 6.28). 호패청號牌廳, 남정男丁 123만여 명을 주목, 총 226만여 명임을 보고. 7.22(양 9.12). 남한산성 공사 2년 만에 완공. 8.4(양 9.23). 사간원, 군정변통사무軍政變通事目의 미	△ 이 해	•프랑스, 랑그도크·세벤느의 반란 발생. •덴마크, 크리스티앙4세, 루텐 싸움에서 대패.(30년전쟁)

연도	한 국	동 양	서 양
1626	진헌 점을 아룀. 11.21(양 1627.1.8). 노제군사老除軍士에 대한 남포納布 폐지. 11.25(양 1627.1.12). 각 읍의 월과 군기月課軍器를 임시 폐지. 12.26(양 1627.2.11). 한성부 군적 완료.(5부 군사 1,972명)		
1627	1.13(양 2.28). 후금, 30,000명의 병력으로 조선에 대거 침입. 조선-후금 전쟁(정묘호란) 발발. 1.16(양 3.3). 의주 함락. 1.18(양 3.5). 호패법 시행 중단의 뜻을 8도 감사에 하유. 1.21(양 3.8). 능한산성 함락 소식에 세자의 분조分朝를 논의. 1.24(양 3.11). 후금군, 평양 함락. 1.26(양 3.13). 인조, 강화도로 파신. 2.11(양 3.27). 유도대장留都大將에 김상용金尙容 임명. 2.13(양 3.29). 후금대표와 강화 담판 시작. 2.18(양 4.3). 전주정시문과 실시.(4인 급제) 3.3(양 4.18). 후금과 화약. 3.18(양 5.3). 정봉수鄭鳳壽의 의병부대, 용골산성 전투에서 많은 적을 섬멸 4.19(양 6.2). 모문룡毛文龍이 군대, 정주·안주 안흥 장 등을 약탈. 4.20(양 6.3). 비변사에서 영장절목營將節目을 올림.	1.13. 베트남(후여조), 완씨와 정씨의 항쟁 격화.(베트남을 남북으로 분할) 1.13. 후금, 조선을 침략, 조선-후금 전쟁(정묘호란) 발발.	용골산성(ⓒ정창현)

연도	한 국	동 양	서 양
1627	각 도별로 3·5영을 설치하여 진압영장을 두도록 함. 5.10(양 6.22). 작상산성을 수축하도록 함. 6.10(양 7.22). 병조, 지감·산형총통·지뢰포·거마작拒馬作 등의 병기 제작을 건의. 9.11(양 10.19). 평안·황해도에 둔전 설치를 명함. 9.27(양 11.4). 훈련도감에 편고군編雇軍 신설. 11.1(양 12.8). 쓰시마에서 조총과 화약을 들여옴.		
1628	9.14(양 10.10). 지뢰포 운용에 필요한 염초·석류황 및 지감을 평안병사에게 보냄. 10.2(양 10.28). 모문룡의 군대, 의주 인데에 집어 듦. 10.19(양 11.14). 6진 방비 강화. 11.17(양 12.12). 훈련도감, 조총 1,669자루, 장 1,370자루를 제조했다고 보고.		
1629	1.9(양 2.1). 능마아청能麼兒廳 개설. 4.13(양 5.5). 중어춤来檝, 용호기龍虎車 제작. 5.9(양 6.29). 모문룡의 군대, 이산 등지의 주민 약탈. 7.29(양 9.16). 명나라의 부총 진계성陳繼盛, 가도의 군무 장악. 9.2(양 10.17). 중앙사 이서李曙, 경기와 강도江都의 속오군 규모를 보고.(경기 15,235명. 강도 2,681명)		1.9. 프랑스, 알레스의 평화조약으로 위그노전쟁 종결. △ 이 해 · 덴마크, 크리스티앙4세, 독일 문제에 불간섭을 약속. (30년전쟁)
1630	1.7(양 2.18). 역증이 다른 역을 지지 않도록 함. 1.8(양 2.19). 군적 완성. 3.2(양 4.14). 대열大閱 실시.		1.7. 스웨덴, 구스타브 아돌프왕, 30년전쟁에 개입.(30년전쟁 3기에 들어감)

연도	한 국	동 양	서 양
1630	3.17(양 4.29). 명나라 장수 유흥치劉興治의 군대, 이주성을 노략질. 7.23(양 8.30). 서정군西征軍 해산. 8.3(양 9.9). 중영사 이서, 선사宣沙·노강老江·광량廣梁·황梁에 거진 설치를 건의. △ 이 해 ·30명으로 무감武監(무예별감武藝別監) 설치.		
1631	3.22(양 4.23). 황해감사 성준구成准耈, 강도 방어를 위해 수양睡陽·구월九月·서흥瑞興 산성 수축을 건의. 7.12(양 8.9). 정두원鄭斗源, 명나라에서 천리경千里鏡·서포西砲·자명종自鳴鐘·염초화焰硝花 등을 가져옴. 7.19(양 8.16). 훈련도감 군졸이 다른 기술을 학습하는 것과 포보砲保에 대한 수포收布 금지. 8.6(양 9.1). 군기시에 별조청別造廳을 설치하여 화기를 만들게 함. 9.7(양 10.2). 운산 용각산성龍角山城 수축을 명함. 10.5(양 10.29). 남군南軍은 안주安州에 들어가 10개월간 지키고 교체하도록 정함.	6. 명. 이자성의 난 발생. △ 이 해 ·무굴제국, 후글리, 포르투갈 식민지 격파.	·프랑스, 이탈리아에서 에스파냐군과 전쟁. (사보이 점입) ·프랑스, 베르됭조약으로 스웨덴과 동맹 체결.
1632	4.21(양 6.8). 강도江都 무기고, 화재로 전소.	△ 이 해	△ 이 해 ·스웨덴, 리첸 싸움에서 발렌슈타인에 대승했으나 구스타브 아돌프왕은 전사.(30년전쟁)
1633	1.11(양 2.18). 윤조인尹調元을 둔전사에 임명하고		1.11. 잉글랜드, 벵골만에 진출.

연도	한국	동양	서양
1633	서로에 둔전 설치. 1.19(양 2.26). 자산군慈山郡 읍지를 자모산성慈母山城으로 옮김. 훈련도감·군기시의 궁사·화약을 서로西路로 수송하도록 함. 군량 확보를 위해 호별로 쌀을 걷는 방안 논의. 삼남의 주사舟師를 강도江都에 모이도록 함. 1.30(양 3.9). 임경업林慶業을 청북방어사에 임명. 3.4(양 4.11). 군량을 연주로 이송. 6.21(양 7.26). 의주 백마산성白馬山城을 수축토록 함. 10.8(양 11.19). 정두원鄭斗源이 북경에서 배워 온 염초 생산법을 이용. 경상 병영의 염조 생산량 크게 증가. 10.19(양 11.20). 수군·육군의 급보 규정 개정. △ 이 해 · 유숙柳潚, 유성룡의 《서애집西厓集》 간행.		
1634	5.14(양 6.9). 훈련도감에서 기병 육성을 위해 장안을 주가 신발. 9.6(양 10.27). 명 감군監軍 황손무黃孫茂·중군援兵 제 유격柳格 등, 군사 30,000을 이끌고 가도假島에 정박.		5.15. 잉글랜드, 아메리카에 메릴랜드 식민지 건설. △ 이 해 · 포르투갈, 에스파냐의 지배에 대항하여 반란을 일으킴. · 스웨덴, 네르토닝겐 싸움에서 참패.(30년전쟁)
1635	1.8(양 2.24). 가도의 명군에게 선박 40척을 이송. 11.30(양 12.11). 황해도의 속오군 2,000명을 보내 안		11.3. 프랑스·네덜란드, 30년전쟁에 직접 참가. △ 이 해

연도	한국	동양	서양
1635	주를 지키게 함. 11.7(양 12.15). 평안도 삼수장무대三手硾武隊 3,280명, 황해도 중무군무대出武軍兵 3,000명을 안주로 보내 지키게 함. △ 이 해 •《화포식언해火砲式諺解》·《신전자취염초방언해新傳煮取焰硝方諺解》 합본 간행.		•신성로마제국, 프라하의 화약 성립으로 신교 중심 인물인 작센 선제후가 황제와 휴전.(30년전쟁)
1636	3.4(양 4.9). 화약·장신·편전·통아·죽가궁·지감·조총 등의 무기를 의주에 보내도록 함. 4.6(양 5.10). 부언수 신경원申景瑗에게 북군 100명을 보냄. 7.4(양 8.4). 군적에 등록된 각색군인과 속오군 중 118,825명 중 속오군에 편입된 충수는 겨우 86,073명에 불과. 7.14(양 8.14). 김류金瑬, 영의정에 임명. 8.2(양 8.31). 비변사, 평안도·전라도의 정원 외 교생 각 1,300명을 신병하여 부대를 구성할 것을 건의. 9.5(양 10.3). 최명길崔鳴吉, 장나라와 단교의 잘못을 상소. 11.21(양 12.17). 군기시의 화약 4,000근을 강화도로 운반. 12.10(양 1637.1.5). 청군 침입, 조선·청 전쟁(병자호란) 발발. 12.14(양 1637.1.9). 인조, 남한산성으로 피난.	△ 이 해 •청, 조선을 침략, 조선·청 전쟁(병자호란) 발발. 남한산성 성벽(©정득진)	7.4. 에스파냐, 프랑스에 침입.(30년전쟁) △ 이 해 •잉글랜드, 로드아일랜드에 식민지 건설.

연도	한 국	동 양	서 양
1636	12.24(양 1637.1.19). 청병, 남한산성 포위.(남한산성 수비군 10,400여 명) △ 이 해 • 석지형石之珩, 《남한일기南漢日記》 지음.		
1637	1.22(양 2.16). 강화도 함락. 각도의 근왕병, 청군에게 패배. 1.30(양 2.24). 인조, 삼전도에서 청 태종에게 항복. 청군으로 돌아옴. 2.2(양 2.26). 각 도의 군사를 파함. 4. 청군, 가도의 명군 격파. 10.20(양 12.5). 훈련도감에 포수들의 포수들로 7국 설치. 포수문자 무과 중시를 국중신물中擧身物이라 징함.	1. 일본, 시마바라의 난 발생.	△ 이 해 • 스코틀랜드, 영국교회에 반대하는 민란 발생.
1638	2.24(양 4.8). 어영군의 사수를 시재.		△ 이 해
1639	7.13(양 8.11). 경상도 신산 금오산성 금오산성金烏山城을 증축하도록 함. 10.8(양 11.2). 승려 각승을 도총섭에 임명하여 무주현 적상산성赤裳山城을 수호하도록 함. 12.10(양 1640.1.2). 청나라의 압박으로 남한산성의 신축한 곳을 헐도록 함.		△ 이 해 • 잉글랜드, 코네티컷 식민지 건설 • 잉글랜드, 제1차 주교전쟁. • 프랑스, 노르망디에서 농민 폭동 발생. • 네덜란드, 에스파냐 해군을 격파.
1640	1.6(양 1.28). 무주 적상산성을 수축토록 함. 윤1.25(양 3.17). 경상좌도 민정 2,400명을 뽑아 병자호란 전사자의 군역을 보충하도록 함. 5.21(양 7.9). 승려 각성을 전라도 총섭으로 임명하여 적상산성을 지키도록 함.		7.11. 포르투갈, 에스파냐로부터 독립.(포르투갈 왕국 부활) △ 이 해 • 잉글랜드, 제2차 주교전쟁.

연도	한 국	동 양	서 양
1640	7.11(양 8.27). 청나라, 임경업(林慶業)이 인솔한 수군의 소극적 전투를 질책. 12.19(양 1641.1.29). 청국에 원군 파병을 반대한 김상헌(金尙憲) 등, 청국으로 압송.		
1641	5.4(양 6.11). 유림(柳琳)의 군사, 금주위(錦州衛)에 이르러 교전. 9. 왕세자, 이완(李菀)·임경업(林慶業) 등과 함께 청나라의 금주성 공격에 참가.		5.4. 영글랜드, 아일랜드에서 구교도 반란 발생.
1642	11.6(양 11.27). 명과 내통한 혐의로 청나라로 압송되던 임경업, 황해도 금교(金郊)에서 도주.	△ 이 해 •청. 한군팔기(한인으로 편성된 팔기)를 완성.	△ 이 해 •영글랜드, 의회군과 찰스1세의 왕당군 사이의 내란 대두.(청교도혁명)
1644	7. 임경업이 명에 투항했다는 정보 입수.	3. 명. 이자성, 북경을 함락. 의종(숭정제) 자살. 4. 청. 이자성 군대를 산해관에서 격파.	△ 이 해 •영글랜드, 올리버 크롬웰, 마스턴 무어전투에서 왕당군을 격파.(청교도혁명) •신성로마제국, 베스트팔렌에서 열린 국제회의에의해 유럽 대부분이 그리스도교국구어 참가.
1645	2.23(양 3.20). 청에 잡혀있던 최명길(崔鳴吉)·김상헌(金尙憲) 등을 귀환.	5. 청. 남경을 함락하고 복왕을 사로잡음. 9. 청. 이자성, 오삼계와 청군에 토벌되어 자산.	△ 이 해 •영글랜드, 의회군, 네스비 전투에서 왕당군 격파.(청교도혁명)
1646	4.6(양 5.20). 필내에서 호위하던 호위청 군권을 해산시킴. 12.1(양 1647.1.6). 정초군(精抄軍)으로 대진과 세자궁을 호위하게 함.	청. 정성공, 청군에 저항.	△ 이 해 •영글랜드, 찰스1세, 스코틀랜드군에 투항.
1647	△ 이 해		

연도	한국	동양	서양
1647	·조수이遭讐論, 유성룡柳成龍의 《징비록懲毖錄》 간행.		
1648	7,8(양 8.26). 군기시, 파손된 병기의 규모와 수리대책을 보고. 9.18(양 11.2). 비변사에서 각도 군병의 궐액關額을 보고. 총 251,623인.		8. 잉글랜드, 크롬웰, 프레스톤 전투에서 스코틀랜드의 왕당군 격파. 크롬웰의 군대가 잉글랜드에서 우위를 차지하게 됨. 10. 신성로마제국, 베스트팔렌조약 체결로 30년전쟁 종식.(아우크스부르크화의 원칙이 재확인되고 칼뱅파 공인과 독일 연방의 완전한 주권 인정 등으로 신성로마제국이 실질적으로 멸망) △ 이 해 ·프랑스, 베스트팔렌조약으로 알사스와 로렌의 일부 영토를 획득. ·신성로마제국, 베스트팔렌조약으로 외교권과 강화권이 인정된 연방국가로 분열.(독일 통일 가능성이 희박해짐) ·스위스·네덜란드, 베스트팔렌조약으로 국제적으로 독립이 승인됨. ·스웨덴, 베스트팔렌조약의 영향으로 북해와 발트해의 패권을 장악.
1649	4.12(양 5.22). 군기시 별조청別造廳에서 지총紙銃 100정 제조.		1.30. 잉글랜드, 찰스1세를 처형. 공화국 수립. △ 이 해 ·러시아, 폴란드와 스포르프화약 체결.
1650		△ 이 해 ·청, 장성공, 금문에서 붕기.	2. 프랑스, 제2차 프롱드난 시작. 9.30. 잉글랜드, 크롬웰, 덴버 전투에서 스코틀랜

연도	한 국	동 양	서 양
1650		•일본. 농민의 청포 소지를 금지.	드:군을 격파.
1651	2.23(양 4.12). 조선-일본 전쟁(임진왜란) 때 전라도 연해에 두었던 통영의 첨방군僉防軍 폐지. 7.26(양 9.10). 죽산영을 남한산성으로 이속시켜 수첨군守僉軍으로 삼음. 10.25(양 12.7). 무과·시취에 첩전鐵箭 대신 유엽전柳葉箭을 사용하도록 명함.		2.23. 잉글랜드, 올리버 크롬웰, 영국의 상업과 해운업을 보호할 목적으로 '항해조례'를 발표.(네덜란드 해상 무역에 큰 타격을 가해 양국 간 전쟁의 원인이 됨)
1652	1. 승군을 각도에 배정. 6.29(양 8.3). 이영군 화네 개편. 9.3(양 10.5). 효종, 금군별장을 불러 기사騎射법과 무기의 문제점을 정과 비교하여 지적. 9.12(양 10.14). 정포井浦·목포鰲浦·점우鰲串 세 진에 각각 경쾌선輕快船을 만드도록 함. 9. 남한산성에 대포 300문을 비치하여 방비.	△ 이 해 •청. 러시안인과 충돌하여 송화강에서 대구모로 교전.	6. 잉글랜드·네덜란드, 제1차 영국-네덜란드 전쟁 발발. △ 이 해 •잉글랜드, 아일랜드를 제압.
1653	6.13(양 7.7). 전라도 격포格浦와 성계산성聖鷄山城을 수축하기로 함.		△ 이 해 •러시아. 우크라이나를 병합.
1654	2.2(양 3.20). 청나라, 러시아 정벌에 조선 조총병 지원 요청. 3. 변급邊岌, 조총병을 가느리고 김림으로 출발. 7.2(양 8.13). 변급 등, 흑룡강에서 러시아군 격파하고 규환. (제1차 나선정벌) 8.9(양 9.19). 영상도에 수오군 금보법給保法 시행.		4.5. 잉글랜드, 웨스트민스터 조약으로 네덜란드와의 전쟁(제1차) 종결. 영국의 해상 제패 완성. △ 이 해 •포르투갈. 네덜란드 소유의 브라질 탈취. •러시아. 폴란드로부터 분리된 우크라이나를 병합함.

연도	한 국	동 양	서 양
1655	8. 능마아청(能麽兒廳)을 설치하여 무관들에게 군사학 강의.		8. 잉글랜드, 중앙아메리카의 자메이카가 점령.
1656	1.8(양 2.2). 함경도 삼수 읍성을 쌓도록 함. 1.28(양 2.22). 금위군에게 협수단의(挾袖短衣)를 입도록 명함. 7.18(양 9.6). 표류해온 네덜란드인을 통해 조총을 새로 제작.		7.18. 잉글랜드, 에스파냐를 격파. △ 이 해 ·포르투갈, 네덜란드 상선이 침입으로 식민지 붕괴. ·네덜란드, 포르투갈로부터 실론 섬 탈취.
1657	1.23(양 3.7). 5,650명인 훈련도감 소속 군사를 10,000명 수준으로, 어영청 소속 군사를 20,000명 수준으로 늘리게 함. 3.4(양 4.17). 청나라가 조총을 요구하여 100정을 수출.		
1658	3. 청나라, 러시아 정벌에 조총병 200명 지원 요청. 5.1(양 6.1). 신유(申瀏), 조총병을 이끌고 회령에서 영고탑으로 출발. 8.27(양 9.24). 신유, 흑룡강에서 러시아군을 대파하고 회령으로 귀환. (제2차 나선정벌)	△ 이 해 ·청, 운남을 정복.	△ 이 해 ·덴마크, 베스트로조와 체렴로 스웨덴에 스칸디나비아반도를 할양. ·러시아, 네르친스크에 축성.
1659	윤3.28(양 5.18). 남해(南海) 전석지에 충무공 이순신의 비석 건립.		11. 에스파냐, 피레네조약으로 국제적 지위가 약화되고 포랑스가 루실리온과 아르트와 등을 획득.
1660	6.5(양 7.11). 삼도 각 영장에게 병부를 보냄. 7.13(양 8.18). 가산신성(嘉山新城)의 수축을 명함. 11.8(양 12.9). 강좌도 정족산성(鼎足山城) 안성. 실록을 성내 사고(史庫)로 옮기도록 함.	△ 이 해 ·청, 백문선, 미얀마를 공략.	△ 이 해 ·스웨덴, 코펜하겐조약과 올리버조약 체결로 발트해의 패권을 재확인. ·폴란드, 포로이센에서의 종주권 상실.

연도	한 국	동 양	서 양
1661		명. 정성공, 네덜란드인을 항복시키고 타이완(정씨타이완)에 정착해 거점 마련.(정성공의 손자인 정극상, 1683년 청에 투항하기까지 타이완 지배)	△ 이해 •잉글랜드, 포르투갈로부터 뭄바이 획득. •네덜란드, 포르투갈에 브라질 양도.
1662	3.26(양 5.13). 병조, 경상좌도의 군안(軍案) 개정을 건의. 2.2(양 3.21). 노량의 이순신 사우(祠宇)에 사액(賜額)할 것을 명함.	청. 오삼계, 미얀마에 침입하여 영명왕 살해. 명의 세력 완전 소멸.	4.
1663	1.17(양 2.24). 평안도·함경도 무사를 시취하여 병조에서 뽑아 쓰도록 함. 7.8(양 8.10). 훈련되 누락된 자들은 수군에 충정하거나 변방으로 보내도록 함. 10.5(양 11.4). 통영의 이순신 사우에도 노량과 같은 충렬(忠烈)로 사액.		△ 이해 •잉글랜드, 남·북캐롤라이나 식민지 건설. •잉글랜드, 서아프리카 감비아강에 요새 구축.
1664	1.10(양 2.6). 경상감사 이상진(李尙眞), 양산군수 안명로(安命老)의 《연기신편(演機新編)》을 바침. 8.24(양 10.13). 금군을 검열. 내금위·겸사복·우림위 총 672명.		△ 이해 •오스만투르크, 장크토·고트하르트 싸움에서 신성로마제국과 프랑스에 패배하고 신성로마제국 황제와 바스바르조약 체결. •잉글랜드, 누자지 식민지 건설. •잉글랜드·네덜란드, 제2차 영국-네덜란드 전쟁 발발. 영국군, 아메리카의 네덜란드령 누암스테르담을 점령하고 뉴욕으로 호칭.
1665	1.23(양 3.9). 남한산성이 화재로 화약 15,000여 근 소실. 5.5(양 6.17). 무과 합격자 179인을 금군에 배속.		

연도	한 국	동 양	서 양
1665	5.17(양 6.29). 황해도·평안도의 병선을 수리하고 조총을 보내주도록 함. 5. 통제영에서 불랑기 50정, 정철조총 200문을 만들어 강화도에 보냄.		
1666	2.7(양 3.12). 강화 덕포진을 통진으로, 철곶진을 풍덕으로, 정포진을 교동으로 이전. 11.4(양 11.29). 10세 미만의 군녀 출정을 금하는 금령을 거듭 밝힘.		
1667			△ 이 해 •잉글랜드, 브레다조약 체결로 네덜란드와 강화. 누욕이 정식으로 잉글랜드령이 됨.
1668	2.9(양 3.21). 중이의 가운데 입적人籍되지 않은 자를 찾아 제범하도록 함. 12.27(양 1669.1.28). 정초청精抄廳을 설치하여 병조의 군사행정권 강화.		12.27. 프랑스, 아헨조약 체결. 루이14세, 벨기에 일부를 얻음. △ 이 해 •에스파냐, 포르투갈의 독립을 승인.
1669	3.10(양 4.10). 감포 조휼通惠 서원에 사액토록 함. 4.23(양 5.22). 강화 철곶진과 정포진을 및 지외으로 다시 옮기도록 함. 7.23(양 8.19). 훈련별대訓鍊別隊를 창설하도록 함.	△ 이 해 •인도, 힌두교도인 자트족, 무굴왕조에 대해 반란을 일으킴.	△ 이 해 •오스만투르크, 크레타 섬 병함. •이탈리아, 베네치아, 크레타 섬과 동지중해의 모든 섬 상실.
1670	3.12(양 5.1). 산협유민山峽流民으로 부대를 편성. △ 이 해 •이선후選, 이일李鎰의 《제승방략制勝方略》 중간.		프랑스, 루이14세, 영국 찰스2세와 반네덜란드 성쟁을 약속. 5.
1671	7.14(양 8.18). 훈련도감의 전부前部를 혁파하여 양병兵 비용 감축.		△ 이 해 •에스파냐, 마드리드조약 체결.

연도	한 국	동 양	서 양
1671	10.24(양 11.25). 각 군문에서 만든 조총과 칼을 국경지역의 병기로 쓰게 함.		
1672	9. 1636년 이전 2,000여 명이던 훈위군, 8,500명으로 증가.		9. 잉글랜드·네덜란드, 제3차 영국-네덜란드 전쟁 발발. △ 이 해 • 프랑스, 루이14세, 영국 및 스웨덴과 결탁해 프랑스-네덜란드 전쟁을 일으킴. • 네덜란드, 오라녜공 빌렘3세, 네덜란드 통령이 되어 프랑스군의 침공을 방어.
1673	2.30(양 4.16). 남한산성 소속 중주군 390명을 조령 수비군으로 이속시키기로 함. 12.30(양 1674.2.5). 함경도 주주厚州의 관방 설치를 논의.	11. 청. 오삼계, '3번(오삼계의 운남, 상가희의 광동, 경제무의 복진)의 난'을 주도하여 운남에서 거병.	△ 이 해 • 오스트리아. 합스부르크가, 프랑스-네덜란드 전쟁에 참가하여 루이14세에 대항.
1674	2.13(양 3.19). 적상산성赤裳山城이 있는 무주현을 부로 승격. 3.25(양 4.30). 훈련도감 별대를 8초로 확충.	△ 이 해 • 인도, 남인도에 마라타동맹 성립.	△ 이 해 • 잉글랜드·네덜란드, 웨스트민스터조약 체결. 네덜란드 해상권 쇠퇴.
1675	2.21(양 3.16). 훈련도감, 조총 50정을 연속 발사하는 새로운 화차火車를 개발. 순무尹鑴가 고안한 병자차를 시험제작하도록 함. 4.10(양 5.4). 정초청군廳을 혁파, 병조로 환속. 5.25(양 6.18). 조선-일본 전쟁(임진왜란) 때 의병을 일으킨 동래부 자손에게 천역 면제, 관직 기회 등 혜택을 줌. 5.26(양 6.19). 원주原州·횡성横城에 수어청 둔전을 설치하도록 함.	9. 청. 왕보신, 한중을 공격하여 함락. 몽고, 차카르의 반란 발생.	△ 이 해 • 신성로마제국. 브란덴부르크 선제후, 스웨덴과 전쟁.

연도	한국	동양	서양
1675	9.26(양 11.13). 비변사, 오가통사목五家統事目 21조 올림. 10.11(양 11.27). 성주 독용산성禿用山城 축조. 11.18(양 1676.1.3). 지패법紙牌法 시행 결정. 제부체諸府體 설치, 허적許積을 체찰사體察使에 임명. 11.23(양 1676.1.8). 전주 위봉산성威鳳山城 축조.		
1676	1.2(양 2.15). 경상도 성주 독용산성禿用山城 완성. 1.8(양 2.21). 곽재우郭再祐·곽준郭䞭·강감찬姜邯贊 등의 사우에 액호額號를 내림. 3.4(양 4.16). 무과 실시, 8도에서 18,251인 등과. 4.25(양 6.6). 대흥산성大興山城 완성. 6.15(양 7.25). 병조, 양정사해첨목丁首數節目 10조를 올림. 55세 이상의 장정에게 丁布 2필을 견포록 함. 8.9(양 9.16). 선사진宣沙鎮을 가도假島로 이설, 가도에 방목하던 말을 신미도身彌島로 이전. 8.21(양 9.28). 평안도 용강龍岡의 황룡산성黃龍山城을 수축토록 함. 10.3(양 11.8). 서흥瑞興·수안遂安·곡산谷山 등지의 둔전을 대흥산성大興山城으로, 이천伊川·평강平康 둔전을 제율부로 이속시키도록 함. 10.25(양 11.30). 서북지방의 무과 출신자를 드용토록 함.		△ 이 해 • 프랑스, 지중해에서 네덜란드, 에스파냐 함대 격파. • 에스파냐, 마드리드에서 혁명 발생.(도 후 앙 정권)
1677	2.7(양 3.10). 간도의 낙강落講 교생을 제부무학濟府武學 武學이란 이름으로 군역에 충정토록 함.		△ 이 해 • 러시아, 오스만투르크와 전쟁.

연도	한국	동양	서양
1677	3.1(양 4.2). 호패법 시행. 5.28(양 6.27). 제읍부 혁파. 호위청과 각 아문의 한정군관을 출신出身으로 중액으로 각도 영문營門이 군관수를 조정, 감영監營·수영水營 100명, 병사兵使 200명, 영장營將 50명으로 정액, 수어청·총융청 아병牙兵의 경중입번京中立番 제도 혁파. 수어군 6,000, 총융군 1,700으로 정액하고 경기 좌우도 군병을 각각 분속. 정조精抄·별대別隊 혁파. 어영청 호수戶首 20,000, 훈련원 별대訓鍊院別隊 호수 10,000으로 정액. 1672년 이후 설치된 둔전 혁파. 11.12(양 12.6). 읍지문닙의 사우祠宇에 사액賜額을 하도록 함. 12.25(양 1679.2.5). 호포법戶布法 시행을 논의. △ 이 해 · 곽재우郭再祐 사우에 예연禮淵을 이라고 사액.	 호패(육군박물관)	
1678	4. 군기시의 조총 1,000정을 개성 대흥산 산성에 비치. 9.8(양 10.23). 함경도 6진의 영장체察體制를 폐지하도록 함. 10.23(양 12.6). 병조판서 김석주金錫胄를 강도江都를 순심巡審, 돈대墩臺 축조처 49곳 보고.	8. 청. 오삼계, 3번의 난 외중에 죽고 손자 세번이 계승.	
1679	2. 강도江都에 돈대墩臺 축조. 3.11(양 4.21). 김석주金錫胄가 《행군수지行軍須知》를 만들어 올림.		· 네덜란드, 네이메헨화약 성립으로 프랑스-네덜란드 전쟁 종결.

연도	한 국	동 양	서 양
1679	7.25(양 8.30). 함경도 역산, 강화부 인화보에 만호 신설. 9.11(양 10.15). 노량露梁에서 대열大閱 실시. 12.10(양 1680.1.11). 함경도 역산진·풍산진의 죽보로의 폐쇄, 1673년 개통한 삼수·갑산의 소금 운반·용보의 폐쇄, 진동진·동인진의 이설, 소리덕·아질간 봉수의 이전, 중포 봉수의 폐지 등을 명함.		
1680	5.25(양 6.21). 오가통五家統·지패紙牌·호패號牌를 모두 폐지할 것을 명함. 윤8.24(양 10.16). 박광옥朴光玉·김덕령金德齡의 사우에 사액賜額하도록 함.		
1681	7.23(9.5). 정초청精抄廳 재설치. 9.3(양 10.13). 전라도 위봉산성威鳳山城을 폐기하고 적상산성赤裳山城을 방어의 중심으로 삼도록 함.	△ 이 해 •청. 오세번이 자섬함으로써 '삼번의 난' 진정. •청. 타이완의 정씨를 멸하고 복속.	
1682	1.3(양 2.9). 신설하는 황해도 신산新山·흑교黑橋의 진을 합하여 하나의 진으로 삼아 극성棘城으로 이설하고 첨사진으로 삼도록 함. 1.8(양 2.14). 평남진平南鎭을 강계江界 중산中山에 설치하고 만호 배치. 1.16(양 2.22). 황해도 변한·마치·동리와 평안도 혹교·영성·성동·금성·장제 등의 진보를 폐지하고, 보산별장을 승격시킴. 1. 평남진을 강계중산에 설치하고 만호를 둠.		

연도	한 국	동 양	서 양
1682	2. 문안사 민정중閔鼎重, 서장관 윤세기尹世紀 등 청나라에 감. 3. 김석주金錫胄, 군제변통절목軍制變通節目을 올림. 훈련별대와 정초군을 합하여 금위영 설치. 8.16(양 9.17). 남구만南九萬의 건의에 따라 서북 지방 무인도 선진민에 주진할 수 있도록 특별히 하락.		
1683	3.13(양 4.9). 충원(충주)에 독진禿鎭을 설치하도록 함. 4.3(양 4.29). 남구만九萬의 건의로 폐사군廢四郡에 4진鎭 설치 모색. 반대 여론으로 무창茂昌·자성慈城에만 설치했으나 곧 혁파.	6. 청. 타이완을 정벌.	△ 이해 ·오스만투르크, 빈 포위 공격에 실패.
1684	3.10(양 4.24). 영원군에 영성진 설치. 3.25(양 5.9). 함경도 무산부 신설. 12.18(양 1685.1.22). 읍邑·진鎭도 병사·수사가 될 수 있도록 함.	5. 청. 삼포소 등, 러시아 병력을 공격.	
1685	1.9(양 2.11). 도성내 사부士夫에게도 방역防役 부과. 한성부 내의 지패紙牌를 목木·각角으로 교체. 9.3(양 9.30). 호패 위조자는 사죄死罪로 다스리도록 함. △ 이해 ·황해병영, 《화포식언해火砲式諺解》·《신전자취염소방언해新傳煮取焰焇方諺解》 합본 증간.		△ 이해 ·잉글랜드, 스코틀랜드에서 장로파에 의한 봉기 발생. ·프랑스, 낭트칙령 폐지. 수십만 위그노(칼뱅파 신도들, 국외로 망명.

연도	한 국	동 양	서 양
1686	3.13(양 4.5). 삼을 캐러 강을 건너는 이가 많다는 이유로 함경도 후주厚州를 혁파하기로 함. 4.9(양 5.11). 쌍수산성雙樹山城을 수선토록 함.		△ 이 해 ・유럽. 신성로마제국과 덴마크를 제외한 유럽 여러 나라들, 데프랑스 동맹인 아우크스부르크동맹 결성.
1687	8.12(양 9.18). 금위영 제조提調 혁파. 병조판서가 사무를 맡도록 함. 9.21(양 10.26). 모든 군문에서 육화진법六花陣法을 훈련하는 문제에 논의.		△ 이 해 ・오스트리아. 오스만투르크로부터 헝가리를 탈환. ・러시아. 크리미아 원정에 실패.
1688	△ 이 해 ・명량대첩비鳴梁大捷碑 건립.		△ 이 해 ・잉글랜드. '명예혁명'이 성공함. 제임스 2세가 망명하고 '권리장전'을 선포함.
1689	9.7(양 10.19). 중앙청 소속 양주楊州 군사 3,000을 남한산성으로 환속하고, 강화 진무 진무영鎭撫營 소속의 안산安山・금천衿川・양천陽川 군사와 남양南陽 군사를 중앙청으로 이송하도록 함.	12. 청. 유럽 제국과 맺은 최초의 평등 조약인 네르친스크조약을 러시아와 체결. 이근군 강과 외몽안령(스타노보이산맥)을 따라 양국의 국경 문제를 규정.	12. 러시아. 청이 유럽 제국과 맺은 최초의 평등 조약인 네르친스크조약을 러시아와 체결. 아르군강 등 외흥안령(스타노보이산맥)을 따라 양국의 국경 문제를 규정. △ 이 해 ・프랑스. 루이 14세, 아우크스부르크동맹에 개별된 정세를 만회하고 기선을 제압하기 위해 팔츠 신제후령의 계승권을 주장하며 팔츠계승전쟁(아우크스부르크동맹전쟁 또는 대동맹전쟁)을 일으킴.
1690	1.27(양 3.7). 여주驪州로 이전했던 진영鎭營과 영장營將을 광주廣州로 환정.	△ 이 해 ・청. 제1차 중가르한국 원정에 나섰으나, 울란부트에서 패배.	△ 이 해 ・오스만투르크, 베오그라드를 탈취.
1691	4.11(양 5.8). 경상도의 조총 여유분 2,780자루 중		△ 이 해

연도	한 국	동 양	서 양
1691	1,460자루를 강은도江隱道로 보내 부족군 보충.		·프랑스, 스크토리시 중점 발명.
1692	7.29(양 9.9). 노량露梁 장단揀揀에서 대열大閱 설치. 7.30(양 9.10). 병조의 금군의 병기 수리를 명함. 8.23(양 10.3). 중앙·청에 주진鑄錢을 1년간 하락. 12.9(양 1693.1.14). 근시직인 선전관宣傳官을 모두 승배를 달도록 함.	△ 이 해 ·청. 화기영 설치.	5. 잉글랜드, 네덜란드, 라훈그전투에서 프랑스 해군 격파.
1693	1.24(양 2.28). 가을부터 강화 죽성 재개 결정. △ 이 해 ·안흥부安龍輻, 일본으로 간녀가 응룡도가 조선의 영토임을 주장, 일본 막부로부터 조선의 영토임을 확인하는 서계書契를 받아 오던 중 쓰시마도주에게 탈취당함.		
1694	1.6(양 1.30). 문수신文殊山 죽성을 논의. 2.15(양 3.10). 무신부茂山府 죽성을 완료하도록 함. 9.13(양 10.31). 이 무렵, 문수신 죽성 완료, 통진通津을 현에서 부로 승격시키고 읍치를 문수신성으로 옮기도록 함. △ 이 해 ·서항수徐滄修 등, 왕명으로 《김충장공유사金忠壯公遺事》 편찬, 간행.		△ 이 해 ·러시아. 표트르세, 오스만투르크와 싸워 크리마아의 요새 아조프해를 점령.(러시아와 오스만투르크 간의 오랜 대립 시작)
1695	4.3(양 5.15). 남한산성 별성斨城 신독 공사를 가을에 재개하도록 함. 12.10(양 1696.1.14). 여영청에 10개월간 주전鑄錢을 하락.		

연도	한 국	동 양	서 양
1696	1.16(양 2.18). 전 첨사 이충립李忠立, 폐사군 복설을 청함. 7.9(양 8.6). 만포滿浦 인근의 폐사군 지역에 둔전 설치를 허락. 8.29(양 9.24). 안용복 등, 일본으로 건너가 울릉도·자산도(독도)의 영토권을 주장하여 호키伯耆[백기州에 배수의 사과를 받고 양양襄陽으로 귀환. 9.25(양 10.20). 안용복 등을 중도 주문推問하여 전후 사정을 취조.	△ 이 해 ·청. 외몽고를 영유, 칭가의 여러 한에 대한 보호권 획립.	△ 이 해
1697	12.19(양 1698.1.30). 임경업林慶業을 복관復官시키고 제사를 내려주도록 함.	△ 이 해 ·청. 제3차 중가르准한子 원정 감행. 갑가부를 복속.	
1698	10.1(양 11.3). 숙종, 후원에서 금군을 사사試射하고 시상. △ 이 해 ·김지남金指南의 《신전자초방新傳煮硝方》 간행.		△ 이 해 ·오스만투르크·러시아. 감로비츠에서 휴전 협정 체결.
1699	9.18(양 11.9). 청막淸室에 합당한 서부인이 있으면 사용할 것을 명함.		2. 잉글랜드, 의회, 근대 해체법 제정. 힙리엄3세가 유럽에서의 전쟁들에 참전하는 것을 제한하기 위해 상비군을 7,000명으로 축소. △ 이 해 ·러시아. 표트르대제, 군제를 유럽식으로 개편.
1700	7.25(양 9.8). 권타權唾이 고안한 운신輪船의 시험 건		△ 이 해

연도	한국	동양	서양
1700	조 완성. 통영統營과 전라 수영水營에서 제작해 보도록 함.		러시아, 폴란드와 함께 스웨덴에 맞서 싸운 북방전쟁 시작. 나르바전투에서 스웨덴군에게 패퇴.
1701			△ 이 해 • 잉글랜드, 프랑스, 아메리카 식민지 쟁탈을 벌임. • 프랑스, 루이지애나를 식민지화. • 에스파냐, '에스파냐 왕위 계승 전쟁' 발발. 영국·네덜란드·오스트리아가 부르봉왕가의 에스파냐 왕위 계승에 반대하여 하그동맹을 맺고 프랑스와 전쟁.
1702			△ 이 해 • 스웨덴, 폴란드에 침입하여 크라쿠프시를 점령. • 잉글랜드, 앤여왕, 북아메리카에서 프랑스와 식민지 쟁탈 전쟁인 '앤여왕 전쟁'을 벌임. (에스파냐 왕위 계승 전쟁의 일환) • 잉글랜드, 아메리카에 식민지 뉴저지 건설.
1703	1.10(양 2.25). 호포론胡布論의 시행, 5위제 회복, 둔전 화대, 금위영 폐지 등을 논의. 2.8(양 3.24). 금위영 혁파 논의. 3.26(양 5.11). 5영 가운데 3,000명의 군사를 중청도 감영에 이속하여 정기도관찰사의 수하병으로 삼음. 4.2(양 5.17). 해미의 토포영을 온양군으로 이전.		△ 이 해 • 포르투갈, 대프랑스 동맹인 하그동맹에 참가. • 헝가리, 라코지, 독립운동을 일으킴.

연도	한국	동양	서양
1703	9.21(양 10.31). 황당선荒唐船을 금지시켜 줌 짓을 청나라에 요청.		
1704	1.5(양 2.9). 각 군문에서 바로 군역을 정하는 것 음 금. 수군의 신포身布 1필씩을 감함. 1.17(양 2.21). 조군漕軍 제도 개정. 1.23(양 2.27). 남원 교룡산성蛟龍山城 수선을 명함. 3.5(양 4.8). 도성 개축을 논의. 3.9(양 4.12). 함흥을 독진獨鎭으로 삼음. 12.28(양 1705.1.23). 이정청, 5군문의 군제 개정및 수군 변통의 절목節目을 올림.		△ 이 해 •잉글랜드, 에스파냐의 지브롤터 점령.
1705	1.3(양 1.27). 군제의 이정정목釐整節目 반포. 5.26(양 7.16). 영종진永宗鎭 둔전 설치를 허락. 8.21(양 10.8). 수어청, 둔편 도성 120보 개축. 8.30(양 10.17). 이영청, 서편 도성 75보 개축. 12.6(양 1706.1.20). 이정청釐正廳을 폐지하고 문서를 비변사로 옮기도록 명함.		
1706	3.21(양 5.3). 병조 시재試才에 삼갑사三甲射 대신 기 창騎槍·가검騎劒을 넣도록 함.		△ 이 해 •러시아. 감차카반도의 완전 점유권 획득.
1707	2.6(양 3.9). 이순신과 을지문덕의 사우에 각각 호를 내림. 3.12(양 4.14). 관동의 병사를 춘천에 두어 영동·영 서의 병마를 겸하게 함. 5.15(양 6.14). 남한산성 한봉漢峰의 축성을 감독하 도록 함.		5.1. 영국. 잉글랜드와 스코틀랜드의 통합. 대영 제국의 건설.
1708	2.29(양 3.20). 폐단 있는 감·영·병영 둔전의 혁파를		

연도	한 국	동 양	서 양
1708	명함. 8.5(양 9.18). 불랑기 제작을 명함. 8.20(양 10.3). 제2차 조선·일본 전쟁(정유재란) 때 순국한 곽준郭䞭에서 사시賜諡腸를 하다. 11.20(양 12.31). 조령鳥嶺·추풍령秋風嶺·팔량치八良峙·운봉雲峰 등지의 죽지 노의. 강화 내성内城 죽성을 노의.		
1709	3.1(양 4.10). 평안도 강변 7고을에서 무재武才를 시험하여 27인 시취試取. 8.20(양 9.23). 강화도 죽성을 노의, 가을부터 죽성 한다는 방침 제화인.		△ 이 해 ·러시아. 표트르세, 폴타바전투에서 스웨덴 가를12세와 싸워 승리. (북방전쟁)
1710	3.21(양 4.19). 벽파진碧波陣에 2,000명에서 2,500명으로 증액하고 조련을 더 두도록 함. 남한산성 남격대南格臺 돈대 죽조 노의. 5.29(양 6.25). 도체조 이이명李頤命, 병조와 금위영의 분리를 건의. 7.5(양 7.30). 안정기安挺基, 병거兵車·배요갑背腰甲·마정도마麻釘刀 제작을 건의. 각 군문에 시험 제작을 명함. 7.14(양 8.8). 60 조과지는 부방하지 말도록 명함. 10.20(양 12.10). 숙종, 도성은 지키기 어려우므로 수죽하지 않겠다는 뜻을 하교. △ 이 해 ·조현趙顯의 전장기 격비戰場記謂碑 건립.	이이명 초상(고려대학교 박물관)	
1711	1.24(양 3.12). 안주安州·평양平壤 성첩城堞의 수죽을		7. 오스만투르크, 러시아와 푸르트화약 체결.

연도	한 국	동 양 (서 양)
1711	명함. 2.9(양 3.27). 소강所江에 친기위親騎衛 600명 신설. 3.3(양 4.20). 가계현을 부로 승격시키고 지세址知世浦에는 도로 만호를 배치. 3.21(양 5.8). 3군문, 북한산성 축성 시작. 4.20(양 6.5). 하동河東을 이읍移邑, 축성하도록 함. 6.3(양 7.18). 도성의 수구문을 개성하고 도의문문 조성. 7.8(양 8.21). 여산礪山 영장營將 혁파. 영광靈光에 임자도 첨사僉使子島象使 신설. 7.12(양 8.25). 함경북도 제덕진任德鎭 복설. 7.28(양 9.10). 국가에 배어주는 군문 둔전을 조사, 환속시킬 짓을 명함. 10.19(양 11.28). 북한산성 완성을 보고. 11.2(양 12.11). 당하관 수령·북병사·무신 수령이 교자 타는 짓을 금지하는 법을 거듭 밝힘. 12.26(양 1712.2.2). 비변사, 양역변통절목役良通節目을 마련하여 보고. △ 이 해 • 성능性能, 《북한지北漢誌》 편찬.	 북한산성 중성문(ⓒ정득진)
1712	2.26(양 4.1). 의주부윤, 청나라 사신 목극등穆克登이 백두산 심사審査를 위해 의주에 도착했음을 보고. 4.22(양 5.26). 《징비목懲毖錄》의 일본 유입을 금지시킬 짓을 명함.	

연도	한 국	동 양	서 양
1712	5.3(양 6.6). 중앙청, 북한산성 중성重城 축조 시작. 5.12(양 6.15). 목극등, 백두산에 정계비定界碑 설치. 6.14(양 7.17). 난민부 교룡산성蛟龍山城을 증수하고 남원부사를 수성장으로 삼음. 9.20(양 10.19). 북한산성에 경리청經理廳 설치. 10.8(양 11.6). 이영정·금위영, 북한산성 성랑城廊·창고·문루門樓·우물 공사 완료.		4. 에스파냐. 오스트리아를 제외한 에스파냐 왕위 계승 전쟁 참가국, 유트레히트조약 체결. 프랑스와 에스파냐가 합병하지 않는 조건으로 펠리페5세의 왕위를 승인. (영국, 프랑스로부터 뉴펀들랜드와 노바스코샤 등 획득)
1713	8.2(양 9.21). 청주 상당산성上黨山城 축성을 명함. 8.19(양 10.8). 5군문의 장관에게 조시를 면제. 10. 북도친기대를 정병으로 개편, 종남지방 연해고를 수령을 무관으로 임명.		△ 이 해 • 신성로마제국. 바덴조약으로 프랑스와 화해. (에스파냐 왕위 계승 전쟁 종결) • 러시아. 포르트리세, 핀란드에 침입하여 발트해 제해권 장악. (북방전쟁)
1714	7.22(양 8.31). 해방海防 강화를 위해 강원도 감사·수령에게 군보단속절목軍保團束節目을 마련하도록 함.		
1715	3.3(양 4.6). 훈련도감 장교 오중한吳重漢이 개발한 궁노弓弩·수노手弩 수매 개를 3군문에서 만들어 북한산성에 비치하도록 함.		△ 이 해
1716	1.6(양 1.29). 군예 조정을 위해 제도민호군역구관 당상諸道民戸軍役句管堂上을 선임. 윤3.21(양 5.12). 권무군관의 시제 시행. 6.2(양 7.20). 친기위親騎衛에 군장을 내림.		• 오스트리아. 페테르와르트전투에서 베네치아와 연합하여 오스만투르크를 격파.

연도	한 국	동 양	서 양
1716	8.27(양 10.12). 어영청·금위영 두 군문의 군병을 모두 정변(停番)함. 11.27(양 1717.1.9). 수어청의 군보의 수를 2,600명으로 보아 개정.		
1717	8.1(양 9.5). 황당선荒唐船 요민遼民·군軍에게 금료를 주고 사로仕路를 열어주도록 함. 8.4(양 9.8). 평안도 당아산성螗峨山城 수축. △ 이 해 · 함경도 남병영南兵營, 《화약합제火藥合劑식》 간행		△ 이 해 · 영국, 프랑스·네덜란드·에스파냐와 스웨덴에 대항하여 3국 동맹 수립.
1718	1.20(양 2.19). 황해도 평산의 태백산성太白山城을 수축도록 함. 2.20(양 3.21). 승군 1,000명을 조발. 6.3(양 6.30). 소강첨사所江僉使를 수사水使로 승격, 우지진芋只津 현감을 부사로 승격시켜 겸임하도록 함. 6.16(양 7.13). 최규서崔奎瑞, 《간구정독례看龜亭讀禮建錄》을 올림.		2.2. 영국, 에스파냐와 전쟁. △ 이 해 · 프랑스, 뉴올리언스에 식민지 건설.
1719	2.2(양 3.22). 탕춘대湯春臺 축성 역사 중지. 2.30(양 4.19). 청나라 사신이 우리의 화약 합제법을 알고자 하므로 기록하여 보냄. 4.10(양 5.28). 정리청整理廳 혁파를 논의.		
1720		△ 이 해 · 청, 티베트를 점령하고 6대 달라이 라마를 라싸를 응립.	△ 이 해 · 이탈리아, 사보이아공, 시칠리아와 교환 조건으로 오스트리아로부터 사르데냐 섬을 얻음.

연도	한 국	동 양	서 양
1720		·청. 투르판 획득.	획득하여 왕국을 세우고 죽임. ·스웨덴, 프로이센과 화해.
1721	6.21(양 7.15). 황해도 향주읍성 수축.		
1722	3. 청천강 남북에 5개 영을 두고 영장들이 토포사를 겸임케 함.		8. 러시아. 니쥬타조아으로 스웨덴과 북방전쟁을 종결하고 발트해로 진출. (러시아, 북방전쟁 승리로 북유럽 제일의 강국으로 부상) △ 이 해 ·프랑스, 에스파냐와 혼인동맹 체결.
1723	5.25(양 6.27). 화제전함용 기구인 서양의 수중기水銃器를 제조하도록 함.		△ 이 해 ·오스만트르크.러시아. 1722년 멸망한 사파비조의 페르시아령을 분할 점유.
1724	11.22(양 1725.1.6). 전 판관 김만의金萬璣, 상소하여 군역변통, 금위영·어영청 군역 운영의 개선 방안, 훈련도감 포수 승호陞戶의 폐단을 논함.	△ 이 해 ·무굴제국. 데칸 음드, 무굴제국에서 독립.	
1727	5.25(양 7.13). 도성의 금표를 개정. 북쪽 경계를 모래내(沙川)로 변경. 평안도 강제·선천·장진. 삼화 등 4 방어영防禦營의 별무사別武士를 정원 중 액을 명함. 6.29(양 8.16). 북관 병사에게 조총 조련 실시. 9.25(양 11.8). 남우주南虞侯가 감산에 유방留防하는 법을 혁파. 10.6(양 11.18). 평안도 감영자대군監營資隊軍의 수미 정변민 收米停審法 정변민을 혁파.	7. 청. 러시아와 가흐타조약을 체결하여 몽고. 시베리아와의 경계를 확정하고 러시아와의 국경 무역을 시작. 10. 청. 서장, 반란을 일으킴.	△ 이 해 ·영국. 에스파냐와 전쟁 시작.

연도	한 국	동 양	서 양
1728	3.15(양 4.23). 이인좌李麟左의 난 발생. 이인좌, 청주성 함락. 3.16(양 4.24). 양성현陽城縣의 장흠張欽 등이 모반 정보를 얻고 경기 지역 군사를 정발. 목시룡睦時龍·김영해金永海 체령 명령. 3.17(양 4.25). 오명항吳命恒을 사로도순무사에 임명, 반란군을 토벌하게 함. 3.18(양 4.26). 이세룡李世龍, 전주에서 잡혀옴. 청주 함락. 3.24(양 5.2). 오명항, 이인좌를 붙잡아 서울로 압송. 안성싸움에서 관군 승리. 3.27(양 5.5). 이인좌 잡수. 4.3(양 5.11). 남한산성 군변 혁파. 4.4(양 5.12). 강진 파수 군병 혁파.	△ 이 해 ·청. 티베트의 반란을 평정하고 안남(대월)과 국경 협약을 체결함.	△ 이 해 ·영국. 에스파냐와의 전쟁 종결.(지브롤터 획득)
1729	1.9(양 2.6). 병조 고군軍의 감죽을 명함. 4.21(양 5.18). 군기시에 있는 화차를 수리하도록 명함. 6.11(양 7.6). 오가통법五家統法과 이정법里定法을 신칙申飭하도록 함. 9.13(양 11.3). 윤필은尹弼殷이 만든 천보총을 훈련도감에 내려 널리 만들도록 함.		
1730	5.6(양 6.20). 수어청에 명하여 평총平銃과 장총長銃을 만들게 함. 9.10(양 10.21). 승진永眞·목극등이 백두산에 정계비를 세울 당시 그린 지도의 모사본과 숙		△ 이 해 ·오스만투르크. 이스탄불에서 파트로나 하릴의 반란이 일어나 정구어 훈란에 빠짐.

연도	한 국	동 양	서 양
1730	성도를 올림.		
1732	3.25(양 4.19). 육진 병사에게 조총 연습 실시. 5.3(양 5.25). 평안도 무사를 선발하여 별군직(別軍職)을 제수하도록 명함.	△ 이 해 ·청. 군기처 설치. ·일본. 대표 제작.	
1733	7.15(양 8.24). 제도의 기을 수군 습진·조련 정지. 10.1(양 11.7). 평양부(平壤府)의 중성(中城)을 축성하도록 명함.		7.15. 오스트리아. 러시아. 프랑스, 에스파냐, 사르데냐왕국과 유럽 각지에서 전쟁을 벌임. (폴란드 계승 전쟁)
1734	1.20(양 2.23). 군영의 군안(軍案)을 사정(査正). 2.5(양 3.9). 판서·관복의 중군 자격을 정함. 6.29(양 7.29). 전주부성 수축.		△ 이 해 ·페르시아. 나디르 쿨리, 바그다드를 통고 오스만투르크와 전투. ·프랑스, 오스트리아와 북이탈리아에서 전투.
1735	1.20(양 2.12). 형조판서 장붕익(張鵬翼), 운검(雲劍)이 올린 설계도에 따라 개조한 전선과 거북선의 시험 결과를 보고, 이순신(李舜臣)의 후손인 이한범(李漢範)이 내시사(內試射)에 입격하지 못했음에도 급제를 내리도록 함. 2.25(양 3.19). 특진관 이진순(李眞淳), 양역이정(良役釐正)의 폐자(弊瘼)를 올림. 10.19(12.2). 평안도 수미(收米)의 3분법 제정. 1분은 지출에 사용, 1분은 저장, 1분은 흉조에 지급.		△ 이 해 ·페르시아. 나디르 쿨리, 서북 국경 지대에서 오스만투르크군을 대파. ·오스트리아. 폴란드, 비조약(조약)와 제결로 폴란드 계승 전쟁 실질적으로 종결 오스트리아, 나폴리와 시칠리아를 포기하고 파르마와 토스카나를 획득. 나폴리와 시칠리아는 에스파냐왕의 되었으며 에스파냐 왕자 도 카를로스가 시칠리아 왕이 됨.
1736	10.27(양 11.29). 양역 폐단을 바로잡기 위해 양정(良丁) 사정(査定)을 명함.		△ 이 해 ·오스만투르크, 러시아와 전쟁.
1737	11.25(양 1738.1.14). 이 무렵, 병조판서 박문수(朴文		△ 이 해

연도	한 국	동 양	서 양
1737	宗에게 명하여 《금군절목禁軍節目》 편찬.		•오스트리아, 오스만투르크와 전쟁.
1738	10.20(양 12.1). 사신이 구해 온 《무비지武備志》 50권을 평안 병영에서 간행하도록 명함.		
1739	2.10(양 3.19). 서얼 무인의 수문장守門將 허통許通을 명함. 조현명趙顯命·조상경趙尚絅에게 조총鳥銃을 쏘도록 명함. 9.6(양 10.8). 경기京畿騎兵 혁파.		10.19. 영국, 에스파냐 식민지 전쟁 시작. △ 이 해 •페르시아, 나디르 샤, 인도에 원정하여 델리를 약탈.(무굴제국 몰락) •오스트리아, 바사로비츠조약으로 얻은 영토를 오스만투르크에 반환.(베오그라드조약) •러시아, 콘스탄티노플조약에 의해 오스만투르크로부터 드네프르강 하류 지역까지 획득.
1740	윤 6.18(양 8.10). 전라좌수사 전운상田雲祥이 고안한 해골선을 통영과 제도의 수영에서 만들게 함. 8.2(양 9.22). 강화 넉석도에 진을 설치하고 첨사를 둠. 12.30(양 1741.2.15). 수원의 마군馬軍 6,000에게 말을 마련할 수 있도록 1명씩을 지급하도록 함.	정. 호남에서 묘족이 난 발생. △ 이 해	12. 프로이센, 프리드리히2세, 제차 슐레지엔 전쟁을 일으킴. △ 이 해 •유럽, 기름6세 말델인 마리아 테레지아의 왕위 계승 문제로 오스트리아 왕위 계승 전쟁 발발.(프랑스·에스파냐·프로이센·바이에른·작센 대 오스트리아·영국·네덜란드)
1741	4.29(양 6.12). 금군도시禁軍都試, 숙종 41년(1715) 이후 26년 만에 시행. 5.1(양 6.13). 문신·무신의 전강殿講試法을 다시 정함.		8. 러시아, 스웨덴과 전쟁. △ 이 해 •영국, 오스트리아와 맞붙.

연도	한 국	동 양	서 양
1741	6.5(양 7.17). 《속오례의續五禮儀》 편찬을 명함.		
1742	8.23(양 9.21). 《병장도설兵將圖說》 간행. 10.8(양 11.4). 앓는 옷을 입은 군사들에게 유의襦衣를 지급하도록 명함. 10.10(양 11.6). 강화성을 구은 벽돌로 개축할 것을 명함. 11.14(양 12.10). 양역사정청良役査正廳 재설치. 11.23(양 12.19). 훈신 자손들의 군역 면제 한도를 9대로 정함.		△ 이 해 ·영국·프랑스, 인도에서 식민지 쟁탈전. ·오스트리아, 마리아 테레지아, 슐레지엔 영유를 인정. ·러시아. 핀란드 점령.
1743	4.5(양 4.28). 훈련대장 김성응金聖應, 강화에 죽근한 벽돌성 시험 결과를 보고. 8.28(양 10.15). 병조판서 서종옥徐宗玉의 건의에 따라 군사들에게 신분을 식별할 수 있는 표의 標衣를 착용하도록 함.		△ 이 해 ·러시아. 오보즈아으로 스웨덴과 강화 성립. 핀란드에서 러시아령 획득. ·아메리카. 영국과 프랑스 간에 식민지 전쟁인 '조지왕 전쟁' 시작.(오스트리아 왕위 계승 전쟁의 일환)
1744	7.14(양 8.21). 도성이던 강화 외성을 벽돌로 개축. 8.19(양 9.24). 변방 지역과 방어사를 거쳐야만 병마·수군 절도사에 나아갈 수 있도록 함. 8.27(양 10.2). 《속오례의續五禮儀》 완성.		△ 이 해 ·영국·프랑스, 남인도의 카르나타카를 둘러 싸고 제1차 카르나타카전쟁 시작.(오스트리아 왕위 계승 전쟁의 일환) ·프로이센, 프리드리히2세, 제2차 슐레지엔 전쟁을 일으킴.
1745	3.16(양 4.17). 별군직을 군문에 자송하는 것 금지. 7.6(양 8.3). 3군문三軍門이 나누어 맡은 도성 구역을 측량하여 보고, △ 이 해		

연도	한 국	동 양	서 양
1745	•성능性能이 《북한지北漢誌》 간행.		
1746	10.1(양 11.13). 당훈대에서 총융청의 장교와 군병들이 총 쏘는 것 시험. 12.6(양 1747.1.16). 수성절목守城節目을 만들어 성 밖 장고를 성 안으로 이설하도록 명함.		6. 러시아. 오스트리아 왕위 계승 전쟁에 참가.
1747	5.6(양 6.13). 경리청經理廳 혁파. 총융청을 당훈대로 옮김. 6.4(양 7.11). 수호군 원호 30명 임역.		△ 이 해 •영국. 존슨 흄크 제도, 서인도제도에서 프랑스군에게 대승.
1748	6.17(양 7.12). 좌의정 조현명趙顯命, 양역사정釐正事良 역查正腓子를 올림.		△ 이 해 •유럽. 아헨조약으로 '오스트리아 왕위 계승 전쟁' 종결. •아메리카. 아헨조약으로 '조지왕 전쟁' 종결.
1749	11.7(양 12.16). 《속병장도설續兵將圖說》 편찬을 명함.		
1750	1.24(양 3.2). 《속병장도설續兵將圖說》을 각도 감사·병사에게 나누어 주도록 명함.	10. 청. 티베트의 반란 진압.	△ 이 해 •인도. 제2차 카르나타카전쟁 시작.
1751	5.12(양 6.5). 좌의정 조현명趙顯命, 균역均役에 대한 문답問答 12조를 제자도 만들어 올림. 6.2(양 7.24). 병조판서 홍계희洪啓禧, 균역별 군역과 민상 구장의 조정 등 균역절목均役節目 의 보안사항을 보고. 9.2(양 10.20). 광주유수廣州留守 이기진李箕鎭, 한봉도가봉도汗峰圖를 올리고 축성을 건의.		

『속병장도설』(규장각한국학연구원)

연도	한 국	동 양	서 양
1751	9.11(양 10.29). 수성절목守城節目 반포.		
1752	6.10(양 7.20). 신칙방어사에 '첨수군僉水軍' 석자를 덧붙여 《속진續典》에 신도록 명함. 6.13(양 7.23). 신무포결진遷武佈結錢을 남징濫徵하는 관리·아전을 엄히 처벌하는 내용을 사목事目에 신도록 명함. △ 이 해 •《군역청사목役廳事目》 간행		
1753	3.27(양 4.30). 관무제關武才을 시행하고 곽정우郭再祐 등 곽제우郭再祐의 주손을 녹용錄用. •광주수수廣州留守 이기진李箕鎭, 석지형石之珩의 《남한일기南漢日記》 배포. △ 이 해		△ 이 해 •네덜란드, 동인도회사, 자바 섬 점령. •아메리카, 프랑스군. 오하이오계곡 점령.
1754	6.5(양 7.24). 흉위함 때라도 성내·궐내에서 취타吹打하지 않는 것을 정식으로 삼음. 8.20(양 10.6). 영조, 《위장필람衛將必覽》을 지음. 간행하여 무신들에게 반포. 9.20(양 11.4). 궐내에 입직하는 장교將校의 침구를 금함. 10.3(양 11.16). 영조, 능마아당상能麼兒堂上과 능마아 능연兒로 별히 지름을 몰리 진도神圖를 시험. 10.14(양 11.27). 아영대장·중봉한法鳳漢, 임진의 수비 구정을 정리한 임진무신壬辰武臣을 수정하여 올림. 병조판서에게 5영을 총팔만 하고 용호영만을 거느리도록 함.		

연도	한 국	동 양	서 양
1755			6. 아메리카. 영국과 프랑스, '포레지' 인디언 전쟁 시작.(7년전쟁의 일환)
1756	2.1(양 3.1). 영조, 《임장군전林將軍傳》을 읽고, 임경업林慶業에게 증직贈職을 명함.	△ 이 해 ·인도, 벵골의 나와브(지방장관)인 시라지 웃다울라, 캘커타를 점령하고 영국인을 살해.(블백홀 사건)	△ 이 해 ·오스트리아. 마리아 테레지아, 프로이센에게 상실한 슐레지엔 지역을 탈환하고자 프랑스와 러시아 지원을 받아 7년전쟁을 일으킴. ·유럽. 영국·프로이센 동맹과 오스트리아·프랑스·러시아 동맹이 7년전쟁 시작.
1757	4.23(양 6.9). 북부北部 근처에서 사람을 죽인 흉당이를 잡기위해 중앙청 포수 50명 동원.	△ 이 해 ·인도, 영국이 플라시전투에서 프랑스와 시라지 웃다울라의 연합군을 물리치고 인도에서 사실상 영국 통치를 시작.	△ 이 해 ·프로이센. 로스바하전투에서 프랑스군 격파.(7년전쟁) ·프로이센. 로이텐전투에서 오스트리아군 격파.(7년전쟁)
1758	2.4(양 3.12). 금위향군禁衛鄕軍의 시방試放에 임격한 사람에게 반상頒賞.	△ 이 해	△ 이 해 ·프로이센. 초른도르프전투에서 러시아군 격파.(7년전쟁) ·아메리카. 영국군, 프랑스령 퀘벡 점령.
1759	△ 이 해 ·향주군鄕駐軍을 폐하고 수어사守禦使·경영京營에 다시 등	10. 청. 동투르키스탄을 평정하고 신강을 임으킴.	
1760	3.16(양 5.1). 《준천사실濬川事實》이 편찬을 명하고, 준천사濬川司를 관연을 정함. 8.16(양 9.24). 병조판서 홍계희洪啓禧와 훈련대장 구선행具善行, 금군禁軍 제용 제용 방식의 개선방	△ 이 해 ·청. 네팔을 멸망시킴.	△ 이 해 ·영국. 몬트리올을 함락하고 캐나다 지배. ·러시아·오스트리아 연합군, 베를린 점령.(7년전쟁)

연도	한 국	동 양	서 양
1760	인율 아룀. 10.17(양 11.24). 영조, 금군禁軍 취재取才와 점목節目의 엄격한 시행을 하교.		
1761	1.2(양 2.6). 오래 벼슬에 오르지 못한 먼 지방의 무사를 경화벼무京華名武보다 우선해서 등용할 것을 병조에 명함.	△ 이 해 · 인도, 하이데르 알리, 인도 남부 마이소르에서 독립.	
1762	5.24(양 6.16). 장녀궁 입직 군사의 1/3을 감하도록 함.		11. 프로이센, 러시아와 단독 강화 체결.(7년전쟁)
1763		△ 이 해 · 인도, 벵골인을 영국인이 학살한 파토나 사건 발생.	△ 이 해 · 영국·프랑스, 식민지 전쟁(프렌치 인디언 전쟁) 종결. 퐁디셰리와 샹데르나고르 이외의 지역에서 영국의 우위권 획립.(파리조약) · 오스트리아·프로이센·후베르투스부르크화약을 체결해 7년전쟁 종결.(프로이센은 슐레지엔 영유권을 제외인받고 영국은 절대 강국의 지위를 획립)
1764	3.2(양 4.2). 군병들에게 마첩馬帖 대신 포목으로 상을 주는 조례를 정하도록 함.		
1765	4.14(양 6.2). 북한산성을 개·수축한 공로로 총융사 구선복具善復과 공사 감독관을 포상.		3. 영국, 의회에서 13개 식민지에 대한 직접 과세 성격인 인지조례와 군대숙영조례를 통과시킴. 8. 아메리카, 인지조례 폭동 시작. 11. 아메리카, 뉴욕 농민 반란 발생.

연도	한국	동양	서양
1767		△ 이 해 · 인도, 영국과 마이소르왕국 간에 제1차 마이소르전쟁 시작.	6. 영국. 식민지 주둔군의 비용을 충당하기 위한 타운젠드조례 제정. △ 이 해 · 그리스, 보스니아. 오스만투르크에 항거.
1768			2. 아메리카. '매사추세츠 결의문'을 식민지 의회에 회송. 8. 아메리카. 뉴욕에서 '영국 제품 수입 반대 동맹' 결성. △ 이 해 · 러시아. 오스만투르크와 전쟁 시작. · 러시아. 남하 정책을 본격화.
1769	3.16(양 4.22). 수령守令은 통제사統制使와 상피相避하지 않는 것을 법령으로 정함. 9.25(양 10.24). 평안도 남당성 축조, 청천강 준설.		△ 이 해 · 프랑스, 코르시카를 병합.(코르시카가 원주민의 독립운동이 일어남) · 러시아. 오스만투르크령 몰도바와 부카레스트를 점령.
1770	1.4(양 1.30). 각도의 영 및 읍진의 군기 수선을 신칙. 2.3(양 2.27). 부모가 70 이상인 외아들의 부방赴防 면제, 3인 이상 종군從軍하는 효孝에는 1인을 면제시키는 것 등을 법으로 정하도록 함. 2.26(양 3.22). 각도에 나누어 기르는 말을 금군이 먼저 선택한 후 다른 군문에 나누어 지급토록 함. 5.13(양 6.6). 병조참지 신일청申一淸, 평안도 4군의 복설, 함경도 정성 5진의 함속 등 건의.		3. 아메리카. 보스턴 학살 사건 발생.

연도	한 국	동 양	서 양
1770	△ 이 해 ·호남 유림, 《병자호란창의록丙子胡亂倡義錄》 간행.		
1771	3.7(양 4.21). 장연長淵 방어사를 도 병영을 설치하는 것을 검토하도록 함. 5.6(양 6.18). 황구첨정黃口簽丁·인족침징隣族侵徵을 엄금시킬 것을 균역청에 하교. 11.27(양 1772.1.1). 영조, 융릉의 기강 해이를 집제하고 금군을 소집하여 군례를 받음.	△ 이 해 ·베트남. 서산(타이손)당이 난 발생.	△ 이 해 ·러시아. 크리미아반도 점령.
1772	1.5(양 2.8). 조현趙憲·이순신李舜臣·송상현宋象賢을 고 정명高敬命에게 지제致祭하고 그 후손을 녹용하도록 함.		△ 이 해 ·폴란드, 오스트리아·프로이센, 러시아 3국, 각국 국경 부근의 폴란드 일부를 분할 점령.(제1차 폴란드 분할)
1773	1.8(양 1.30). 무신 자제의 문과 응시를 금지하는 명을 철회.		5. 영국. 의회에서 차 조례를 통과시킴. 러시아. 푸가초프의 농민 반란 발생. 12. 아메리카. '보스턴 차 사건' 발생.(식민지 급진파가 영국 배에 침입해 수백상자의 차를 바다에 던짐)
1774	6.3(양 7.11). 군문軍門의 군사들이 문예 나무를 베 좌를 물어 3군문三軍門 대장을 중추重推.	△ 이 해 ·청. 산둥에서 '백련교도의 난' 발생.	△ 이 해 ·오스만투르크, 러시아와 크주크 카이나르디조약을 체결하여 흑해 연안 차지. ·영국. '보스턴 차 사건'에 대한 보복으로 의회에서 보스턴항 폐쇄와 매사추세츠 식민지의 자치권 박탈 조례를 통과시킴. 3. 9. 미국. 13개 식민지 대표자, 필라델피아에서

연도	한국	동양	서양
1774			제1차 대륙회의 개최. '대륙회의'의 선언 및 결의와 '통상 단절 동맹'을 결의.
1775	1.5(양 2.4). 각도 성지城池·기계器械 보수를 명함. 3.4(양 4.3). 연산군·광해군 봉사자奉祀者 근직近職에 군직軍職을 줄 것을 명함. 4.18(양 5.17). 서북西北 무사에게 시사試射 실시.	△ 이 해 · 인도, 마라타동맹과 영국 동인도회사 간에 제1차 마라타전쟁 발발.	4. 미국, 독립전쟁 시작. 4.19. 미국, 식민지군, 렉싱턴에서 영국군과 무력 충돌.(렉싱턴전투) 5. 미국, 제2차 대륙회의 개최. 6. 미국, 조지 워싱턴을 독립군 총사령관에 선임. 7.3. 미국, 대륙군 창설. △ 이 해 · 프랑스, 튀르고의 재정 정책에 반대하는 폭동 발생. · 보스니아·헤르체고비나, 오스만투르크 지배에 대항하는 봉기 발생. · 불가리아, 오스만투르크에 대항하는 봉기 발생.
1776	△ 이 해 · 장지항張志恒, 왕명으로 《병학통兵學通》 편찬.		6. 미국, 버지니아 대표, 대륙회의에 독립결의문 제출. 독립선언서 기초위원회 구성. 6.28. 미국, 제퍼슨 등이 기초한 '독립선언서'를 대륙회의에 보고. 7.2. 미국, '독립선언서' 채택.(7월 4일 독립 선언을 함) 8.2. 미국, 대륙회의 대표자, '독립선언서'에 서명. 9. 미국, 에즈라 리 하사, 데이빗 부시넬이 제

연도	한 국	동 양	서 양
1776			작은 1인용 잠수함으로 스테이튼섬의 영국 군 함대를 공격. 전쟁에서 최초로 사용된 군 함대를 잠수함.
1777	2.7(양 3.15). 금위·어영의 대장을 어영사·금위사로 개칭. 무고武庫의 화약을 도둑맞은 제조를 을 파직.		11. 미국, 13개 주, 대륙회의에서 '아메리카 연합 규약'을 결의.(성조기 탄생)
	2.29(양 4.6). 제영諸營에 성을 수축하도록 함.		△ 이 해
	5.16(양 6.20). 병조판서 이하 문무 장수들에게 향상 각재角材 끼도록 명함.		• 미국, 프랑스 귀족 라파예트, 의용군을 이끌고 식민지군을 지원.
	6.20(양 7.24). 훈련대장 장지항張志恒에게 지방 군 예을 조목하여 올리도록 하고, 이어서 금 위영·어영청의 향군 규모를 물음. 금위영 16,300명, 어영청 16,750명.		
	7.16(양 8.18). 시족 및 내력이 있는 사람 이외는 모두 별군직에서 제외시키도록 함.		
	7.25(양 8.27). 병조, 선전내금위사목宣傳內禁衛事目을 올림.		
	7.27(양 8.29). 선전관의 강도講讀과 습사習射 규정 하교.		
	9.11(양 10.11). 삼청三廳 내시사內試射에 중中남은 감사監射를 못하도록 함. 별군직의 중일시中 日試를 혁파.		
	12.25(양 1778.1.23). 마정馬政을 소홀히 한 수령을 지벌할 것을 명령.		
1778	2.5(양 3.3). 호위 삼청을 일청으로 통합. 수어청과		2.6. 미국, 프랑스와 동맹 체결.

연도	한국	동양	서양
1778	홍충청을 영솔으로 통함. 6.22(양 7.15). 금위영·어영청, 유청기사정목有廳騎士節目 土節目 을림. 윤6.1(양 7.24). 3영이 궁성 파수 격식 제정. 윤6.17(양 8.9). 각 군문의 당상·당하, 장관, 종사관 등은 병조를 거쳐 낙점落點 반도록 함. 8.13(양 10.3). 업무懸武 의사의 이정鱸正을 명하도록 지점을 하교. 9.2(양 10.21). 노량鸞梁에서 대열大閱 실시. 9.7(양 10.26). 각 군문의 기예伎藝 명정을 통읍. 10.23(양 12.11). 백곡白骨·항구黃口의 징포徵布 엄금 을 하교. 11.20(양 1779.1.7). 통영統營의 전환錢還을 금지시키는 문제로 노의.		6.17. 프랑스, 미국 독립을 인정하고 영국과 전쟁 시작. 7. 오스트리아·프로이센, 바이에른 계승 전쟁 발발.
1779	2.7(양 3.24). 병부兵符가 없는 수어청·총융청도 신진信箭·표신標信에 의거, 군병을 출동시키는 것을 항식으로 삼도록 명함. 3.8(양 4.23). 통어영統禦營을 강화부에 통함. 4.22(양 6.6). 숙위宿衛 설치를 하교. 6.18(양 7.30). 남한산성 보축補築 공사 완공. 8.8(양 9.17). 승군을 도신逃散시키는 폐단의 시정을 명함. 점조, 매화埋火의 우용성을 논함.	△ 이 해 ·인도, 영국과 마이소르왕국 간에 제2차 마이소르전쟁 발발.	
1780	2.5(양 3.10). 주연화砲을 폐지하고 봉화 복구. 12.25(양 1781.1.19). 고군산群山을 호남의 수군 조련水操 장소로 정함.	△ 이 해	△ 이 해 ·러시아, 예카테리나2세, 영국에 대한 무장 중립동맹을 제창하여 미국 독립을 간접적

연도	한국	동양	서양
1780			으로 원조. (스웨덴·덴마크·프로이센·포르투갈 등 가맹)
1781	3.7(양 3.31). 마병을 혁파하여 보군으로 전환. 4.10(양 5.3). 금군의 폐단을 논의. 무관양성에 힘쓰게 함. 7.17(양 9.4). 비변사의 《등록촬요謄錄撮要》을 조목하여 《비국고사備局故事》를 만들도록 함. 10.28(양 12.13). 병조참의 윤면동尹冕東, 수성법을 논함. 적대敵臺·진호乾濠·내탁內托·군장軍廠·협문夾門·문내중파門內重坡·비석飛石·수명水명松明·철광鐵鑛의 구비 등을 논함. 11.11(양 12.25). 서북의 무변武弁을 수용.	4. 청. 감숙에서 이슬람교도의 난 발생.	3. 미국, 최초의 헌법이라 할 수 있는 '아메리카 연합 규약'가 연합 규약, 각 주에서 발효. 10. 미국, 요크타운전투를 끝으로 사실상 독립. 전쟁에서 승리.
1782	3.28(양 5.10). 천성天城·가덕加德·지세知世·우포于浦·조라助羅의 5둔屯에서 왜선 요망瞭望을 나누어 하도록 정제를 개정. 4.15(양 5.26). 구 용호영龍虎營 진몰을 수어청으로 이관. 6.13(양 7.22). 각 군문 장신將臣들의 도성출입 규칙 제정.	△ 이 해 • 시암. 라마1세, 독립하여 차크리(방콕)왕조 수립.(타이의 현 왕조)	11.30. 영국·미국, 파리조약을 체결하여 미국의 독립을 인정.
1783	10.29(양 11.23). 비변사, 각도 어사御史가 가지고 갈 사목事目을 제정하여 올림.		1.20. 영국, 베르사유조약 체결로 프랑스·에스파냐와 강화. △ 이 해 • 러시아. 크리미아반도 병합.
1784	1.21(양 2.11). 중앙청의 관동의승둔東義屯의 변전畓을	△ 이 해	

연도	한국	동양	서양
1784	錢을 정지하여 연제함. 5.22(양 7.9). 병조, 감문절목監門節目 올림. 8.9(양 9.23). 정족산성鼎足山城에 장고를 설치하고 파수 군졸을 증액하도록 함. 11.8(양 12.19). 장파長坡에 진을 설치하는 문제, 장진보長津堡에 읍을 설치하는 문제, 단천端川의 방어防禦 승격 여부 등을 논의.	•청, 감숙에서 또 이슬람교도의 난 발생. •인도, 티푸 술탄, 영국과 망가로르조약 체결. (제2차 마이소르전쟁 종료)	
1785	1.22(양 3.2). 병조, 정과경科에 임직한 신전습薪傳習 출신 자들의 금군 입속 절차를 아림. 5.11(양 6.17). 신전관의 임무와 격례를 정리한 신전관정목薪傳官節目을 만들어 올림. 5.12(양 6.18). 순영巡營·병영兵營에서 봉대烽臺의 근무실태를 수시로 점가할 것을 명함. 7.2(양 8.6). 수어청과 총융청에 병무예출신청武藝出身廳을 장용위壯勇衛로 개칭. 9.11(양 10.13). ≪병학통兵學通≫ 완성. 12.6(양 1786.1.5). 장진제長津濟 별장別將을 장진진長津鎭 진장鎭將 율令. 9.29(양 10.31). 각 영營의 습진習陣陣, 남한산성의 성조城操, 통영統營의 수조水操 등을 ≪병학통兵學通≫을 준용遵用할 것을 명함. 12.26(양 1786.1.25). 수어사와 총융사를 겸임하는 규식 제정. △ 이 해 •≪어정병학통御定兵學通≫ 출간.	△ 이 해 •매뉴(안남), 완보엉, 내월(안남) 통일 전쟁을 위해 프랑스에 원병 요청. 병학통(규장각한국학연구원)	

연도	한국	동양	서양
1786	6.3(양 6.28). 청주성 수축.	△ 이 해 ·청, 시암(타이)을 복속.	
1787	1.19(양 3.8). 마위전馬位田 매매하는 자를 충군充軍으로 다스리도록 함. 5. 포랑스군에 폐루즈 일행, 제주도를 측량하고 응룡도에 접근.(이후 서양함대의 출몰이 빈번해짐) 8.3(양 9.14). 장진진長津鎭을 장진부長津府로 승격. △ 이 해 ·장용영에서 《병학지남兵學指南》 간행.	△ 이 해 ·따웰(안남), 완씨, 포랑스와 베르사유조약 체결.	△ 이 해 ·러시아, 오스만투르크와 전쟁 시작. ·오스트리아, 오스만투르크와 전쟁 시작. ·벨기에, 브라번트혁명 발생.
1788	1.22(2.28). 장용영 군안軍案 수정. 1.25(3.2). 암행어사가 사사로이 군관을 대동하는 것 금지. 3.3(양 4.8). 별군직청別軍職廳을 설치하여 효종(봉림대군)을 심양까지 시종했던 팔장사八壯士의 후손을 등용하도록 함. 7.19(양 8.20). 장용영, 새로 정한 향군절목鄕軍節目을 올림. 8.20(양 9.19). 장용영에 제조提調를 설치, 신해정 공사제조公事提調가 예겸例兼하도록 함.	6. 청, 순사이, 안남(따웰)에서 승리하고 여유 기를 왕으로 추대.	△ 이 해 ·영국, 오스트레일리아 시드니 식민지를 건설.
1789	5.26(양 6.19). 삼도통어사三道統禦使를 교동부喬桐府에 재설치. 12.4(양 1790.1.18). 주교사舟橋司를 설치하여 준천사濬川司에 합부合附.		7.14. 포랑스, 국왕이 베르사유에 무력 개입을 준비하고 네케르 재무장관을 면직시키자 파리시민들이 바스티유감옥을 공격하여 점령.(포랑스혁명 발발) 8. 벨기에, 리에주에서 혁명이 발생하여 혁명

연도	한국	동양	서양
1789			군이 시청을 점거. 8.26. 프랑스, 국민의회, '인권 선언(인간과 시민의 권리 선언)' 발표.
1790	4.29(양 6.11). 《무예도보통지武藝圖譜通志》 완성. 3.6(양 4.19). 평안도·함경도·황해도의 무예에 능한 무사를 시험, 선발하여 보고하도록 함. 평안도의 중신出身 자손에게 수포收布하는 법 폐지. 7.1(양 8.10). 정조, 《주교지남舟橋指南》 지음. 12.18(양 1791.1.22). 구근식久勤太을 이정釐正, 오래 근무한 3영三營 별무사別武士와 과두坡頭·양주楊州의 장번응을 등용하도록 함.	△ 이 해 ·청, 안남(대월)과 미얀마 복속. ·인도, 영국과 마이소르왕국 간에 제3차 마이소르전쟁 발발.	1. 벨기에, 브라반트혁명으로 공화국 수립. 12. 오스트리아. 브라반트를 점령하고 브라반트 혁명정부를 해체.
1791	1.3(양 2.5). 주교당상舟橋堂上·정민시鄭民始, 주사舟師 편제를 아룀. 5.10(양 6.11). 새로 인쇄한 《병학지남兵學指南》을 장용영 향무사鄕武士가 있는 고을로 보내 공부를 장려. 5.26(양 6.27). 금군을 6개 번番으로 하던 옛 제도 회복. 6.4(양 7.4). 기사장騎士將에 서읍·중읍을 하통許通. 11.21(양 12.16). 경상좌도 수군의 누선樓船을 거북선으로 개조. 12.13(양 1792.1.6). 양주楊州에 진영鎭營 재설치.	△ 이 해 ·티베트, 티베트동란 발생.	1. 벨기에, 리에주혁명을 임으킴.(오스트리아 군에 의해 완전 진압) 8. 오스트리아. 피니츠선언을 발표하여 프랑스혁명의 진전을 막고 루이[16세]를 구원하기 위해 간섭할 것을 표명.
1792	1.4(양 1.27). 고성진古城鎭 첨사僉使을 장용영별장壯勇營別將으로 삼음.	△ 이 해 ·인도, 세링가파탐조약 체결.(제3차 마이소르전쟁 종결	2. 프로이센. 오스트리아. 대프랑스 동맹 결성. 4. 프로이센. 오스트리아. 프랑스 혁명정부에

연도	한 국	동 양	서 양
1792	5.22(양 7.10). 평안도 양하진陽下鎭을 혁파하여 백마산성白馬山城에 소속시킴. 7.5(양 8.22). 외방 정제배후 무재武宰 심군직實軍職 시종特從이 반록 구정 제정. 수록지受祿者 각 160명. 12.15(양 1793.1.26). 중앙청 5영五營을 3영三營으로 개정. 관성장管城將의 호칭을 중부 전중부 천중부千摠別兵千摠으로 개칭.	근신생 중검)	봄만을 품고 프랑스를 공격하여 혁명전쟁을 시작. 9. 프랑스, 발미전투에서 프로이센·오스트리아 연합군 격파. △ 이 해 ·러시아, 아시조와 제컴로 오스만트르크와 강화.
1793	1.11(양 2.21). 주교교사浮橋司, 주교절목舟橋節目을 올림. 1.12(양 2.22). 장용영 병방兵房을 장용사壯勇使房으로 고쳐 호위청에 이속. 1.25(양 3.7). 장용영, 내영과 외영의 새로 정한 절목節目을 올림. 7.13(양 8.19). 수원부 마련, 장별대壯別隊로 개칭. 7.21(양 8.27). 이순신을 영의정으로 추증. 9.16(양 10.20). 병조, 금려절목禁旅節目을 올림. 9.24(양 10.28). 비변사, 장용외영의 친군위절목親軍衛節目 마련. 10.21(양 11.24). 비변사, 장용외영의 군제절목軍制節目을 아룀. 10.26(양 11.29). 장용영 군사들의 요패에 관한 규정 제정.	△ 이 해 ·청, 백련교도의 난 발생. 『무예도보통지』(규장각한국학연구원)	3. 유럽, 루이16세 처형을 계기로 영국의 소피트가 제창하여 제1차 대프랑스동맹을 결성하기 시작.(영국·오스트리아·프로이센, 러시아·네덜란드·에스파냐 등이 결성) 4. 미국, 대프랑스 중립을 선언. 국무장관 제 퍼슨, 중립선언에 반대하여 사임.
1794	1.15(양 2.14). 정조, 화성華城이 들어설 자리를 두루 살핌.		7.29. 프랑스, 반로베스피에르파, 중간파 부르주 아지와 손잡고 테르미도르의 반동을 일으

연도	한 국	동 양	서 양
1794	2. 화성華城 성역 시작. 3.16(양 4.15). 묘향산의 사산대사 충정대忠愍祠의 사당에 수충사酬忠祠라는 이름을 내림 4.5(양 5.3). 장단長湍의 마병兵을 별효사別驍士로 개칭. △ 이 해 · 증약充良浩, 《해동명장전海東名將傳》 편찬. · 정성희德聖鶴·정제두徵默, 《용성쌍의록龍城雙義錄》 편찬, 간행.		켜 로베스피에르와 그 일파를 처형. △ 이 해 · 페르시아. 이프샤르왕국의 오스만르크게 아가 무하마드 한, 잔드왕조의 루트프 알리 한을 완전 제압하고 페르시아를 통일.
1795	2.9(양 2.27). 병조·장용영, 화성의 수성훈련 및 야간훈련 구성을 올림. 3.29(양 5.17). 화성직로華城直路 발참撥站 설치. 5.25(양 7.11). 비변사, 화성협수군제協守軍城端守軍制를 정목 마련. 장용영, 향군조정무료鄕軍造 抄定節目 올림. 6.7(양 7.22). 충융청의 부部·사司에 각각 4조哨씩 두도록 편제를 정함. 8.18(양 9.30). 수어청을 혁파하고 광주부를 승격시켜 구유수를 둠. 8.19(양 10.1). 수어청 진영을 혁파하고, 충융청 후영을 단영으로 만들어 이름을 없앰. 비변사, 광주부유수로 남한산성 수어사를 겸임시켜 진에 내보내는 절목을 올림. 9.14(양 10.26). 《충무공이순신전서忠武公李舜臣全書》 간행.	· 청. 규주와 호남에서 묘족의 난 발생. 화성(경기 수원. ⓒ장득진)	△ 이 해 · 프랑스, 벨기에를 점령하고 바타비아 공화국을 수립. · 영국, 네덜란드로부터 케이프 지방 획득. · 폴란드, 포모이센·오스트리아·러시아에 의한 제3차 분할로 폴란드 멸망. · 하와이. 가메하메하왕조, 하와이왕조를 통치.

연도	한 국	동 양	서 양
1795	9.24(양 11.5). 병조, 검선진관제도의 연혁을 조사하여 이룸. 제대로 알지 못한 훈련대장 서유대徐有大·어영대장 이한풍李漢豐을 내림. 11.7(양 12.17). 화성華城의 둔전屯田 완성.		
1796	6.24(양 7.28). 이사룡李士龍을 모신 성주星州 충렬사忠烈祠에 현판을 내림. 8.19(양 9.19). 수원부水原府 완성. 9.15(양 10.15). 상토진上土鎭을 교장敎場坪으로 이설하고 강계방어영 중군界防禦營中軍을 겸하도록 함. 경기남해男方 신천 의열사儀烈祠에 배향. 11.9(양 12.7). 《화성성역의궤華城城役儀軌》 완성. 11.19(양 12.17). 주주진厚州鎭을 설치하고 첨사를 둠. 12.9(양 1797.1.6). 각도 영장營將과 금군 장수는 수령 이력이 있는 자로 제수하는 것을 법식으로 정함. 12.13(양 1797.1.10). 훈련원절목訓鍊院節目 내림. 3영三營 중군中軍을 훈련원 능마아당상能麽兒堂上으로 삼도록 함. △ 이 해 · 《김충장공유사金忠壯公遺事》 중간. · 김지남金指南의 《신전자초방新傳煮硝方》 중간.	1. 청. 호북에서 백련교도의 난 발생. 『화성성역의궤』(규장각한국학연구원)	△ 이 해 · 페르시아. 아가 무하마드, 카자르 왕조의 왕위에 올라 아프사르왕조를 멸하고 시파비왕조의 뒤를 이음. · 프랑스. 나폴레옹, 이탈리아 원정군 사령관이 됨. · 러시아. 페르시아와 전쟁.
1797	2.10(양 3.8). 황해도 수군 절도영水軍節度營의 양미糧米 400석을 통어영統禦營에 떼어주어 선선을 수리하게 함.	5. 청. 호남의 삼성병을 다시 둠. △ 이 해 · 청. 백련교도의 난을 평정하고자 향용 모집.	10. 오스트리아. 캄포 포르미오조약으로 벨기에를 프랑스에 할양하고 베네치아를 합병. △ 이 해

연도	한 국	동 양	서 양
1797	7.8(양 8.29). 이병(邌兵)의 군사훈련을 7년에 1번씩 거행하는 것을 법으로 정함. 운타연(卻本然)을 함종(賦隩) 장의사(火彰義嗣)에 배향. 12.30(양 1798.2.15). 화성(華城), 외영군제(外營軍制)·첨수군(僉守軍)에 관한 추가 절목과 수성절목(守城節目)을 올림.		·프랑스, 나폴레옹, 오스트리아를 이긴 후 파리에 개선.
1798	1.11(양 2.26). 춘천(春川)은 도정(都正)이 중군(中軍)을 겸함. 매에는 능마아(能應兒) 당상을 3원(員)으로 하도록 함. 9.4(양 10.12). 화성부를 외영으로 승격시키고 과천·시흥·용인·안산·진위 등을 소속시킴에 따라, 군에 조정 등 주속 대책을 마련하도록 명함. 10.19(양 11.26). 비변사, 장용외영오군(壯勇外營五軍) 군제병목(軍制兵目)을 올림. 11.3(양 12.9). 정조, 5영대장이 병조판서의 지휘를 받는 체제의 문제점을 지적, 5위제도의 법식을 실피기 위해 실무를 상고하도록 명함. 11.29(양 1799.1.4). 전선(戰船)과 조선(漕船)을 통용(通用)하도록 함. 12.17(양 1799.1.22). 각도 목장의 말, 총 7,367필 △ 이 해 ·《양호거이록(兩湖釐事錄)》 간행.	△ 이 해 ·청, 귀주와 호남에서 묘족의 난을 평정.	8. 프랑스, 아부키르만해전에서 넬슨제독이 지휘하는 영국 해군에게 패배. △ 이 해 ·프랑스, 나폴레옹, 이집트 원정 시작.
1799	1.29(양 3.5). 금위영·어영청에서 성 밖 민전을 매입하여 군중한 백성들이 장사지내는 것을 엄금.	△ 이 해 ·인도, 제4차 마이소르전쟁 종결.	7. 유럽, 나폴레옹의 이집트 원정을 제기로 제2차 대프랑스 동맹 결성(영국·러시아·오스

연도	한국	동양	서양
1799	하략하략도록 함. 11.29(양 12.25). 서북진西北鎭을 장군파고보將軍坡古堡로 이정할 것을 명함. 당아산성當峨山城 등 축을 하락.		트리아, 오스만투르크 등 참여). 11.9. 프랑스, 나폴레옹, 총제정부를 쓰러뜨린 '브뤼메르 18일의 쿠데타'를 일으킴.(통령정부가 수립되고 프랑스혁명 종결)
1800	12.12(양 1801.1.26). 대왕대비(정순왕후), 명년 호조의 경비를 장용영 제정으로 중당하고, 중 청도·황해도 장용구보大勇口錢를 대전代錢을 해당 도의 민고民庫에 붙일 것을 명함.		△ 이 해 •영국, 오스만투르크, 양국 연합군, 프랑스의 이집트 전쟁 부대를 격퇴함으로써 아프리카에서 프랑스군을 축출. •프랑스, 에스파냐로부터 루이지애나 획득. •프랑스, 나폴레옹, 제2차 이탈리아 원정 실시.(오스트리아군 격파)
1801	9.18(양 10.25). 《화성성역의궤華城城役儀軌》 간행.	11. 청, 백련교도의 난을 점차 평정함.	△ 이 해 •영국, 아일랜드를 병합하여 대브리튼-아일랜드 연합왕국 수립. •프랑스, 오스트리아와의 강화 성립으로 다시 좌측 지역을 프랑스령으로 흡수.
1802	1.20(양 2.22). 대왕대비, 장용영 폐지를 명함. 1.26(양 3.10). 장용영 소속 각 창고를 내탕內帑에 환속시킬 것을 명함. 1.28(양 3.2). 장용영이 하던 수어를 무예별감武藝別監이 맡도록 함. 2.7(양 3.10). 비변사, 장용영 혁파 별단撤罷壯勇營撤能別單과 장용영 외영 군제개정壯勇營外營軍制釐正別單을 올림. 6.10(양 7.9). 신전新箋 방식을 권점圈點에서 주천으	△ 이 해 •미월(안남, 안부성), 프랑스 원조로 서산왕조를 물리치고 마지막 왕조인 구엔왕조 수립. •인도, 마라타동맹의 페슈와(총리)인 바지라오 2세, 영국과 파세인조약을 체결하여 반영투쟁을 보장함.	3. 프랑스, 나폴레옹, 영국과 아미앵화약 체결.

연도	한 국	동 양	서 양
1802	로 환원.		
1803	12.8(양 1804.1.20). 개성 인근 청석동 금재기를 마다 죽성하는 것을 하락함. 2.25(양 3.18). 태복시太僕寺에 올리는 제주 공마貢馬의 이부를 매년 순련도감·금위영·어영청의 3영三營에 주도록 함.	△ 이 해 ·청. 백련교의 난 완전 평정. ·인도, 영국과 마라타동맹 사이에 제2차 마라타전쟁 발발.	
1804	2.19(양 3.30). 양천평凉川坪에서 대열大閱 실시.	△ 이 해 ·청. 복건과 타이완 해안에 해적이 출몰하여 만행을 자행. (한도의 난) ·일본. 러시아의 레자노프, 나가사키에 입항하여 통상을 요구하였으나 막부에서 거절하자, 이에 대한 보복으로 훗카이도 부근을 공격.	△ 이 해 ·아이티. 투생 루베르튀르 지도하에 독립을 선언.
1805	△ 이 해 ·《신간증보삼략직해新刊增補三略直解》 간행.		10.21. 영국. 넬슨, 트라팔가해전에서 프랑스와 에스파냐의 연합 함대를 격파하고 전사. 12.2. 프랑스. 나폴레옹1세, 아우스터리츠 전투에서 러시아와 오스트리아 황제군을 격파. 12.26. 프랑스. 프레스부르크 조약 체결로 서부 및 남부 독일을 실제적으로 지배.
1806	9.16(양 10.27). 서부 양도 출신 문·무관도 승문원承文院과 선전관宣傳官에 추천할 수 있도록 함.	△ 이 해 ·일본. 북부의 지시마와 사할린을 침략.	△ 이 해 ·영국·러시아·오스트리아. 프랑스 제정 성립에 대항하여 제3차 대프랑스 동맹 결성. 7.12. 프랑스. 나폴레옹1세, 오스트리아와 프로이센에 대항하기 위해 독일 지역 서남부 연방인 라인연방을 결성.

연도	한국	동양	서양
1806			8.6. 도을 부추겨 '라인연방'을 성립시킴. 신성로마제국, '라인연방' 결성에 따라 해체 됨망. 11.21. 프랑스, 나폴레옹1세, 영국 경제를 봉쇄하기 위해 '베를린칙령(대륙봉쇄령)'에 의한 대륙 봉쇄를 시작. 영국. 부에노스아이레스 획득. 히망봉 점령. △ 이 해 · 러시아. 오스만투르크의 영토를 침공하여 전쟁 시작.
1807	4.20(양 5.27). 평안도 자모산성慈母山城 화약고에 화재. 화약 38,407근, 화승火繩 12,305원圓, 군막 83부주, 북대소쇠北大小鎖 146연면, 연환鉛丸 409,066개 소실. 7.25(양 8.28). 장용영에서 춘천도감으로 이속되어 실직으로 승진하지 못한 마보병으로 별도의 보군步軍 1조를 구성. 9.6(양 10.6). 박천군博川郡이 조선-일본 전쟁(임진왜란) 때 선조가 머물던 곳에 비석을 세우고 사적을 기록할 것을 명함. 9.16(양 10.16). 동래 금정산성金井山城을 수축守築하기로 함.	3. 일본 홋카이도를 직할지로 삼음. 9. 청. 팔기군의 문란을 금함. 12. 일본. 러시아 선박을 공격하여 내쫓는 '타불령打拂令' 시행.	7. 프랑스, 틸지트조약에 의해 러시아, 프로이센과 강화 체결.(프로이센 영토 대부분이 항양되고 러시아에게는 대륙 봉쇄에 대한 협력을 명함. 나폴레옹제국 전성기) △ 이 해 · 프랑스, 나폴레옹1세, 에스파냐 침공, 에스파냐전쟁 시작. · 포르투갈. 프랑스군의 침공을 피해 정부가 브라질로 망명.
1808	8.1(양 9.20). 순조, 서영보徐榮輔·심상규沈象奎를 인견하여 《만기요람萬機要覽》의 내용, 군정 규정	9. 청. 영국 군함, 마카오의 포대를 점령. 오래 광의 항의로 점수.	5. 에스파냐반란. 에스파냐에서 반란 발생.(나폴레옹1세가 형 조제프를 에스파냐 국왕에 앉힌 것

연도	한 국	동 양	서 양
1808	이 개선 방안, 병장기들의 장단점, 총포의 유용성 등을 논함. △ 이 해 · 홍의영洪儀泳, 《북관기사北關紀事》 편찬. · 서영보·심상규, 《만기요람萬機要覽》을 편찬하여 올림.		이 밤단 12.4. 프랑스, 나폴레옹1세, 마드리드를 점령. △ 이 해 · 프랑스, 나폴레옹1세, 러시아 황제 알렉산드르1세와 에어푸르트회담 개최. · 러시아. 핀란드를 공격하여 강제로 병합.
1809	3.25(양 5.9). 박천군博川郡의 성적비聖蹟碑 영건. 5.30(양 7.12). 평안감사 서영보, 강계부의 방군전防軍錢·둔전둔미屯田屯米節目을 이룸.		△ 이 해 · 라틴아메리카. 멕시코와 에콰도르, 독립운동 전개.
1810	6.24(양 7.25). 조긍하趙兢夏 이지영李祉永, 《오례통편五禮通編》, 조보 16책을 올림.	8. 청. 광동수사제독을 증설. △ 이 해 · 청. 해적 두목 채건을 죽이고 해적들을 평정.	△ 이 해 · 프랑스, 네덜란드를 병합. · 라틴아메리카. 에스파냐령 식민지에서 독립운동이 왕성해짐.
1811	3.20(양 4.12). 5위의 숙위와 사소四所의 순경巡更을 규정대로 하고 군사들의 군장을 제대로 갖추도록 명함. 12.18(양 1812.1.31). 홍경래洪景來 등, 평안도에서 봉기. 12.22(양 1812.2.4). 홍경래군, 가산·정주 점령. 12.30(양 1812.2.12). 홍경래군, 정주성으로 퇴각. △ 이 해 · 방우정方禹鼎, 《서정일기西征日記》《진중일기陣中日記》 지음.		△ 이 해 · 라틴아메리카. 모렐로스 신부 지도하에 멕시코 독립운동 시작. · 라틴아메리카. 미란다, 베네수엘라 독립을 선언. · 라틴아메리카. 파라과이, 독립을 선언하고 공화국 수립.
1812	1.13(양 2.25). 관군, 홍경래 농민군을 무찌르고 곽산 수복.		9.7. 프랑스, 보로디노 전투에서 러시아 장군 쿠투조프를 모스크바로 철수시킴.

연도	한 국	동 양	서 양
1812	4.19(양 5.29). 관군, 정주 수복. 홍경래 등 잠적. 5.4(양 6.12). 홍경래군 진압에 따른 포상 시행.		9.14. 프랑스, 나폴레옹군, 모스크바 입성.(모스크바 대화재 발생) 10.24. 프랑스, 말로야로슬라베츠 전투. 프랑스군, 철수를 결정. △ 이 해 · 카지르앙국, 러시아와 전쟁 시작. · 에스파냐, 에스파냐 시민혁명 선언 · 미국, 영국에 선전포고. (영미전쟁) · 미국, 전쟁 중 수뢰를 실용화함. · 베네수엘라. 독립운동 실패.
1813	4.5(양 5.5). 함경도 삼수부의 자작自作·어면魚面·강구江口·신방神方·묘파廟坡 등 서쪽 5진鎭을 혁파하고, 별해진別害鎭·별해진別害鎭은 우선 독진獨鎭으로 두도록 함. △ 이 해 ·훈련도감, 《융원필비戎垣必備》 편집, 간행.		10.19. 프랑스, 나폴레옹군, 라이프치히전투에서 오스트리아·러시아·에스파냐 연합군에게 대패. △ 이 해 · 미국, 영국·인디언 연합군을 격파. · 라틴아메리카. 모렐로스의 혁명의회, 멕시코 독립을 선포. · 라틴아메리카. 콜롬비아(누에바그라나다), 독립을 선포.
1814	2.10(양 3.1). 병기의 사적인 제조·매매를 엄금. 6.20(양 8.5). 홍경래군 진압에 따른 포상에서 누락된 인원에 대한 추가 포상 시행. 12.28(양 1815.2.6). 별해別害를 독진獨鎭으로 삼음.	2. 청. 사사로이 병기를 제조하거나 매매하는 것을 금함. △ 이 해 · 네팔. 구르카전쟁으로 영국에게 장악됨.	4.6. 프랑스, 나폴레옹1세, 퇴위. 5.30. 프랑스, 제1차 파리조약. 프랑스의 국경이 1792년의 상태로 복귀. 9.18. 오스트리아. 메테르니히 주최로 나폴레옹 전쟁 전후 처리를 위한 빈회의를 시작. 덴마크령 노르웨이를 연합에 편스웨덴.

연도	한국	동양	서양
1814			임.(김조야) △ 이 해 ·카자르왕국. 영국과 조약을 체결하여 프랑스의 영향력을 완전 배제. ·그리스. 비밀 독립운동 단체 필리케 헤타이리아를 결성하여 오스만투르크와 전쟁. ·미국. 간조약 성립으로 영미전쟁 종식.
1815	3.15(양 4.24). 강계(江界) 종포진(從浦鎭)을 상토진(上土鎭)의 옛터로 이설할 것을 명함.		3.20. 프랑스. 나폴레옹, 엘바 섬을 탈출하여 파리에 입성.(백일천하) 6.9. 오스트리아. 빈회의에서 최종 의정서가 조인되어 보수반동적인 빈체제 출범. 6.18. 프랑스. 워털루전투. 6.22. 프랑스. 나폴레옹 퇴위. 세인트 헬레나 섬으로 유배됨. 9.26. 오스트리아. 러시아 알렉산드르1세 제창으로 신성동맹 결성. 11.20. 프랑스. 제2차 파리조약으로 프랑스의 국경이 1790년의 상태로 됨. 11.20. 오스트리아. 영국·오스트리아·프로이센·러시아, 4국동맹 체결.(빈체제의 지주가 됨) △ 이 해 ·스위스. 영세중립을 선언. ·세르비아. 반오스만투르크 독립운동 시작. ·이집트. 모하메드 알리, 와하브파 세력을 완전 제압.

연도	한 국	동 양	서 양
1815			·멕시코, 모렐로스가 처형되고 독립운동 실패.
1816	3.25(양 4.22). 평안도 군중軍總을 감해 줌. ·홍양호의 《해동명장전海東名將傳》을 새로 간행. △ 이 해	△ 이 해 ·일본. 영국, 류우큐우琉球에 무역 요구.	△ 이 해 ·아프가니스탄왕국. 카자르군, 아프가니스 탄왕국 가붕을 점공. ·영국. 비팔을 지배. ·라틴아메리카. 산마르틴 등의 활약으로 라 플라타(주의 아르헨티나)연방 독립. ·라틴아메리카. 콜롬비아(수에바그라나다), 독 립운동 실패.
1817		△ 이 해 ·일본. 영국, 우리가에 내항하여 통상 요구. ·인도. 제3차 마라타전쟁.	
1818	5.19(양 6.22). 춘천사椿川屆, 개천 준섬 공사 완료를 보고. △ 이 해	△ 이 해 ·인도. 마라타왕국 멸망. ·일본. 영국, 우리가에 내항하여 통상 요구.	△ 이 해 ·와하브왕국. 오스만투르크의 지령을 받은 모하메드 알리에게 멸망. ·프랑스. 4국동맹에 참여.(5국동맹) ·러시아. 돈 지방에서 농민 반란 발생. ·칠레. 산마르틴 해방군의 도움으로 독립. ·미국. 제1차 세미놀 전쟁.
1819	3.28(양 4.22). 어영청 남소영南小營 화약고에 화재. 공해公廨 100칸, 화약 93,280근, 연환鉛丸 611,400개, 왜화焱 4,800근, 향향物黃 4,860 근 소실. △ 이 해		△ 이 해 ·영국. 벨룰루(수마트라 남서부) 지사 레플 스, 싱가포르를 점령. ·라틴아메리카. 볼리바르의 지도하에 베네 수엘라와 에콰도르를 포함하는 대물롬비아

연도	한 국	동 양	서 양
1819	•전라우도 수군절도사 이민수李民秀, 운신륜船 제작.		공화국으로 독립 달성.
1820			△ 이 해 •이탈리아. 카르보나리당 주도하에 헌법 개정을 요구한 나폴리혁명 발생. •이집트. 모하메드 알리, 수단 정복 전쟁 시작. •라틴아메리카. 이투르비데, 멕시코 독립군 등 진개.
1821	1.25(양 2.27). 쌍천권관雙川權管·죽오만호竹島萬戶를 함경도 진기위의 자벽自辟 자리로 정함. 4.29(양 5.30). 서운산瑞雲山 봉대烽臺의 이설을 명함.		4. 그리스, 오스만트르크를 상대로 독립전쟁 시작.
1822	2.10(양 3.3). 금구영·여량청에서 경비 마련을 목적으로 변상 대신 군전軍錢을 거두는 것을 금지시킴. 3.20(양 4.11). 청석진靑石鎭 혁파를 명함.	△ 이 해 •일본. 영국, 우라가에 내항하여 통상 요구. •그리스, 독립을 선포.	
1823	5.25(양 7.3). 영운진永運鎭 읍지邑誌를, 영성진永城鎭으로 옮기도록 함.		△ 이 해 •프랑스, 에스파냐에 침입하여 리에고의 입헌혁명 진압.
1824	4.15(양 5.13). 용호영龍虎營을 훈련도감의 옛 군향색塞餉色으로 이전. 6.9(양 7.5). 8도의 도시법都試法을 법대로 엄수할 것을 명함. 윤7.15(양 9.7). 조산-청 전쟁 때 순절한 김수남金秀南을 강화 충렬사忠烈祠에 주배追配.	5. 미얀마. 미얀마 왕, 인도 총독에게 선전포고.(제1차 미얀마전쟁)	△ 이 해 •인도네시아. 네덜란드 지배에 들어감. 7.28. 페루. 볼리비르 군대, 에스파냐 군대를 누르고 독립.

연도	한 국	동 양	서 양
1825	7.25(양 9.7). 조선·일본 전쟁 때 군공을 세운 유응수柳應秀에게 시호를 내림. 8.20(양 10.1). 상주 충의단忠義壇 개수를 명함. 11.19(양 12.28). 금군이 매달 진법훈련을 실시하는 법을 회복하도록 함. 춘련도습·금위영의 협련장操과·장검劍·파총把摠 조련하습은 24사翔이 전 후에 가자加資·승륙陞六하는 것을 정식定式으로 삼음. △ 이 해 ·김이긍金履兢, 《소위포장의록少慰倡義錄》 완성.	△ 이 해 ·일본. 러시아 선박만을 대상으로 했던 '타불령'을 모든 외국선박으로 확대.	12.14. 러시아. 페테르부르크에서 데카브리스트의 난 발생. △ 이 해 ·페르시아. 러시아군이 카자르왕국에 제차 침입. ·볼리비아. 볼리바르의 협약으로 에스파냐 로부터 독립.
1826	8.20(양 9.21). 무사 도시武士都試와 시재才 때 직부전시直赴殿試를 하락하는 인원의 선발 기준 개정. 9.11(양 10.11). 친기위 도시都試에서 직부전시지値赴殿試者를 많이 선정한 병사兵使를 파직.	청. 타이완의 황문윤, 반란을 일으킴. 6. △ 이 해 ·인도. 얀다부조약 제결로 제차 미얀마전 쟁 종결(미얀마 국경 지대를 함병)	△ 이 해 ·오스만투르크, 그리스군을 격파하고 아테네를 점령. ·러시아. 페르시아와 전쟁으로 카스피해에 진출.
1827			7. 런던협정 제결. 영국·프랑스·러시아 3국은 그리스 문제에 관한 조성안에 합의. 오스만투르크는 거부. 10. 영국·프랑스·러시아. 나바리노해전에서 오스만투르크군을 격파.(그리스 독립이 거의 굳어짐)
1828	2.29(양 4.13). 영종진永宗鎭에서도 도시都試를 실시 하도록 함.		4. 러시아. 오스만투르크와 전쟁. △ 이 해 ·포르투갈. 돈 미구엘, 쿠데타에 성공하여

연도	한 국	동 양	서 양
1828			왕이 됨. •우루과이, 독립을 이룸. △ 이 해
1829	3.6(양 4.9). 강서현江西縣이 선조宣祖가 머물던 곳에 비를 세워 사적을 기록하게 함. 7.1(양 7.31). 함경도 북관北關 접도시를 문관 자리로 삼음. 12.10(양 1830.1.4). 훈련도감의 승호陞戶 규정 개정.		•오스만투르크, 아드리아노플화약和約 성립으로 그리스와 세르비아의 자치권을 인정. •러시아, 몰다비아공국과 바라키아공국을 지배. △ 이 해
1830			2. 영국, 런던의정서 발표, 열강, 그리스 독립을 인정. 6. 프랑스, 알제리 점령. 7. 프랑스, 7월혁명으로 샤를10세가 물러나고 오를레앙공 루이 필리프가 즉위.(7월왕정) 11. 벨기에, 네덜란드로부터의 독립을 선포. 11. 폴란드, 바르샤바에서 혁명 발생. 혁명군이 패배하고 러시아 직할지가 됨. △ 이 해 •대콜롬비아공화국, 콜롬비아·에콰도르·베네수엘라 3국으로 분리 독립.
1831	6.10(양 7.18). 무신의 잡기雜技 가지를 첨지를 정하게 함. △ 이 해 •정약선鄭若善, 《충렬실록忠烈實錄》 지음.	△ 이 해 •인도, 영국, 마이소르왕국에서 반란을 일으켜 정치 권력을 장악.	11. 유럽, 영국·프랑스·오스트리아·프로이센, 런던조약 체결. 벨기에 독립을 승인. △ 이 해 •이집트, 모하메드 알리, 오스만투르크와 충돌. •이집트, 모하메드 알리의 아들 이브라힘, 시리아를 정복.

연도	한 국	동 양	서 양
1832	6.25(양 7.22). 영국 선박, 홍주 고대도古代島 인근에 정박. 배의 모양과 구조, 소지 병기, 화물 등에 대해 공충감사가 자세히 보고. 8.13(양 4.13). 비변사, 군진사軍備川事目을 올림.	△ 이 해 ·청. 타이완에서 반란 발생.	△ 이 해 ·폴란드, 러시아에 병합됨. ·오스만투르크, 제1차 터키-이집트전쟁 시작. ·미국, 블랙 호크 전쟁.
1833	2.22(양 4.11). 순천順川, 순섬 공사 시작. 4.10(양 5.28). 이 무렵, 북한산성 수축공사 완료. 4.14(양 6.1). 쌍청 권관雙淸權管 한 자리를 관북 3영 문르영門르營의 친기위親騎衛 취제 시험 합격자이 첫내습자리로 삼음. 보하 권관權化管 한 자리를 두 병영에서 돌려가며 자벽自辟 하는 자리로 삼음. 4.19(양 6.6). 군진사軍川同, 승기교松杞橋에서 영도교 水都橋까지의 순섬 공사 완료. 12.3(양 1834.1.12). 절내 입직 금군의 수를 50인에서 정용영 설치 이전의 100인으로 환원.	△ 이 해 ·청. 사천에서 반비의 난 발생.	
1834	1.10(양 2.18). 북관 경흥부慶興府의 읍지를 무이진茂夷鎭과 바꾸도록 함.	△ 이 해	△ 이 해 ·에스파냐, 갈의 전쟁 시작.
1835	4.27(양 5.24). 중청 병영 화약고 8칸에 벼락이 쳐서 화약 12,800근 소실. 9.25(양 11.15). 평도 제방堤防이 보솔保率 및 각종 한정閑丁 누락의 폐단을 혁파하게 함.	△ 이 해	△ 이 해 ·미국, 제2차 세미놀 전쟁 시작.
1836	8.20(양 9.30). 무신 수령이 교자 타는 것을 관찰사가 구실하에 의말 처리하도록 함.	△ 이 해 ·일본, 도쿠가와 나리아키, 포대 축조.	△ 이 해 ·미국, 텍사스 독립전쟁. 멕시코령 텍사스, 독립 전쟁을 일으켜 공화국 수립.

연도	한 국	동 양	서 양
1837	8.2(양 9.1). 제2차 조선·일본 전쟁(정유재란) 갑년(甲年)이므로 남원 단원묘(壇院廟)와 충렬사(忠烈祠)에 치제토록 함. 8.19(양 9.18). 금위영 화약고에서 화약을 훔친 죄를 효수함. 10.30(양 11.27). 병사·수사 이하 수령·변장(邊將)이 수뢰 따는 것을 엄금. △ 이 해 ·《충의집전(忠義集傳)》 간행.	△ 이 해 ·일본, 미국의 모리슨호, 우라가에 입항하여 포격전.	△ 이 해 ·캐나다, 자치를 요구하는 반란 발생.
1838	4.3(양 4.26). 무과 초시(初試)에서 과장(科場)에 버린 시관을 삭직(削職)하고 소란을 피운 응시자를 먼 섬에 충군(充軍)하도록 함.	6. 청, 제1차 아편전쟁 발발.	△ 이 해 ·아프가니스탄, 영국과 제1차 아프간전쟁 시작.(영국 승리)
1839			△ 이 해 ·오스만투르크, 제2차 티카-이집트전쟁 시작.
1840	7.13(양 8.10). 제전현의 군기(軍器)를 훔친 죄수 효수. 7.15(양 8.12). 구성부의 화약을 훔친 죄수 효수.	10.13. 청, 영국 함대, 영파 점령.	
1841	7.15(양 8.31). 토성진(土城鎭) 혁파. 8.20(양 10.4). 해주에 권율(權慄)의 사당을 건립하도록 함.	5. 청, 영국군, 상해에 상륙. 7. 청, 영국군, 남경을 포위.	△ 이 해 ·유럽, 러시아 남진을 저지하기 위해 다니엘 스해협조약을 체결. ·다틴아메리카. 엘살바도르 독립.
1842		8.14. 청, 영국에 항복.(아편전쟁 종결) 8.29. 청, 남경(난징) 조약 체결로 5개 항을 개방하고 홍콩을 영국측에 할양.	△ 이 해 ·아프가니스탄, 영국군, 카불에서 철수 도중 전멸.(제1차 아프간전쟁 종식) ·파라과이. 완전 독립을 달성.

연도	한 국	동 양	서 양
1843	8.2.(양 9.25). 장진부장부(長津府長)를 진(鎭)으로 고침. △ 이 해 ·《이진총방(彝陣總方)》 증간.	△ 이 해	
1845	5. 영국 군함 사마랑(Samarang)호 제주도 정박. 8. 훈련도감, 대완구·비격진천뢰·포탄·총통 등 무기 제작.	△ 이 해 ·인도, 서북인도의 시크교도들과 영국 사이에 제1차 시크전쟁 시작.	△ 이 해 ·뉴질랜드, 마오리족, 영국의 침략에 저항 시작.
1846	1.14(양 2.9). 무예별감들이 소란을 피운 사건을 계기로 내영(內營)을 혁파하도록 함. 5. 세실(Cécile)의 정국 주제 프랑스 함대, 조선 연안에 나타나 프랑스 성직자 처형에 대한 해명 요구. 8.5(양 9.24). 총융청(摠戎廳)을 총위영(摠衛營)으로 고쳐 수위를 강화하도록 함.	8. 일본, 해안 방어를 강화하는 영을 내림. 인도, 시크교도, 소브라온 싸움에서 가시미(카슈미르) 지역 차지.	5. 포르투갈, 혁명 발발. △ 이 해 ·미국, 멕시코전쟁을 일으켜 캘리포니아와 뉴멕시코를 합병하였음.
1847	2.3(양 3.19). 행행(幸行) 때 시위의 복색을 군복으로 통일하도록 정함. 3. 제주에 보병 23초를 늘려 3고을에 배치. 8. 프랑스 해군대령 라피에르(Lapierre), 조선 연안에 나타나 프랑스 성직자 처형에 대한 해명 요구.	△ 이 해 ·청. 영국군, 호문 주변 요새를 점령.	
1848	4.10(양 5.12). 쓰시마 도주, 이양선이 나타났음을 알려옴. 외국 군함의 연해침입에 대비, 해안경비를 강화. 6. 이양선, 함경도 앞바다에 출몰.	△ 이 해 ·인도, 제2차 시크전쟁 시작.	2. 프랑스, 2월혁명이 일어나 7월왕정을 무너뜨리고 제2공화정을 선포. 3. 프로이센, 베를린에서 시민과 군대가 충돌하여 3월혁명(베를린폭동) 발생. △ 이 해

연도	한 국	동 양	서 양
1848			• 오스트리아. 오스트리아-사르데냐 전쟁 시작. • 이탈리아. 밀라노 폭동을 시작으로 이탈리아 전역에 혁명 운동 발생. • 라틴아메리카. 코스타리카 독립.
1849	1.10(양 2.2). 한산도에 진을 설치하도록 함. 3.15(양 4.7). 이양선 맞보는 일을 신지. 윤4.11(양 6.1). 강계부 여연閭延에 참站을 설치하고 파변擺邊을 둠. 6.28(양 8.16). 충위總衞영을 다시 충융廳으로 개칭. 11.15(양 12.28). 의주 백마산성白馬山城에 별장別將 새로 배치.	△ 이 해 • 인도, 제2차 시크전쟁 종결. 영국, 시크왕국을 물리쳐 펀자브 전체를 병합하고 인도 정복을 완성.	△ 이 해 • 이탈리아. 제노바 출신 혁명가 마치니, 로마공화국 수립. • 헝가리. 러시아군에 의해 민족 해방 운동 실패. • 미국. 하와이와 화진조약 체결.
1850	2. 이양선 1척, 강원도 울진해안에 나타나 후 망신에 발포하여 군민을 살상.	6. 청. 홍수전에 의해 '태평천국운동' 발생. 11. 청. 임칙서, 태평천국군을 토벌하다 병사.	
1851		△ 이 해 • 청. 홍수전, 국호를 태평천국이라 정하고 천왕을 자칭.	
1852	4. 5위장五衞將의 임명을 엄정히 하고 진장鎭將의 매관매직을 금함.	△ 이 해 • 청. 태평천국군, 한양과 한구 등을 함락하고 세력 확대. • 미얀마. 제2차 미얀마전쟁. 영국, 하미안마 병합.	5. • 영국. 딘던조아 체결. 영국·러시아·프로이센·프랑스·오스트리아·스웨덴·슐레스비히-홀슈타인 문제 의정서에 서명. • 라틴아메리카. 라 플라타(후의 아르헨티나) 연방에 내란 발생.
1853	4. 러시아함대 팔라다호, 동해안 측량.	2. 청. 태평천국군, 남경을 함락하여 국도로.	7. 러시아. 러시아와 오스만투르크 간의 싸움

연도	한 국	동 양	서 양
1853	9. 황해도 연안에 당선(唐船) 양대가 심하므로 주포무사(駐浦武士) 제도 다시 시행. 11.10(양 12.10). 중주 원산도(元山島)에 진을 설치.	삼교 친정으로 개항. 5. 청. 증국번, 향용(鄕勇)정규군의 전력 저하를 메우기 위해 지방관이나 향신이 조직한 이용군) 조직. 7. 일본, 폐리제독, 군함 4척 이끌고 일본 우라가(浦賀)에 도착.	이 발단이 되어 크림전쟁 발발. △ 이 해 •영국. 나이팅게일, 크림전쟁에서 활약. 러시아. 톨스토이, 크림전쟁에 종군.
1854	4. 뿌쨔찐(Putiatin)의 러시아 함대, 가문도 상륙. 4.30(양 5.26). 영흥부, 덕원부에서 뿌쨔찐의 러시아 함대와 교전, 조선인 2명 사망.	2. 일본, 폐리제독, 무력시위로 막부를 굴복시키고 미일화친조약(가나가와 조약) 체결. △ 이 해 •청. 태평천국군 진남 작전을 전개하여 호남, 호북, 무창 등을 회복.	3. 영국, 프랑스, 오스만트르크와 동맹하여 크림전쟁에 개입, 러시아에 선전포고.
1855		3. 청. 관군, 상해를 회복. △ 이 해 •청. 운남 회교도의 봉기 발생.	10.16. 프랑스, 철갑 군함이 첫발제로 등장. △ 이 해 •멕시코, 후아레스 등에 의한 자유주의 혁명 성공.
1856	3.14(양 4.18). 비변사, 무신 허사과部(火司果)의 폐단을 바로잡을 조목을 올림. 7.16(양 8.16). 프랑스 인도차이나 기지 사령관 게량(Guérin), 비르지니(Virginie)호을 타고 약 2달간 조선 해안 전역 탐측.	9. 청. 애로호 사건 발생. 11. 청. 영국군, 광동을 포격. △ 이 해 •청. 태평천국과 내통했다는 이유로 양수 청 등을 살해.	3. 프랑스, 파리 강화회의 개최.(크림전쟁 종결) △ 이 해 •멕시코, 반동주의자들의 반혁명 쿠데타로 멕시코내전 시작.(후아레스가 승리하여 급진적 개혁을 단행)
1857		4. 청. 태평천국군, 부건 등 여러 성을 함락. 5.10. 인도, 델리에서 세포이(영국 동인도회사의 인도인 용병) 항쟁 발생. 델리를 점령하고	△ 이 해 •프랑스, 알제리 정복.

연도	한 국	동 양	서 양
1857		9. 무굴 황제의 부활 통지를 선언 인도, 영국, 델리를 회복하고 무굴 황제를 바하둘 샤2세를 포로로 잡음. 12. 청. 영국·프랑스군, 애로호 사건을 구실로 광둥을 함락. 제2차 아편전쟁 시작.	
1858	2.20(양 4.3). 북평사北評事의 6진 순력巡歷을 혁파. 12.5(양 1859.1.8). 신명박光·고산리高山里 2진을 변지邊地 이력지의 승진 자리로, 종포從浦·주파楸坡·잇괴然怪·평남平南·인지외仁遮外·나난羅暖·운총雲寵鎭·동수리東水羅·서수리西水羅 9진을 임시 권관權管의 조사初仕 자리로 삼는 것을 논의. △ 이 해 ·《방자훈련의복자胡氏子胡亂倡義錄》 증간.	3. 인도, 영국군, 런나우를 점령하고 대하살지해. 6.26. 청. 영국·프랑스·미국·러시아와 천진조약 체결. 7. 일본. 미국과 수호통상조약 체결. 베트남. 프랑스의 사이공 점령으로 전쟁 시작.	러시아. 제2차 아편전쟁으로 아편음에 빠진 청과 북경 조약인 아이훈조약 체결. △ 이 해
1859	5.19(양 6.19). 장진진長津鎭을 다시 부府로 승격. 6.10(양 7.9). 잠파慙坡의 연호를 3년으로 연장. 8.28(양 9.24). 야간 순찰의 시한을 파루罷漏 때까지 예사 남이 밤을 때까지로 개정하는 문제로 논의. 무이진撫夷鎭을 옮겼던 경흥부慶興府를 옛 자리로 다시 환안하도록 함.		4. 이탈리아. 사르데냐왕국, 롬롬비에르밀약으로 프랑스의 힘을 빌려 오스트리아와 전쟁 시작.(이탈리아 통일 전쟁) 7. 프랑스. 사르데냐왕국의 성장이 두려워 빌라프랑카에서 오스트리아와 단독 강화 체결.
1860	2.7(양 2.28). 행행幸行할 때 군복을 입는 것을 정식定式으로 삼음. 8.10.(양 9.24). 구성龜城에 방어영防禦營 복설.	9. 청. 영국, 프랑스 연합군, 북경을 점령하고 북경조약 체결. 9. 청. 러시아에 우수리강 동안 지역을 양도.	3. 이탈리아. 사르데냐왕국, 중부 이탈리아를 병합하고 중부 이북의 통일을 거의 달성.(프랑스의 승인을 얻기 위해 사보이와 니스 할양) △ 이 해

연도	한 국	동 양	서 양
1860			·미국. 인체스터 연발총 발명. ·이탈리아. 가리발디, 제노바에서 의용군인 '붉은셔츠대(천인대)'를 조직, 이탈리아 남부의 시칠리아 섬과 나폴리왕국을 정복하고 사르데냐왕국에 헌상.
1861		△ 이 해 ·일본. 러시아 함대, 쓰시마섬에 침입. ·일본. 미국에 조선 전문 유학생 파견.(군함 2척 발주)	4. 미국. 연방 분열과 노예제 확대를 막으려는 북부와 그에 대항하는 남부 사이에 남북전쟁 시작. 10. 영국·프랑스·에스파냐. 멕시코에 연합 함대 파견. △ 이 해 ·프로이센. 대포 전문 공장 설립. ·에스파냐. 산토도밍고를 점령. △ 이 해 ·뉴질랜드. 마오리족, 영국군에 항복.
1862	2.18(양 3.18). 진주晉州에서 농민봉기 발생. 2. 러시아인, 경흥부에 나타나 교역을 요청. 4. 전라도 익산益山·함평咸平, 경상도 개령開寧 등지의 농민봉기, 중앙에 보고됨. 5. 충청도 회덕懷德·공주公州·은진恩津 연산連山, 전라도 여산礪山·부안扶安·금구金溝·장흥長興·순천順天, 경상도 상주尙州·선산善山·거창居昌 등지에서 농민봉기 발생. 12.9(양 1863.1.27). 제청 화보를 위해 작랑赤浪·신문新門·청진晴川·구소비鷗所非 등 네 진보를 임시로 혁파. 12.29(양 1863.2.16). 제주목사, 농민봉기 발생 보고.		

연도	한 국	동 양	서 양
1863	5. 조선·일본 전쟁(임진왜란) 때 선조가 머물렀던 해주海州의 당우堂宇에 누각을 건립하고 비를 세워 사적事蹟을 기재하도록 함. △ 이 해 ·이기李圻의 《속장흥록續長興錄》 편찬, 간행.	5. 일본. 조슈번, 시모노세키에서 이국선에 포격. 7. 일본. 영국 동양함대, 가고시마를 포격하여 사쓰마번과 교전(씨스마-영국 전쟁). △ 이 해	7. 미국. 게티스버그싸움에서 북군이 남군을 대파. 11. 덴마크. 독일계 주민이 많은 슐레스비히와 홀슈타인을 합병.
1864	1.16(양 2.23). 황해도 풍천豊川에서 농민봉기 발생. 2.5(양 3.12). 러시아인 5명, 두만강 건너 경흥부에 나타나 통상 요구. 2.11(양 3.18). 비변사, 비변사와 의정부의 분장절목分掌節目을 아룀. 7.10(양 8.11). 조신朝臣의 융복戎服 개정. 융복戎服·주립朱笠·패영貝纓을 없애는 대신, 철릭帖裏·갓笠·흑조黑絛를 갖추고 철릭 안에 군복을 입는 것을 정식으로 함. 8.9(양 9.9). 경기수사 한인식韓正植, 이양선이 덕적진 줄임도에 나타나 약탈을 자행했다고 보고. 9.24(양 10.24). 비변사備邊司, 묘당廟堂으로 개정.	3.2. 청. 증국번이 이끄는 상군, 태평천국의 천경(남경)을 포위. 6.1. 청. 태평천국 천왕 홍수전, 음독 자살. 7.19. 청. 상군, 천경을 점령하고 태평천국군의 지도자 이수성 등을 처형. 태평천국운동 완전 진압. 10.7. 청. 러시아와 국경을 타르바가타이로 확정하는 이정서 교환. △ 이 해 ·일본. 영국·미국·프랑스 등 4개국 연합 함대, 시모노세키에 포격. ·일본. 막부, 조슈 정벌을 시작.	5. 러시아. 폴란드 반란을 진압. △ 이 해 ·러시아. 중앙아시아를 병합. ·미국. 그랜드 장군을 북군 총사령관에 임명. ·프로이센. 무연화약 발명.
1865	1.2(양 1.28). 삼도수군통제사를 외직의 대장직으로 하고 통제중군統制中軍을 설치. 1.8(양 2.3). 통영 우후가 통제중군을 맡도록 하고,		4.9. 미국. 남군 사령관 리 장군, 항복. 4.14. 미국. 대통령 링컨, 존 윌키스 부스의 총격에 의해 사망.

연도	한국	동양	서양
1865	통영의 제정을 순영에서 분리. 3.28(양 4.23). 비변사 폐지되어 의정부에 흡수. 5.26(양 6.29). 훈국訓局 신영新營·남영南營·마병소馬兵所 등을 합하여 삼군부三軍府 '5영 주사소五營畫仕所' 신설. 9.25(양 11.13). 역참驛站·파발擺撥을 사사로이 쓰는 폐단 없음. 9.26(양 11.14). 이전吏典·병전兵典의 조례條例를 모은 집. 《양전편고兩銓便攷》를 편찬토록 함. 9. 러시아인 수십명, 배를 타고 두만강을 건너 경흥부에 가서 '러시아' 공문서를 전달함. 11.1(양 12.18). 러시아인, 통상을 요구하는 '러시아' 공문서를 전달함. 목적으로 경흥부 방문. 11.11(양 12.28). 무장한 러시아인 5명, 통상을 요구하는 '러시아' 공문서를 경흥부사에게 전달하고자 러시아 경흥부 방문. 11.30(양 1866.1.16). 《양전편고兩銓便攷》 완성.		5.1. 도미니카. 독립운동을 일으켜 에스파냐로부터 통치권을 획득. 5.26. 미국. 남군 항복으로 남북전쟁 종결. 8.14. 오스트리아. 프로이센. 가슈타인조약에 의해 프로이센이 슐레스비히를 통치하고 오스트리아가 흘슈타인을 통치.
1866	1. 러시아 군함, 함경도 영흥만에 나타나 교역 관을 요구. 7.20(양 8.29). 순영중군, 제너럴셔먼호에 납치되었다가 구출됨. 7.22(양 8.31). 제너럴셔먼호, 퇴거를 거부하고 양 구를 억탈하매 중기를 난사. 사상자 10여 명 발생.	3.7. 일본. 기도 다카요시와 사이고 다카모리, 막부 타도를 위해 사쓰마, 조슈 두 번의 제휴를 밀약.	4.8. 프로이센. 이탈리아와 대오스트리아 동맹 결성.(프로이센 호의적 중립 유지) 6. 프로이센. 연방의회, 오스트리아와 전쟁에 공동 군사 행동을 의결. 프로이센·오스트리아전쟁(7주전쟁) 시작. (프로이센이 꾀니히그레츠전투에서 승리하고 프라하 조약을 맺음. 프로이센이 통일 주도권을 잡음)

연도	한 국	동 양	서 양
1866	7.24(양 9.2). 평양관민, 셔면호를 석시선으로 화공. 8.12(양 9.20). 프랑스 동양함대사령관 로즈, 군함 3척을 가느리고 경기도 남양부 앞바다에 도착. 1척은 부평부 앞까지 진출.(병인양요 시작) 8.19(양 9.27). 이영중군 이용희李容熙, 이양선을 막기 위해 별덕을 이끌고 서강으로 출동. 9.3(양 10.11). 내탕금 30,000냥을 각 수영에 분급, 선척을 수리케 함. 9.6(양 10.14). 프랑스 군함 4척, 갑곶진에 정박하고 육진대와 수병을 갑곶 제물진에 상륙시킴. 9.8(양 10.16). 프랑스군, 강화부를 점령하고 방화와 약탈 자행. 9.9(양 10.17). 프랑스군, 통진부에 침입, 방화·약탈 후 퇴거. 수원의 정조군, 광주의 별파진, 양주의 속오군을 금위영으로 징발하여 경성의 제압 강화. 9.10(양 10.18). 강화도로 통하는 육로의 어현, 양주 등의 방비를 강화하도록 함. 이영청 중군 진용에게 행주 김목에 진을 치고 방어하도록 함. 9.18(양 10.26). 프랑스군 120여 명, 강화의 문수산 성을 점령. 쌍방 30여 명이 사상자를 내고 프랑스군 퇴거. 9.21(양 10.29). 프랑스군, 광성진 문루와 용진 화약	 병인양요때 전사한 조선 군사(독립기념관)	6.20. 이탈리아, 오스트리아에 선전포고. 8.23. 오스트리아, 프라하조약 체결로 더 이상 독일 정세에 간여할 수 없게 됨. 10.3. 이탈리아, 오스트리아와 화의 체결. 베네치아가 정식으로 이탈리아의 영토로 편입.

연도	한 국	동 양	서 양
1866	고에 방화. 10.2(양 11.8). 프랑스군 해군대령 올리비에, 150여 명을 이끌고 정족산성鼎足山城 공격. 전충수梁憲洙, 500여 군사로 이를 격퇴. 프랑스군 40여 명의 사상자를 냄.		
1866	10.6(양 11.12). 별군관 이기조李基組 등, 덕적포 나루에 매복하여 프랑스군 격퇴. 순무영, 강화도의 피해 상황 보고. 10.15(양 11.21). 양화진 군사의 제임 해제. 12.18(양 1867.1.23). 정족부사 운협, 정충·온성·경원 등지에 잡입한 러시아인 100여 명과 접전, 다수 사살. 12.27(양 1867.2.1). 황해감사 박승휘朴承輝, 이양선이 장연 오차진의 월내도에 정박, 봉서를 주고 갔다고 보고.	말레이시아. 영국의 직할 식민지가 됨.	
1867	1.20(양 2.24). 유민 및 러시아인의 내침을 막기 위해 6진에 조총·화약을 문배하고 북별사의 행영주방 기간을 연장. (10월~1868년 6월) 1.23(양 2.27). 미국군함 와추세트호 함장 슈펠트, 대동강 입구에 와 정박(제너럴셔먼호사건의 해명을 요구. 1.24(양 2.28). 신주정을 내려 훈국訓局·양영兩營 무고武庫 등의 군기를 수리하게 함. 1.25(양 3.1). 신주전 10,000냥으로 무수산성의 군기를 수선케 함. 훈련도감, 군제변통별단을	4.	3.12. 메시코. 프랑스군 철수. (간섭전쟁 실패) △ 이 해 ·스웨덴. 노벨, 다이너마이트 발명.

연도	한 국	동 양	서 양
1867	올림. 각조 협련정군 등으로 협련군(夾輦軍조직. 4.13(음 5.16) 영종도를 방어영(防禦營으로 승격. 4.15(음 5.18) 영종을 경기 수군 좌방어영으로, 교동을 우방어영으로 삼음. 4.29(음 6.1). 유민방지책을 위해 경흥·중성·동관·방원·경원 등에 포군 신설. 6.17(음 7.18) 전라 수영으로 이관됐던 진도(殄最外 승정(松致 임무를 다시 순영으로 환원하도록 함. 8.23(음 9.20). 훈양청, 우수한 포수 125명을 선발하여 아병 임초을 만들게 함. 9.9(음 10.6). 전함 진수식과 훈련대장 신관호(申觀浩 제작의 수뢰포(水雷砲 시방을 한강에서 거행. 11.2(음 11.27). 용효영, 복마군과 대년군 중에서 건장한 자 60명을 신발, 아병(牙兵색을 만들어 군제에 보충케 함.		
1868	4.10(양)(음 3.18) 미국군함 세난도어호 함장 페비거, 황해도 풍천부 허사진에 도착.(제너럴셔면호사건의 해명을 요구) 4.21(양)(음 3.29) 미국군함 세난도어호 함장 페비거, 대동강 입구의 용강현 다미방 사동포에 정박.(제너럴셔면호사건의 해명을 요구) 4.26(음 5.18) 영종첨사 신효철, 양인과 교전, 2명을 목베어 효수.	1. 일본, 무진전쟁 시작.	△ 이 해 •쿠바, 에스파냐로부터 독립하기 위해 10년 전쟁 시작.

연도	한국	동양	서양
1868	윤4.4(양 5.25). 영종진에 야환과 군수를 넉넉히 내려주도록 함. 6.8(양 7.27). 삼군부三軍府를 정1품아문으로 하고 현임 3상이 도제조를 겸하도록 함. 6.18(양 8.6). 병조판서, 삼군부 제조를 겸함. 7.18(양 9.4). 공충도관찰사의 제안에 따라 은진 등지에서 1,000여 명의 총수를 뽑아 사격습을 연마케 함.		
1869	4.25(양 6.5). 삼군부 도제조는 원임대신이 겸하도록 함. 5.29(양 7.8). 공충公忠 수영 소속 원산도元山島의 진장鎭將을 없애고 우후虞候가 주문하도록 함. 9.27(양 10.31). 수원·광주·개성부의 유수가 상설할 때는 유수 소관 군무를 중군에게 위임하는 것을 제도화.	4.25. 일본. 무진전쟁 종결.	
1870	6.18(양 7.16). 훈련도감에 5,000냥을 보내 조총 제작을 명함. 7.3(양 7.30). 훈련도감 도제조는 영의정, 금위영 도제조는 좌의정, 어영청 도제조는 우의정이 겸임케 함.	7.3. 일본. 징병제 실시.	7.19. 프랑스, 프로이센에 선전포고. (프랑스-프로이센 전쟁) 9.1. 프랑스, 세당 전투 나폴레옹3세, 프로이센에 포로가 되어 제2제정 붕괴. 9.4. 프랑스, 파리에서 민중들이 봉기해 제국 붕괴. 제3공화국 성립. 9.19. 프로이센 파리 포위공격 시작. △ 이 해 • 이탈리아. 로마에 진격하여 교황령을 점령하고 통일을 완성.

연도	한 국	동 양	서 양
1871	1.10(양 2.28). 경상도 울산부·김해부·인동부. 영해부 등에 포수·포군 설치. 1.25(양 3.15). 삼군부三軍府·진무영鎭撫營 등의 경아외 부평부 등 한강수구의 각진에 2,500여 명의 군대를 증원. 2.4(양 3.24). 훈련도감, 조총 200정 제작. 2.5(양 3.25). 장원부를 방어영防禦營으로 승격. 3.25(양 5.14). 군정의 폐를 막기 위해 반호반구는 노명奴名, 소비는 신군으로 줄포케 함.(양반·상민을 불문하고 호포징수) 3.26(양 5.15). 창원부를 독진, 가덕을 좌열장, 웅천을 우열장, 진해를 후열장, 천성을 좌사, 안골포를 중사, 제포를 후사, 구산을 검대중군으로 함. 4.5(양 5.23). 주청 미국공사 로우, 아시아함대사령관 로저스와 군함 5척을 이끌고 통상요구차 남양부 풍도 연안에 도착.(신미양요 시작) 4.14(양 6.1). 손돌목에 진입한 미군 함대에 진무영 군사들이 포격鎭撫營. 4.15(양 6.2). 인천에 병력을 증강하고, 지방 군영에 화약을 보내. 4.17(양 6.4). 남양부·장단부·고양군·가평군·양천현에 포수·포군 설치. 4.22(양 6.9). 충청도 각 고을에 포수·포군 설치.	 신미양요 순국비(강화 광성보, ©정득진)	1.26. 프랑스, 프로이센 파리에서 휴전. 1.28. 프랑스, 프로이센 베르사이유 회담. 3.1. 프로이센, 프로이센 군, 파리 입성. 5.10. 독일, 프랑스와 프랑크푸르트 강화조약을 조인하여 프랑스-프로이센 전쟁을 종결. (알사스, 로렌을 할양받고 배상금 50억 프랑을 지불받음) △ 이 해 •미국, 인디언 최후의 저항 투쟁인 아파치족의 반란 발생.

연도	한 국	동 양	서 양
1871	4.24(양 6.11). 미국전대 450여 명, 광성진 점령. 조지진장 이렴(李濂)이 아습에 모함으로 퇴거. 이 싸움에서 중군 어재연(魚在淵) 등 80여 명 전사. 4.29(양 6.16). 전라도 각 고을에 포수·포군 설치. 5.1(양 6.18). 기병 2초를 진무영으로 이관. 장항·장진·편진·통어 등 각종 무기를 보냄. 5.3(양 6.20). 어재연에게 병조판서를 추증. 시호를 충장(忠壯)이라 내림. 6.13(양 7.30). 삼군부, 신미양요 때 훔정했던 경향군졸 8,356명에게 상을 줌.		
1872	5.15(양 6.20). 중청수사 이규연(李奎連), 포에 정통한 자 300명을 선발하여 난주포수랸(亂舟砲手)랸 조직.	12.28. 일본, 정병의 조서를 내림. △ 이 해 ・청. 네덜란드, 영국과 수마트라(에)[네덜란드가 수마트라 섬을 정복) 체결.	
1873	1.1(양 1.29). 5군위 편제 개편. 1.18(양 2.15). 훈련도감, 대포 주조에 성공.	5.29. 청. 운남 이슬람교도의 반란 진압.	3.24. 러시아. 히바한국(호라즘한국)을 보호국으로 삼음. △ 이 해 ・네덜란드, 수마트라 정복 시작.
1874	6.25(양 8.7). 일본의 정한설이 긴장. 각 군영에 임중 정례토목 지시. 7.4(양 8.15). 무위소(武衛所) 신설. 7.17(양 8.28). 진무영 및 영종·인천·통진 등 제진에	2.6. 일본. 자이, 타이완 원주민의 유구 어민 살해를 구실로 타이완 출병을 결정.(타이완 침공) 3.15. 베트남. 프랑스와 제2차 사이공조약에 조	

연도	한국	동양	서양
1874	대·중·소포를 먼저 나누어 보내도록 함. 7.28(양 9.8). 강화유수직 복구. 11.11(양 12.9). 경기 통진 정제의 안행통 등에 포대를 설치하도록 함.	인, 프랑스의 보호국이 됨. 프랑스 군대, 하노이에서 철수. 10.31. 청. 타이완 출병을 둘러싸고 일본과 북경조약 체결.(청에서 배상금 지불) 12.3. 일본. 타이완에서 철병 시작.	
1875	4.21(양 5.25). 일본군함 운요호 등 3척, 부산에 임함. 6.22(양 7.24). 대원군, 양주에서 운현궁에 돌아옴. 8.20(양 9.19). 강화도 수병, 초지진 앞바다에 나타난 일본군함 운요호 포격. 운요호, 퇴각하며 영종진을 포격.(운요호사건) 10.12(양 11.9). 부산에 정박 중인 일본해군 70여 명, 조량리에 난입하여 소요.		
1876	8.21(양 10.8). 자기광 집연중自起鑛ㄴ連銃과 수차水車 새로 제작.		6.30. 세르비아. 오스만투르크에 선전포고. 7.2. 몬테네그로, 오스만투르크에 선전포고.(발칸전쟁 시작)
1877	2.25(양 4.8). 명천의 재덕任德, 경성의 어유간魚遊澗·수을온水乙溫·오을촌吾乙村, 부령의 폐무산廢茂山 등 진페한 진을 혁파함.	2.15. 일본. 사이고 다카모리 등이 가고시마에서 군사를 일으켜 반란을 꾀함.(서남전쟁)	4.24. 러시아. 오스만투르크에 선전포고를 함.(러시아·오스만투르크전쟁) 5.13. 루마니아. 오스만투르크에 선전포고하고 독립을 선언함. 5.23. 오스만투르크, 청이 신장 진출을 저지시켜 달라고 영국에 요청함.
1878		6.10. 일본. 육군사관학교를 개교함.	1.31. 오스만투르크, 러시아와 아드리아노플 휴전협정에 조인함. 2.10. 스페인. 쿠바와 산후안협약에 조인함.

연도	한 국	동 양	서 양
1878			6.4. 영국, 오스만투르크와 비밀 협정을 맺어 키프로스 섬 점령권을 획득함. 11.20. 아프가니스탄. 영국과 제2차 아프간전쟁을 시작함.(영국이 아프가니스탄을 보호국으로 삼음)
1879		4.4. 일본. 정청과 군대를 동원하여 류큐 국왕을 쫓아내고 류큐번을 오키나와현으로 개명하여 일방적으로 귀속시킴. 류큐번 멸망함. 10.2. 청. 일리 사건을 해결하기 위해 러시아와 일리조약 체결.	
1880	3.26.(양 5.4). 미국 해군제독 슈펠트, 수호조약 체결 위해 부산 정박. 4.30(양 6.7). 별기제조·연군 등의 하습을 위한 청 년화도의 청국파견을 결정. 5.9(양 6.16). 프랑스군함 1척, 부산에 와 통상요구. 거절당함. 5.25(양 7.2). 각 진영에 별기 제조 및 수신을 엄중 독려케 함. 8.29(양 10.3). 경기보영 장관·장교는 선무군관도시에, 군졸은 화포도시에 응시토록 함.	3.26. 청. 이홍장, 북양해군을 창설함.(양무운동)	
1881	2.10(양 3.9). 일본의 무기 시험을 위해 이원회, 이동인 등을 파견하기로 함. 4.23(양 5.20). 별기군 창설, 무위영에 속하게 함. 일본 공병소위 호리모토 레조를 교관으로 초빙.		6. 수단. 이슬람교도 모하메드 아흐마드, 이집트와 그 배후에 있는 영국 세력을 배제하기 위해 마흐디(구세주)를 자칭하며 반단을 일으킴.(마흐디의 반란) 6.18. 독일·오스트리아·러시아. 3제동맹을 체결

연도	한국	동양	서양
1881	5.11(양 6.7). 영국군함 페가서스호, 원산에 와서 통상 요구. 9.14(양 11.5). 별조·훈련도감·금위영·어영청·총융청, 큰 기지 사이의 아병군을 없애겠다고 아룀 12.25(양 1882.2.13). 5군영을 폐지하고 무위·장어의 2영 신설(군제개편).		결함. 6.28. 세르비아·오스트리아, 비밀동맹조약을 체결함. 6.30. 튀니지. 반포랑스 운동이 일어남. 7. 알제리. 프랑스에 대한 반란이 일어남.
1882	3.25(양 5.12). 미국 전권위원 해군제독 슈펠트, 조미조약 체결차 군함 스와타라호로 인천 제물포에 도착. 6.5(양 7.19). 무위·장어의 2영 군인, 급료 체불과 급여양곡의 변질, 정량부족 등에 격분하여 난동을 일으킴(임오군란). 6.9(양 7.23). 김장순·유춘만 등이 난군, 민겸호 집 파괴. 일대는 포도청에 구금된 동료들을 구출. 일대는 일본공사관 습격. 6.10(양 7.24). 난군 창덕궁 돌입. 난군, 어영청과 군기고의 무기 탈취. 무위영을 총진대로 훈련도감으로 칭하는 등 각 영을 옛 규례대로 복구함. 기무아문을 혁파하고 삼군부로 칭하도록 명함. 6.19(양 8.2). 김운식·어윤중 등, 청나라에 파병 요청. 6.27(양 8.10). 청장 마건충·정여창 등 군함 3척으		5.20. 독일·오스트리아·이탈리아, 프랑스의 고립화를 꾀해 3국동맹을 체결함. 7.11. 영국, 이집트에 군대를 보냄.

연도	한 국	동 양	서 양
1882	로 인천 월미도에 도착. 6.29(양 8.12). 일본공사 하나부사 요시타다, 군함 4척과 호위병 1개 대대를 인솔, 인천 도착 (7.3. 입경). 8.10(양 9.21). 별조군, 교련소의 교장·병대를 중용청에 소속시킴. 8.24(양 10.5). 임오군란의 주모자 김장손 등 8명 처형. 9.24(양 11.4). 청의 제도를 모방, 친군 좌·우영 설치. 10.2(양 11.12). 훈련도감을 폐지하고 왕구숙위를 금위영·이영청에서 분장케 함. 10.5(양 11.15). 중앙청의 탕준배 신영을 북일영北─營으로 이설. 11.16(양 12.25). 청 군제에 의한 친무영을 강화부에 설치케 함. 12.22(양 1883.1.30). 삼군부와 기무처를 통리군국사무아문에 통합. 12.29(양 1883.2.6). 도중부 아문을 혁파하고 사소所를 용호영에 소속시킴. 호위청 대장·별장을 없애고 근무는 용호영에 둠림. 구중신을 용호영과 원여에 소속시킴. 무검청秉廳 혁파.		
1883	2.7(양 3.15). 전라도 영암군靈巖那이 노아도露兒島.	5.8. 청. 리우융푸의 흑기군(베트남 통킹에서	1.18. 영국. 이집트를 속령으로 함.

연도	한 국	동 양	서 양
1883	김도희·영도(嶺島)를 합쳐 하나의 전읍 두도록 함.	조직된 중국인 군대이 프랑스에 선전포고를 함.	10.30. 루마니아. 러시아에 대항하기 위해 독일, 오스트리아와 비밀동맹을 체결함.
	4.4(양 5.10). 서부정략사 이운중이 요청으로 평안도의 18개 진보를 혁파함.	8.25. 베트남. 프랑스와 위에조약(아르망조약)에 조인함. 안난과 통킹이 프랑스의 보호령이 됨.	
	4. 기기창을 삼청동 북장에 설치. 군기제조법을 교습케 함.	9.3. 청. 리우용푸의 흑기군이 하노이 남쪽 탄호아에서 프랑스군에서 작전하여 물리침.	
	6.24(양 7.27). 양향청을 진군영이라 칭하도록 함.	11.16. 청. 베트남에 대한 종주권을 주장하여 프랑스군에게 철수를 요구함.	
	8.1(양 9.1). 충향청 별기군을 이영청에 이속. 보부상을 군국아문에 부속.	11.29. 베트남. 루데타가 발생함. 반프랑스파가 구왕을 죽이고 승리를 거듭.(위에조약 파기)	
	10.1(양 10.31). 남한산성 별력을 이영청에 이속.	12.16. 베트남. 프랑스군이 손타이를 점령함.	
	10.23(양 11.22). 교련소 신설. 진군제영에 신설.		
	11.16(양 12.15). 진군제영 신설.		
	11.19(양 12.18). 미국에 라이플총 4,000정 주문.		
	11.23(양 12.22). 수도군·난주포군 폐지. 이주 백마산성에 호분이수, 관북 남병에 중무위 설치.		
1884	1.4(양 1.31). 기연해방영을 부평부에 설치.	6.19. 청. 베트남을 식민지로 만드는 프랑스 군대와 북월남에서 충돌함. (청·불전쟁)	7.11. 독일. 카메룬을 보호령으로 함.
	3.22(양 4.17). 진군감독군함(親軍監督軍艦)이 군무사 당상의 일을 겸관하도록 함.	8.5. 청. 타이완 지룽포대가 프랑스 함대의 포격으로 파괴됨.	
	4.14(양 5.8). 판도냉부사 민영목, 해방에 관한 상소를 올림에 하락함. 정기지역 해구 방어는 강화가 전담하도록 할 것, 목장의 둔전을 개간할 것 등을 건의.	8.6. 청. 청군이 지룽에 상륙한 프랑스군을 각퇴함.	
	4.21(양 5.15). 수군절도사·통어사 폐지. 정기 남양 매부도에 포대를 설치하고 별장	8.26. 청. 프랑스에 선전포고를 함.	
		10.1. 청. 프랑스 함대가 타이완 지룽포대를 점령함.	

연도	한 국	동 양	서 양
1884	을 파견토록 함. 경기 연해 수군은 해방영의 지휘를 받도록 함. 윤5.19(양 7.11). 진군의 복장을 통일함. 7. 평장의 영향대렴救臺에 주둔하고 있던 부대 평정을 진군주영으로 하였음. 8.6(양 9.24). 진군영감독을 진군영사로 개칭. 8.27(양 10.15). 군기시軍器寺를 기기국機器局에 병합. 8.29(양 10.17). 용호영龍虎營, 금위영禁衛營, 어영청御營廳, 총융청摠戎廳을 진군사령親軍四營에 이부付함. 9.11(양 10.29). 우정총국, 우정총국직제장정·사무장정·우정규칙 등을 엮어 올림. 10.29(양 12.16). 강화 진무영 복설. 11.7(양 12.23). 금위영·어영청의 군사로 진군별영 조직.	10.23. 청. 프랑스가 타이완해협을 봉쇄함.	
1885	3.6(양 4.20). 마군소馬軍所를 다시 용호영으로 개칭. 3.20(양 5.4). 해방영을 부평에서 용산 만리창萬里倉 터로 이전. 3. 엄세영·묄렌도르프, 정여창과 함께 거문도에 도착. 영국함대에 항의. 4.7(양 5.20). 청. 두. 미·일 등 각국공사에게 영국의 거문도점령 사실을 통고, 조정을 요청. 5.25(양 7.7). 군국사무를 총괄하고 궁내사무까지 관장하는 내무부內務部 신설.	11.14. 미얀마. 영국과 제3차 미얀마전쟁을 시작함.	2.6. 이탈리아. 에티오피아 마사와 항구를 식민지로 획득함. △ 이 해 ·독일. 동아프리카의 위투를 보호령으로 함.

연도	한국	동양	서양
1885	9.20(양 10.27). 평안도 강성부의 방어영을 자산부로 이설함. 9.29(양 11.5). 이준하, 청과 국경회담 시작. (~11. 30. 음유감계회담 토문강의 위치를 두고 논쟁함. 10.15(양 11.21). 태인부를 독방영(獨防營)으로 삼고 인흥에 다시 첨사를 설치하도록 함.		
1886	2.4(양 3.9). 해방경아문을 남별영으로 옮기고, 개성유수영의 새로 조련된 병사를 해방아문에 이속시키도록 명함. 3.6(양 4.9). 해방아문의 명칭을 친군기연해방영(親軍沿海防營)으로 정함 7.25(양 8.24). 청국제도 강여장·오인렴, 군함 4척 인솔, 인천 도착.	1.1. 미얀마. 제3차 미얀마전쟁의 패배로 인도제국의 한주로서 영국에 합병됨. (얼라웅파야왕조 무너짐)	
1887	3.17(양 4.10). 기문도 우수리에 진영을 설치하도록 함. 4.5(양 4.27). 청과의 국경회담 재개.(~5.19. 정해감계회담 합의 없이 종결. 5.13(양 7.3). 경상 감영의 영호를 진군남영으로 정함. 강화부 병영을 설치하고 진군심영이라 부름.		
1888	4.10(양 5.20). 미국군사교관단 서울 도착. 4.19(양 5.29). 군제 개편. 통위영·장위영·총어영의 3영을 둠.	12.4. 청. 장즈둥. 한양철창 및 병기창을 설립함. 12.17. 청. 북양해군을 편성하고 딩뉘장을 제독으로 임명함.	9.4. 사모아. 반독 반란을 일으킴.

연도	한 국	동 양	서 양
1888	춘천을 기전에 이속시키고 유수留守를 둠에 따라 춘천진어사를 춘천부유수 겸 진어사로 개칭. 8.18(양 9.23). 중청병사를 삼도육군통어사 겸 충청병사로 개칭.		
1891	11.17(양 12.17). 평양 일대의 탄광을 담보로 연안 경비용 군함을 영국에서 구입키로 결정.		
1892	9.17(양 11.6). 웅훈위, 충어영, 경리청을 모두 진군으로 부르도록 함.		
1893	1.26(양 3.14). 중청병영을 복설. 통어영을 남양부로 이설하여 연해총제영으로 정하도록 함. 1.26(양 3.14).(삭제) 호위청에 좌·우별장을 둠. 1.29(양 3.17). 충청도병마절도사·병마우후·정주진 중영장 토포사를 복설하고 통어중군·상당별장을 폐지함. 3.28(양 5.13). 강화영의 군사 300명을 수원에 주둔시키도록 함. 4.8(양 5.23). 인천 군사 120명을 충제영에 소속시키도록 함. 5.29(양 7.12). 충주 녁주산성을 수축하도록 함.		
1894	3.10(양 4.15). 안무영의 새로 준련된 포군 군영을 진군부영외사로 명명. 3.19(양 4.24). 춘천부 군영을 진군진어영외사로 명명. 3.21(양 4.26). 동학교도와 농민군, 고부 백산봉기.	4.26. 일본 주류자와 유기치(柳畽筆論齗, 지지신뵈時事新齗에 청국과의 전쟁 필요성과 조선의 동학농민군 진압에 일본정부가 앞장설 것을 주장 4.29(양 6.2). 일본, 일본 전황의 제기를 받아 조선	7.7(양 8.7). 영국, 청일전쟁에 중립을 선언. 8. 아르메니아. 아르메니아에 반오스만투르크 봉기가 발생함.

연도	한 국	동 양 / 서 양
1894	3.22(양 4.27). 동학농민군 무장(茂長)에서 포고문을 발표하고 봉기할 것을 선언.	파병 결정.
	3.25(양 4.30). 동학농민군, 고부 백산에서 '호남창의대장소' 명의로 격문 발송.	5.2(양 6.5). 일본, 히로시마 참모본부 내에 대본영 설치.
	4.2(양 5.6). 홍계훈, 양호초토사로 임명.	5.4(양 6.7). 일본, 육해군성령을 공포하여 보도관제 선포, 청국에 일본군의 조선출병 통지.
	4.3(양 5.7). 전라감영의 동학농민군 섬멸지로 전주 용머리고개에서 관군 이동.	5.7(양 6.10). 일본 자유당, 시찰원을 조선에 파견 동학농민군 봉기의 사정을 조사
	4.4(양 5.8). 홍계훈, 정군 800명(아포 2문, 기관포 2문)을 이끌고 인천항을 출발. 동학농민군, 부안·금구 점령.	6.14(양 7.16). 일본, 영국과 영일개정조약을 조인.
	4.6~7(양 5.10~11). 동학농민군, 전주감영관군 250명과 보부상대 수천명을 황토현에서 격파.	6.17(양 7.17). 일본, 일본정부 오오토리 공사에게 청국 상태로 개전방법 임명.
	동학군, 정읍 습격.	7.1(양 8.1). 일본, 일본이 청에 선전포고를 하여 청 일전쟁이 일어남.
	4.8(양 5.12). 홍계훈, 충청도의 감사와 병사에게 동하도의 통배 조사보고 지시.	7.17(양 8.17). 일본, 일본 각의에서 갑, 일본 승리 후 자지도론, 을, 보호구화론, 병, 일청제휴론, 정, 조선중립화론의 조선정부 4개 안 수립.
	4.14(양 5.18). 홍계훈, 호서 54주에 감결(甘結)을 보내 동학농민군에게 귀화 촉구.	8.16(양 9.15). 일본, 평양 전투. 미지즈라 노주 장군이 평양을 방어한 14,000명의 청구군 격파.
	4.18(양 5.22). 호남지역에 효유문을 내리면서 전고부군수 조병갑을 잡아 조사하고 안핵사 이용태를 귀향보내도록 함.	8.18(양 9.17). 일본, 일본군 황해해전에서 청구의 북양함대 궤멸.
	4.22(양 5.26). 전봉준의 주력부대 장성으로 진군.	9.21(양 10.19). 일본, 일본은 조선의 감오개화파 정부와 결탁 동학농민군에 대한 대대적 섬북 정책을 공식화.
	4.23(양 5.27). 동학농민군 장성 황룡촌(黃龍村)을 중심으로 관군과 최초 전투.	9.26(양 10.24). 일본, 일본군 압록강 도하, 청구 영토 진입
	4.27(양 5.31). 동학농민군 전주성 점령. 대군 이원회(李元會) 양호순변사로 병정을 이끌고 한	

연도	한 국	동 양	서 양
1894	양 출발 4.28(양 6.1). 중청도 동학농민군 봉기. 동학농민군 진압을 위해 청국에 원병을 청함. 완산에 도착한 홍계훈 전주성 공격. 5.2(양 6.5). 청나라 제독 예지차오, 청군 1,500명 이끌고 인천에 도착. 5.5~6(양 6.8~9). 청군 선발대 910명. 충병 세서청의 인솔하에 마산포에 도착한 주 6일 백석포를 거쳐 중청도 아산에 상륙. 5.6(양 6.9). 일본 해군중장 이토우 스케유키, 군함 2척을 인솔하고 인천에 상륙. 5.7(양 6.10). 일본공사 오토리 케이스케 육전대 420명과 포 4문을 이끌고 입경. 정부, 이를 항의. 청군 제2대 직예제독直隸提督 예지차오의 부대 1,055명 아산해역에 도착. [葉志超] 5.8(양 6.11). 전주화약. 동학농민군 전주에서 정부군과 강화 체결. 5.11(양 6.14). 양호순변사 이원회에게 전라도유생등연정全羅道儒生等寃情 제출, 14개조의 폐정 개혁안 제시. 청국군 제1지대 전라도 전주에 파견 5.13(양 6.16). 일본 육군소장 오시마 요시마, 보병 3,000명과 기병 300명을 이끌고 인천에 상륙. 5.26(양 6.29). 청국군 중청도 공주에 도착	10.12~13(양 11.9~10). 일본. 일본군이 진저우金州, 다롄만大連灣 함락. 11.21. 일본. 청의 뤼순을 점령함.	

연도	한국	동양	서양
1894	6.8(양 7.10). 예치자오(葉志超), 청국군 일본군과 둥시 철병을 주장하며 아산으로 회군. 6.18(양 7.18). 오오토리 공사, 제주성이던 보병 1개 대대를 입경시켜 왕궁을 포위한 후 흥선대원군을 정부수반으로 삼고 청국군 퇴거 요청과 조청상민수륙무역장정의 폐기를 요구. 6.21(양 7.23). 일본군, 경복궁을 점령(갑오변란). 6.22(양 7.24). 흥제역을 폐지하고 해군 절제를 강화진무영에 이속시킴. 청군 제3대 총병(總兵) 하청순(夏靑軍)이 이끄는 마대병(馬隊兵) 100명과 한퇴보졸(退步卒) 100명, 보대(步隊) 300명22일에 아산에 도착. 6.23(양 7.25). 일본군함, 풍도 앞바다에서 청국군함을 격침시킴(청일전쟁 일어남). 6.27(양 7.29). 흥제역 폐지에 따라 남양부를 기영(畿營)에 환속시킴. 7.3(양 8.3). 일본 오오토리(大鳥圭介)공사 조선의 군제개편 건의. 7.4(양 8.4). 일본군 성환에서 청국군 격파. 7.5(양 8.5). 일본군 5사단 원산 상륙. 7.12(양 8.12). 의금부를 의금사로 개창하여 법무아문에 소속시킴. 7.14(양 8.14). 군국기무처에서 친위군(親衛軍)을 제외한 각 영의 통합과 일본식 신 편제에 따	 청일전쟁 모습(인천시립박물관)	

연도	한 국	동 양	서 양
1894	라. 호령할 것을 기인하여 국왕의 재가를 받음.		
	7.25(양 8.25). 지방군제 개혁. 각도의 병영·수영 폐지. 안동에서 서상철 의병 봉기(최초의 반일의병).		
	7.26(양 8.26). 조선정부 일본의 강제로 조일양국맹약朝日兩國盟約을 체결.		
	7.27~30(양 8.27~30). 일본군 제3사단 인천항에 상륙.		
	8.2(양 9.1). 원산에 상륙한 일본군 평양으로 출발.		
	8.7(양 9.6). 용산을 출발한 일본군 선혜대 황주 점령.		
	8.15~16(양 9.14~15). 일본군 평양을 공략.		
	8.16(양 9.15). 각도에서 도사都事와 취제取締 9 구성을 일제 혁파.		
	8.17(양 9.16). 청국군, 평양에서 일본군에 대패.		
	8.18(양 9.17). 일본 외무대신 무쓰는 전승지역에 조선군 고급장교를 파견하여 민심을 복종케 하라고 지시.		
	8.19(양 9.17). 오오토리 일본공사 평양승리의 전말을 조선인과 재외국인에게 알리는 신무전지시.		
	8.24(양 9.23). 신설된 진군영 외의 군영을 통합하여 대장 1인이 지휘하도록 지휘체계를 단일화. 정부 동하농민군에 대한 토벌작전으		

연도	한 국	동 양	서 양
1894	로 방침 전환.		
	8.26(양 9.25). 군국기무처, 해이한 지방군사제도 해결책으로 군무아문관과 탁지아문에서 각도에 의원을 파견 조사해 올 것을 주장.		
	8.28(양 9.27). 군국기무처, 군무아문에서 국문 '군중교과서'를 편찬하여 병사들을 교육시키도록 하여 제기를 받음.		
	9.3(양 10.1). 동학농민군 재차 봉기. 각 지방에서 일본상인을 살해, 일병과 접전.		
	9.4(양 10.2). 영월, 평창, 정선 등지에서 동학농민군이 강릉으로 진격.		
	9.18(10.16). 일본군 동학농민군 정벌에 조선정부가 반드시 협조해야 한다는 최후통첩		
	9.21(양 10.19). 양호순무영 설치		
	9.26(양 10.24). 국왕 교서에서 삼남의 동학농민군 토벌 제천명.		
	9.27(양 10.25). 이노우에 가오스(井上馨) 주조선일본공사 부임. 일본 대본영에 동학농민군을 완전 소탕할 1개 대대병력을 요청.		
	9.29(양 10.27). 히로시마 대본영의 '동학당을 모조리 살육'하라는 내용의 전보가 인천 남부병참감에 전달.		
	10.9(양 11.6). 미나미 고시로가 이끄는 일본 후비보병 독립 제19대대 인천에 도착.		
	10.15(양 11.12). 일본군 후비보병 독립 제19대		

연도	한 국	동 양	서 양
1894	동학농민군 토벌위해 남하. 10.21(양 11.18). 순무영 우선봉 이두황의 장위영 부대 목천 세성산전투. 동학군 퇴각. 10.21~22(양 11.18~19). 동학군, 강원도 홍천지역에서 전투 10.22(양 11.19). 동학군, 우금지전투에서 일군에 대패(~11.12.). 10.24(양 11.21). 순무영 좌선봉 이규태는 일본군 3중대와 합류 내려오다가 공주의 급보를 듣고 공주 도착. 10.25(양 11.22). 전봉준과 동학농민군 중청도 웅치에서 관군과 접전. 10.27(양 11.24). 순무영 우선봉 이두황의 장위영 부대 공주 도착. 11.5(양 12.1). 관군과 일군, 평창에서 동학군 3,000명을 공격, 정선으로 퇴각시킴. 11.8(양 12.4). 동학농민군 일개부대는 노산에서 이인을 향해 공격하고, 일개부대는 노성현 및 산과 경천 쪽에서 판치와 효포를 공격. 11.9(양 12.5). 동학농민군 이인에서 우금지 방향과 오실 뒷산 방향으로 나누어 공격, 관군과 40~50차례 전투끝에 동학농민군 패퇴. 11.15(양 12.11). 동학농민군 일본군과 관군의 공격으로 전주로 퇴각. 11.21(양 12.17). 호위 부장副將·통위사統衛使·장	 서울로 압송되는 전봉준(독립기념관)	

연도	한 국	동 양	서 양
1894	위사推衛使·충어사總禦使·정리사經理使 폐지. 12.4(양 12.30). 〈육군 장관 직제〉 반포. 12.12(양 1895.1.7). 홍범 14조, 정병법 사용을 명시. 12.27(양 1895.1.22). 통하군 진압완료(순무영 폐지).		
1895	1.27(양 2.21). 군무어문, 일본인 전 포병 소좌 오가모토 류노스케岡本柳之助와 육군 포병중좌 구스노세 유키히리楠瀬幸彦를 고문관으로 초빙할 청을 요청. 3.26(양 4.20). 〈군부관제〉, 〈내부관제〉 반포 시행. 군부에 군무국軍務局, 포공국砲工局, 경리국經理局, 군법국軍法局, 의무국醫務局 등 5국 설치. 군무국에 군사과軍事課·마정과馬政課·외국과外國課·포공국에 포병과砲兵課·공병과工兵課·경리국에 제1과·제2과·제3과를 각각 설치. 3.29(양 4.23). 군부, 지방군 현황 조사와 수영 및 하삼도의 수영을 관장하는 통영의 폐지와 관련하여 조사. 4.27(양 5.21). 훈련대 설치. 〈군인 현역상한 연령조가〉 반포(대장은 무제한. 부장 만 70세. 하사관 만 40세). 정무청 순사에게 응등 지급. 훈련 제3대대를 평양지방에 설치. 5.16(양 6.8). 직령으로 훈련대 사관양성소士官養成所	2.1. 청. 히로시마에서 일본과 강화회담을 가짐. 2.12. 청. 북양함대 사령관 딩뉘장이 일본에 항복함. 3.16. 청. 홍중회. 홍중에서 광저우 군적을 제획하고 청천백일기를 혁명군 깃발로 삼음. 4.17. 청. 시모노세키조약으로 청일전쟁의 강화가 성립. 5.29. 일본. 타이완 북부에 상륙함. 6.7. 일본. 타이베이를 점령함. 10.17. 청. 쑨얜의 거병 제획이 실패함.(광저우사건) 10.21. 일본. 타이완을 점령함.	3.25. 이탈리아·에티오피아. 이탈리아·에티오피아 아전쟁이 일어남.

연도	한 국	동 양	서 양
1895	관제를 반포.		
	5.19(양 6.11). 〈무예청의 급여에 관한 건〉 반포.		
	5.20(양 6.12). 〈훈련대 하사·병졸 급료에 관한 건〉 반포.		
	5.21(양 6.13). 〈신설대 편제에 관한 건〉, 〈신설대 장졸 급료에 관한 건〉 등 칙령으로 반포.		
	윤5(양 6.25). 〈군기 등 보관 검열에 관한 건〉 반포.		
	윤5(양 6.29). 〈각도 외영 병정 해산건〉 반포.		
	윤5.9(양 7.1). 각 처 봉수대와 봉수군 폐지		
	윤5.16(양 7.8). 청주군에 훈련 제4대대 설치.		
	윤5.20(양 7.12). 각도 외영9營 병정 해방解放.		
	윤5.24(양 7.16). 〈군부관제 개정건〉, 〈육군 회계관 구분건〉 등 칙령으로 반포.		
	윤5.25(양 7.17). 〈시위대 신설관제〉 반포.		
	7.15(양 9.3). 〈삼도 통제영 폐지건〉, 〈각도 병영·수영 폐지건〉, 〈각 진영 폐지건〉, 〈각 진보 폐지건〉, 〈감목관 폐지건〉 등의 칙령 반포.		
	7.23(양 9.11). 〈훈련대 사관양성소관제 중 개정건〉, 〈훈련대 편제건〉, 〈훈련연대 편제 시위대 직용건〉 등의 칙령 반포.		
	8.6(양 9.24). 육군복장구칙을 군부 무관에게도 적용토록 함.		
	8.14(양 10.2). 〈외국에 유하하는 군인의 급여에 관한 건〉 반포.		
	8.20(양 10.8). 민왕후 시해사건.		

연도	한 국	동 양	서 양
1895	8.22(음 10.10). 시위대를 훈련대에 편입. 8.25(음 10.13). 〈훈련 제1연대 편제건〉 반포. 9.13(음 10.30). 〈육군 편제 강령〉 반포. 육군을 친위親衛와 진위鎭衛 2종으로 구분하고, '아'대·중대'로 편제. 〈훈련대 폐지건〉, 〈진위대 2대대 설립건〉, 〈평양부·전주부 진위대 설립건〉 등의 직령 반포. 10.6(음 11.22). 〈진위대와 진위대 각 대대 정원건〉 반포. 10.12(음 11.28). 국왕측근 이범진 등 구 시위대와 마공대馬工隊를 선동하여 내각 탈취 시도. 11.12(음 12.27). 외부대신 김윤식은 일본 변리공사 고무라에게 조선군 훈련을 전담할 육군교사 24명의 준빙을 의뢰.		
1896	1.3(음 1895.11.19) 외부대신 김윤식은 일본 변리공사 고무라에게 수정된 군사교관 초빙을 의뢰. 1.11(음 1895.11.27). 칙령으로 〈무관학교관제〉를 재가 반포. 1.15(음 1895.12.1). 군부광고 제2호로 「무관학교 학도모집령」을 반포. 1.16(음 1895.12.2). 일본에 군의軍醫 1명, 간호장하사) 1명을 추가로 요청. 1.24(음 1895.12.10). 〈육군 징벌령〉 반포.	5.18. 타이완. 리우다사오, 항일 거병함. 6.3. 청. 이홍장. 러시아의 로바노프 및 비테와 일본 공격에 대한 공동 방위를 맺약함. (러. 정밀약) 6.14. 타이완. 원란이 등이 항일 거병함.	2. 영국·이집트, 양국 연합군을 수단에 파병함. 3. 이탈리아. 에티오피아군을 아도왕에서 격파함. 10. 이탈리아. 아디스 아바바·조약 체결로 제차 에티오피아전쟁이 종결됨.

연도	한 국	동 향	서 양
1896	1.27(음 1895.12.13). 〈진위대 1개 대대 증설건〉 반포. 1.31(음 1895.12.17). 진위대, 안동의 의병을 토벌하고 안동부에 주둔. 2.9(음 1895.12.26). 정부, 일본공사를 통해 일본제 무라타(村田)총 3,000정, 탄환 60만발의 구입을 요청. 2.11(음 1895.12.28). 아관파천. 3.2(음 1.19). 정부, 일본공사에게 삼군부의 반환과 의병진압을 위해 각처에 파견된 일병의 철수를 요청. 3.4(음 1.21). 〈진위 제4대·제5대 증설에 관한 건〉 반포. 4.22(음 3.10). 〈진위 제6연대 편성건〉 반포. 연대본부와 3개대대로 편성. 5.10(음 3.28). 군부, 블라디보스토크에서 총과 탄약 693궤를 매입. 5.25(음 4.13). 제천의병진, 제천전투 실패. 중군장 안승우, 종사 홍사구 전사. 6.5(음 4.24). 민영환 등 모스크바에서 러시아 외부대신 로바노프를 방문, 군사교관단의 조병 문제 등을 교섭. 6.8(음 4.27). 〈마병대 폐지, 진위기병대 설치건〉, 〈지중병 설치건〉, 〈통영을 고성으로 개정하는 건〉 등 반포.		

연도	한 국	동 양	서 양
1896	6.11(음 5.1). 지방 각군에 포수 설치령 공포. 6.15(음 5.5). 군부 제2호로 지방 각 군에 포수 설치에 대한 세칙을 발포. 8.18(음 7.10). 진위대·지방대의 대대장은 관찰사 및 각 항구의 감리와 대등하게 교섭하도록 함. 8.26(음 7.18). 중주·홍주·상주·원주에 지방대 설치령 반포. 9.24(음 8.18). 공주·춘천·강계·중주·홍주·상주·원주 지방대 폐지. 10. 푸자타(Putiata) 대령 등 3명의 러시아 군사교관단 민영환과 함께 조선 입국.		
1897	1. 조선정부 러시아측과 사관, 하사의 조빙에 관한 계약서 작성. 3. 러시아 교관 푸자타에 의해 훈련된 군인으로 시위대 조직. 5.15(음 4.14). 〈육군복장규칙〉 반포. 6.14(음 5.15) 칙령 22호, 〈각도 지방병 증치진〉 반포. 6.30(음 6.1). 훈위군 조직. 7.2(음 6.3). 〈진위 각대 편제 개정진〉, 〈보병 1중대를 포병으로 삼아 거행할 진〉, 〈무관학교 개정진〉 등의 칙령 반포. 7.28(음 6.29). 군대 교련교사로 조빙한 러시아군인 13명 입국.	6.16. 미국, 하와이함병조약을 조인함.	3.2. 오스만투르크, 열강으로부터 크레타의 자치와 철병을 요구받음. 4.17. 그리스, 오스만투르크에 선전포고를 함. 4.30. 러시아·오스트리아: 발칸에서 현상 유지에 동의하는 조약을 체결함. 5.19. 오스만투르크, 그리스와 휴전협정에 조인함. 7. 우간다. 반영국과 무앙가, 내분이 나자 도망하여 독일에 항복함. 12.25. 이탈리아: 수단의 카살라 지역을 이집트에 할양함. △ 이 해 • 이탈리아, 아도와전투에서 패하여 에티오

연도	한 국	동 양	서 양
1897	8.17(음 7.20). '광무' 연호 시행. 9.6.(음 8.10). 러시아군인 14명을 군사교관으로 하여 새로 군대를 편성 10.12(음 9.17). 원구단에서 황제즉위식 거행 10.13(음 9.18). 국호를 '대한'으로 개정 반포. 11.14(음 10.20). 호위군을 호위대로 개정하고 편제를 보고, 총관 1인 이하 총원 632명		피아가 완전 독립함. ・영국, 아프리카의 황금해안을 획득함.
1898	4.19(음 3.29). 일본정부에서 군부대신 민영기를 통해 대한제국 황제에게 무라다(村田)연발총 10자루와 탄환 3,600발 등을 증정. 5.14(음 3.24). 〈무관학교 관제 개정건〉 반포 5.24(음 4.5). 증기제작 기계구입을 위해 군부에서 정위 조신화, 공장工匠 김영식·김석초 일본에 파견. 5.27(음 4.8). 〈시위 제4연대 편제건〉 반포 6.10(음 4.22). 진위기병대 창설. 6.29(음 5.11). 황제가 대원수로서 육군·해군을 직접 통솔하고 황태자를 원수로 삼음. 6. 육군무관학교 《보병조전》 간행 7.2(음 5.14). 진위5대대편제 개정, 포병가행진, 무관학교관제 개정 등 반포 시행. 육군 10대대를 증설하고 해군제도를 마련토록 함. 8.13(음 6.26). 〈시위연대·진위연대 직원표 개정건〉, 〈군부관제 직원표 개정건〉 등의 직령 반포.		4.25. 미국, 에스파냐와 전쟁을 시작함.(미국·에스파냐전쟁) 12.10. 미국, 에스파냐전쟁이 끝난 후 파리에서 강화조약을 체결함. 12.10. 미국, 필리핀·괌·푸에르토리코를 식민지로 차지함. △ 이 해 ・영국·프랑스, 아프리카가 분할을 둘러싸고 양국이 대립한 파쇼다 사건이 발생함.

연도	한 국	동 양	서 양
1899	1.15(음 1898.12.4). 진위대편제 개정 반포 시행. 전주·평양에는 진위대대를 두고 수원·강화 등 14개처에는 지방대대를 두어 진무와 변경수비를 맡게 함. 2.23(음 1.14). 〈군부관제개정건〉 반포 4.4(음 2.24). 군부에서 프랑스 총 1만자루 구입. 6.22(음 5.15). 원수부 규칙 반포. 8.17(음 7.12). 황제의 유해군 통솔과 계엄선포권 등을 규정한 대한국국제大韓國國制를 선포. 8.18(음 7.13). 군부관제 개정의 건 반포. 8.29(음 7.24). 고성지방대를 설치케 함. 9.2(음 7.28). 원수부, 기병 1개 대대를 설치하고 말 600필을 구입하는 문제를 논의. 9.4(음 7.30). 고성지방대를 2개 소대로 편제. 11.3(음 10.1). 평양 진위대대의 편제와 주둔지를 정함. 11.21(음 10.19). 새로 구성된 무관학교의 교장 원수부 검사국장의 명령에 따를 것을 구성.	2.4. 필리핀. 반미 독립을 위한 무력 투쟁을 시작함. 3. 청. 산둥에서 의화단 봉기가 일어남.	10.12. 영국. 남아프리카의 보어인 국가인 트란스발공화국 및 오렌지자유국과 보어전쟁을 시작함.
1900	3.16(음 2.16). 400여 원으로 러시아인에게 군도軍刀 구입 의뢰. 3.20(음 2.20). 원수부관제 개정. 일본에 군부 기계창에서 쓸 기계 구입차 이남문을 파견. 3.27(음 2.27). 칙령으로 〈무관 및 사법관 임명규칙〉을 반포.	6.10. 청. 의화단의 진압을 위해 영국함대 사령관 시모어 중장이 지휘하는 8개국 연합군이 톈진에서 베이징으로 향함. 6.21. 청. 베이징성 안팎 8개국에 대해 선전포고를 함. 7.30. 청. 톈진이 외국 지배하에 들어감. 8.19. 청. 열강이 베이징성을 점령함.	

연도	한 국	동 양	서 양
1900	6.16(음 5.20). 강계·의주·삼수·갑산 등지에 지방병 설치를 결정(6.30. 의주 강계 복청 충성에 진위대대 설치령 반포 시행)	10.3. 청. 쑨원이 이끄는 훙중회가 후이조우에서 거병함.	
	6.30(음 6.4). 평안북도·함경북도에 진위대대 설치 (의화단 대비를 위함). 육군헌병조례 반포(원수부에 육군헌 병사령부를 둠).	10.22. 청. 쑨원 등의 거병이 실패함.(후이조우의 사변)	
	7.2(음 6.6). 〈육군 복장 규칙〉을 개정함.	12.24. 청. 베이징 소재 서양 각국 공사들이 청 전 권사원에게 12개조에 달하는 강화 조건을 전달해옴.	
	7.14(음 6.18). 우리나라 역대 및 사례와 외국의 제도를 참고하여 제작한 〈군대내무서〉를 반포.	12.30. 청. 12개 조의 강화 조건을 수락함.(의화단 사건 진함)	
	7.20(음 6.24). 지방대의 명칭을 진위대로 통일, 원수부에서 연대로 편제.		
	7.25(음 6.29). 〈진위 연대 편제건〉 반포. 강화·수원·대구·평양·북청에 연대를 두고 각 3개 대대로 편제.		
	8.2(음 7.8). 육군부장 민영환에게 한병대 사령관을 겸임하도록 함.		
	9.4(음 8.11). 〈육군법률〉 반포, 조칙 〈무관학교관 제개정〉 반포.		
	9.6(음 8.13). 평양에 1개 대대 증설을 명함.		
	9.14(음 8.21). 육군법률 편성에 따라 육군법원 설치를 명함.		
	9.17(음 8.24). 〈군부관제 개정건〉 반포		
	9.18(음 8.25). 〈평양 진위대 1대대 증설건〉, 〈육군		

연도	한 국	동 양	서 양
1900	법원 관제), 〈육군 감옥 관제〉 등의 직령 반포. 9.19(음 8.26). 서울 군인수 친위대 3,000명, 시위대 2,000명, 평양병 1,000명, 포병 1,000명, 마병 1,000명. 10.8(음 윤8.15). 독일에서 주문한 군물(軍物)이 도착. 10.19(음8.26). 경상도 진주관찰부에서 내부로 진보하여 이령, 창령, 단성, 함양 등에 '적경쌀'이 크게 일어나 원수부에 조회하여 병정을 파견할 것을 청함. 11.12(음 9.21). 군무국에서 전 남소영(南小營) 앞에 장충단(奬忠壇)을 세우고 갑오년 이후 전망사졸(戰亡士卒)을 제사. 12.3(음 10.12). 원수부의 주청에 따라 일본 유학 중인 참위 노백린 등 18명의 귀국을 명함.		
1901	2.4(음 1900.12.16) 평양에 1개대대 증설, 연대로 편성. 2.9(음 1900.12.21). 독일에 양총 300자루와 탄환 1만발 주문. 2.12(음 1900.12.24). 〈육군지뢰규칙〉 반포 시행. 〈육군법원직무규칙〉 반포 시행. 〈육군감옥규칙〉 반포 시행. 강비총 300정, 실탄 10,000발을 수입. 프랑스 포병대위 페레오와 중위 부이 등 병기창 촉탁으로 부임. 2.	9.7. 청. 의화단 사건이 종결됨.(신축화약)	

연도	한 국	동 양	서 양
1901	3.8(음 1.18). 〈연해지방 포대 설치건〉 반포, 경기 3, 중청남도 3, 전라북도 2, 전라남도 7, 정상북도 1, 경상남도 7, 황해도 3, 평안북도 1, 강원도 1, 함경남도 3, 함경북도 2개소.		
	3.9(음 1.19). 육군지휘체직 반포.		
	4.6(음 2.18). 직임관의 속·직 4순 중 100여 명을 뽑아 외국 해군학교에 유학시키고자 하였으나 재력부족으로 임시 정지.		
	4.26(음 3.8). 신식 소총 1만정, 실탄 100만발을 일본에서 구입.		
	4.27(음 3.9). 한청이노정기록배檢韓淸鐵路程記排을 인쇄하여 각 부부원府部院에 송부.		
	5.6(음 3.18). 일본중 1만 자루를 구입하여 각 부대에 분급.		
	5.8(음 3.20). 군수품 제조를 위해 프랑스인 기수技手 피에르 고용.		
	5.15(음 3.27). 헌병 1개 중대를 증설하도록 함.		
	6.1(음 4.15). 중청수영 고지에 오천군 신설 육군현병 2개중대를 5개중대로 증원.		
	6.4(음 4.18). 훈련원을 수리하여 육군중하교를 설치하고자 함.		
	8.12(음 6.28). 군수품 제조를 위해 프랑스인 기수技手 부이 고용.		
	8.26(음 7.13). 의무병역제 시행을 기획.		
	11.19(음 10.9). 힐남충補의 사이공 맨黃馬 300필		

연도	한 국	동 양	서 양
1901	구입. 12.11(음 11.1). 육군병원을 건축하고 군의관제를 제정. 이전 군부에서 각국 공사관 한국인 고용인 등을 위해 발행하던 야행목패(夜行木牌)를 인쇄 수부에서 받음.		
1902	1.9. 무관학교 학생들이 군인의 장례에 회의를 품고 집단으로 자진 퇴하사건 발생. 3.10(음 2.1). 영국에서 구입한 대포(麥沁砲 6문, 野戰砲 4문, 山戰砲 8문 및 부속기구를 남문 내 선해청에 설치). 8.9(음 7.6). 군대의 각 연대에 군기(軍旗) 지급을 결정. 8.12(음 7.9). 원수부 강화대 병정 1중대를 인천항에 주둔케 함. 8.18(음 7.15). 총성여단편제 반포 시행. 군기(軍旗) 이 제작을 명함. 8.25(음 7.22). 임시혼성여단편제 반포 시행. 9.12(음 8.11). 시위·친위 양대에 각 1개대대를 증설키로 결정(10.30. 시위·친위 양연대편제 반포 시행). 11.8(음 10.9). 야전포·군마를 외국에서 주문구입 차 10여 만원의 거액을 탁지부로 하여금 지불토록 함.		1.30. 영국, 제1차 영일동맹 조약을 체결함. 4.1. 영국, 우간다 동부 지방을 영국령 동아프리카에 합병함. 5.31. 영국, 보어인과 전쟁을 종결하는 조약을 체결함. △ 이 해 •프랑스·이탈리아, 비밀협정을 체결하여 이탈리아가 모로코·튀니지아 문제로 프랑스·독일전쟁에서 중립을 약속함.
1903	1.4(음 1902.12.6). 미국공사관 수비해병 36명 임경.		11.3. 파나마, 미국함대의 원조로 콜롬비아로부터

연도	한국	동양	서양
1903	2.28(음 2.2). 〈임시훈성대단편제진〉 반포, 일본에 주문한 군함 1척과 프랑스에 주문한 총 1만 2천 자루가 인천에 도착예정. 3.18(음 2.20). 17세 이상 40세 이하의 장정을 선비·후비·예비·국민병으로 모집하는 내용의 「징병조례(徵兵條例)」를 반포. 4.21(음 3.24). 러시아병사, 용암포 침입, 강점. 5.13(음 4.17) 러시아군 12,000명, 의주 부근에 진주. 5.25(음 4.29). 러시아, 병력 200을 용암포에 증파, 포대 설치. 6.25(음 윤5.2). 청주대에 소속된 안동 진동 주둔대들 대구대로 이속. 7.10(음 윤5.16). 서서 장예원 앞 아베[阿部]함명회사 출장소에서 일본제 무기 및 기타 부속품 일체를 직수입 판매. 7.29(음 6.6). 군부대신 운웅렬, 새로 구매할 양무호를 근간으로 해군 창설을 건의. 8.4(음 6.12). 원수부, 상비 조직을 결정(서울 6,000명, 지방 2,000명). 개성·죽산·남양·보은·해미·여산·장수·운봉·나주·순천·장성·상주·경주·안동·울산·하동·거창군에 별순교 및 청사를 신설. 8.6(음 6.14). 상병[詳兵]편제를 발표하여 보부상 등 상인 8천명을 모집하여 8개 대대로 편성.		터 독립하여 공화국을 선언함. △ 이 해 ·오스트리아·러시아. 양국이 알바니아를 둥시에 점령함.

연도	한국	동양	서양
1904	1.3(음 1903.11.16). 미군 64명, 공관과 교민 보호를 위해 입경.	2.8. 일본. 일본군 연합함대가 뤼순항 밖에서 러시아함대를 공격함.	1. 독일. 독일령, 남서아프리카에서 헤레로족(호텐토트)의 대반란이 일어남.
	1.6(음 1903.11.19). 러시아공관 수비대 해군 35명 입경.	2.9. 일본. 연합함대가 인천 부근에서 러시아 군함 2척을 격파함.	4.25. 러시아. 블라디보스토크함대가 원산만에서 일본군을 수송하던 긴슈마루를 격침시킴.
	1.9(음 1903.11.22). 이탈리아공관 수비병 20명 입경.	2.10. 일본. 러시아에 선전포고를 함.(러일전쟁)	
	1.16(음 1903.11.29). 인천 감리서, 일본의 탄환반입을 저지. 프랑스공관 수비대 해군 41명 입경.	2.12. 청. 러일전쟁에 중립을 선언함.	
	2.8(음 1903.12.23). 일본 육군, 인천, 남양, 군산, 원산에 상륙 개시.	6.24. 청. 전지회, 광시성에서 봉기를 일으킴.	
	3.21(음 2.5). 일본군 주력 제2군 진남포 상륙.	9.4. 일본. 청의 랴오양을 점령함.	
	4.3(음 2.18). 일본, 한국에 주차군사령부 설치.		
	7.6(음 5.23). 군부관제·군기창관제 개정 반포.		
	9.16(음 8.7). 일본군인의 훈련의 연병장 점령으로 진위대를 시외로 이전 훈련.		
	9.23(음 8.14). 의병 진압을 위해 각지에 순찰사巡察使 파견.		
	9.24(음 8.15). 〈원수부 관제〉, 〈시종무관부 관제〉, 〈동궁배종무관부 관제〉, 〈참모부 관제〉, 〈육군 참모 조례〉, 〈교육부 관제〉, 〈육군무관학교 관제〉, 〈육군연성학교 관제〉, 〈육군유년학교 관제〉, 〈육군헌병조례〉, 〈육군법원 관제〉, 〈군기창 관제〉, 〈육해군장교 보한령〉, 〈육군군관진급령〉, 〈육군 군인현역여		

연도	한 국	동 양	서 양
1904	정한연령 조규, 〈육군 군대검열 조례〉 등 반포. 9.27(음 8.18). 〈군부관제〉, 〈육군무관학교관제〉, 〈육군연성학교관제〉, 〈육군헌병조례〉 반포. 10.13(음 9.5). 〈육군경중무관제(식)〉을 일부 개정함.		
1905	1.10(음 1904.12.5). 청성 및 부근의 치안경찰권을 일헌병대가 장악. 2.22(음 1.19). 〈군부관제〉를 반포하고 1904년 9월의 군부관제 폐지. 군무·참모·교육·경리 등 4개국으로 편제. 3.1(음 1.26). 〈군기창 관제〉 반포. 4.14(음 3.10). 〈시위 보병 제1연대 편제진〉, 〈공병대 편제진〉, 〈헌병 조례〉, 〈기병대 편제진〉, 〈포병대 편제진〉, 〈진위보병대대 편제진〉 등의 직령 반포. 10.27(음 9.29). 〈육군 위생원 관제〉 반포.	3.10. 일본. 봉천을 점령함. 5.27. 일본. 쓰시마 전투. 도고 동해에서 러시아 발트함대를 격파함. 7.29. 일본. 미국 육군장관 태프트와 일본 수상 가쓰라 다로 사이에 한국과 필리핀 지배권에 관한 각서를 교환함. 9.5. 일본. 포츠머스에서 러일 강화조약을 조인함.(포츠머스조약)	1.22. 러시아. 피의 일요일 사건이 일어나 러시아 제1혁명으로 이어져 파업이 각지로 파급되고 무장 봉기가 전개됨. 니콜라이2세가 '10월선언'을 발포하여 국회 소집과 헌법 제정 및 언론, 집회, 결사의 자유를 약속한 후 점차 진압됨. 3.31. 독일. 빌헬름2세, 자신의 요트에서 모로코 독립을 선포함.(제1차 모로코 사건) 7.29. 미국·일본. 미국 육군장관 태프트와 일본 수상 가쓰라 다로 사이에 한국과 필리핀 지배에 관한 각서를 교환함.(상치) 8.12. 영국. 런던에서 제2차 영일 동맹 조약을 체결함. 9.5. 러시아·일본. 포츠머스에서 러.일 강화조약을 조인함.(포츠머스조약)
1906	2.9(음 1.16). 주한 일본군함, 행정 사법 경찰권 장악. 5.5(음 4.12). 〈육군 무관과 그에 상당한 관리들이	12.7. 청. 호남성 유양에서 홍복제천회의 봉기가 일어남.	1.16. 모로코. 알헤시라스 국제회의에서 모로코 독립과 영토 보전을 재확인함.(제1차 모로코 사건 종결)

연도	한 국	동 양	서 양
1906	군등 봉급령 개정진, 〈하사·병졸 급료 개정진〉 반포. 8.21(음 7.2). 경상남도 진해만과 함경남도 영흥만에 군항 부지를 마련하도록 함. 12.3(음 10.18). 〈육군연성학교 관제개정진〉 반포 12.17(음 11.2). 〈군부관제개정진〉 반포		2.10. 영국, 해군대신 존 피셔가 10문의 12인치의 함포를 장착한 새로운 전함인 드레드노트함을 진수함.
1907	4.22(음 3.10). 시위 혼성여단 사령부 관제, 시위 보병연대 편제진, 시위 아진포병대 편제진, 시위 공병대 편제진, 진위보병대대 편제진, 하사·병졸 급료개정진, 육군 장관·영관·위관 및 준사관 이하 제등구주 등의 직령 반포. 7.31(음 6.22). 군대해산 조치. 8.1(음 6.23). 군대해산식, 훈련원에서 거행. 시위 제1연대 제1대대장 박승환, 군대해산을 반대하여 자결. 시위대 중돌, 일병과 중돌. 8.26(음 7.18). 〈군부소관관청 관제 및 조규 폐지〉진, 〈군부관제 개정진〉, 〈육군무관학교 관제 개정진〉, 〈근위보병대 편제진〉, 〈진위부속 무관관제진〉 등 반포. 8.28(음 7.20). 황태자의 육군보병 참위 진임식 거행. 10.1(음 8.24). 〈육군무장구직개정진〉, 〈육군복장진〉식, 〈경찰관리의 정원외 임시임용에 관한진〉 등 반포.	5.22. 청. 중국혁명동맹회, 광동성 황강에서 봉기를 일으킴. 7.13. 청. 절강성 소흥의 추근, 봉기를 꾀했으나 실패함. 7.30. 일본. 러시아와 협약을 체결하여 비밀 조항으로 만주에 대한 세력 범위를 확정지음. 11.1. 청. 중국혁명동맹회, 진남에서 봉기했으나 실패함. 12.2. 청. 쑨원, 황싱, 후한민 등이 동맹회 봉기에 참가함.	2.8. 루마니아. 농민 대봉기가 일어남. 6.15. 영국, 독일 해군력에 대한 제한 협상을 제의했으나 독일이 반대로 무산됨. 6.15. 네덜란드, 헤이그에서 제2차 국제평화회의를 개최함. 8.31. 영국·러시아, 양국 간에 협상이 체결되어 중앙아시아에서 세력 범위를 확정함. 9.26. 뉴질랜드, 영제국 자치령이 됨.

연도	한국	동양	서양
1907	10.7(음 9.1). 한국주차헌병에 관한 건 반포(헌병지안유지에 관한 경찰권을 강화하고, 통감이 배치를 결정하며 병력을 1,000명으로 증가.) 11.1(음 9.26). 육군참장 이희두 등에게 일본 육군특별대연습을 참관하도록 함. 11.2(음 9.27). 〈군부관제 개정건〉 반포. 11.19(음 10.14). 〈육군장교 승마령〉 반포. 12.20(음 11.16). 〈근위기병대 편제건〉 반포. 12.27(음 11.23). 〈황태자궁 배종 무관부 관제〉, 군부관제 및 육군무관학교 관제개정건〉 반포.		
1908	6.18(음 5.20). 〈헌병보강령〉 공포(한인보조원 모집). 8.1(음 7.5). 〈육군 법적 규칙〉 공포.	4. 일본, 러시아와 사할린 경제 획정서에 조인함.	4. 영국, 프랑스·독일·네덜란드·덴마크, 북해조약을 체결함. 6. 독일, 러시아·스웨덴·덴마크, 발트조약을 체결함. 9.25. 프랑스, 독일이 3명이 프랑스 외인부대를 탈출하여 독일과 프랑스 관계가 긴장됨.(가 시블랑가 사건) 10. 오스트리아, 청년투르크당 혁명의 혼란을 틈타 보스니아·헤르체고비나 병합을 선언함. 11.15. 벨기에, 콩고를 식민지로 삼음. △ 이 해 ・오스만투르크, 청년투르크당, 마케도니아

연도	한국	동양	서양
1908			지방에서 봉기를 일으켜 오스만투르크제국 최초의 헌법인 미드하트헌법을 부활시킴.
1909	2.14(음 1.24). 〈육군무관학교 승마령 개정건〉, 〈근위 기병대 하사 이하 예복제식〉 공포.	9.4(음 7.20). 일본, 청과 '간도협약' 조인	1.9. 미국, 콜롬비아와 협약을 조인함.(콜롬비아가 파나마 독립을 승인)
	2.26(음 2.7). 박서환, 박민 등의 의병 250여 명, 나주에서 일병과 교전.		2.1. 프랑스·독일, 프랑스협정에 조인함. 모로코에서 독일의 정치적 특권과 프랑스의 경제적 특권을 확인함.
	2.27(음 2.8). 이은찬 등의 의병 약 300여 명, 양주 군에서 일본군경과 교전. 수십 명 전사.		3.31. 러시아, 오스트리아의 보스니아-헤르체고비나 병합을 승인함.
	4.14(음 2.24). 전해산의 의병, 함평에서 일병과 교전.		4.19. 불가리아, 터키 배상 문제 처리에 관하여 러시아와 협정을 조인함.(터키와 협정을 조인하여 독립을 승인받음)
	5.29(음 4.11). 의병 600여 명, 무주에서 일병과 교전.		4. 오스만투르크, 이슬람교도들이 소수 민족인 아르메니아인에 대한 대학살을 자행함.
	6.19(음 5.2). 전해산 의병 130여 명. 나주에서 일병과 교전(전사 73명).		7.26. 에스파냐, 바르셀로나 급진파가 모로코에 대한 군대동원령에 반대하여 총동맹파업을 선언함.
	6.30(음 5.13). 각의, 사범권양도 및 군부폐지를 결의		△ 이 해
	7.6(음 5.19). 일본, '적당한 시기' 한국을 병합한다는 병합방침 결정.		·페르시아, 국민군이 테헤란을 점령함. 무하마드 알리 왕이 퇴위하고 아흐메드 샤 즉위함.
	7.12(음 5.25). '한국의 사법 및 감옥사무를 일본정부에 위탁하는 각서' 조인		·오스만투르크, 게말 파샤의 해방군이 이스탄불을 제압함.
	7.30(음 6.14). 군부와 무관학교 폐지, 친위부 설치, 일본정부에 사법양성 위탁 등 발표. 친위부 관제, 근위기병대 관제, 시종무관부 관제, 근위보병대 편제건, 무관·하사·군졸의 관등·봉급·부상·장		

연도	한 국	동 향	서 양
1909	제에 관한 건 등 반포. 8.22(음 7.7). 김영준 의병 97명. 이천에서 일병과 교전. 9.21(음 8.8). 강기동 의병 22명. 양평에서 일병과 교전 9.~10. 일본, 호남의병 토벌을 목적으로 한 '남한 대토벌' 실시 10.13(음 8.30). 문태수 의병 100여 명, 보성에서 일병과 교전. 10.25(음 9.12). 한구군인, 군수의 범죄심판에 관한 건 반포. 10.26(음 9.13). 안중근, 하얼빈에서 이토 히로부미 사살 10.29(음 9.16). 일본군, 전남의병 진압진과 발표(사살 374명. 포로 1,055명). 11.21(음 10.9). 강기동 연기우 의병 200여 명. 포천에서 일병과 충돌. 12.18(음 11.6). 김병찬 의병, 양주에서 일병과 격돌. 12.21(음 11.9). 의병장 정문칠, 영해에서 교전 중 체포됨. 12.22(음 11.10). 이재명, 명동성당 앞에서 이완용 습격, 부상을 입힘.	 이거 직후의 안중근 의사(독립기념관)	
1910	1.6(음 1909.11.25). 장하한북대장 의병 30명 연천에서 일본 헌병과 교전.	2.12. 청. 중국혁명동맹회, 광둥의 신군을 중심으로 봉기했으나 실패함.	4. 알바니아, 자치를 요구하는 봉기가 일어남. △ 이 해

연도	한 국	동 양	서 양
1910	1.21(음 1909.12.11). 연기우 의병 50명, 이천의 일경 습격. 3. 강기동 의병 30여 명과 연기우 의병 20여 명, 삭녕군에서 일본헌병과 교전. 옌지현 국자가에서 간도교육회 조직. 4.8(음 2.29). 한병보조원규정 공포 시행. 4.12(음 3.3). 제응언 등 의병 60여 명, 이천에서 일병과 교전. 4.16(음 3.7). 일본군 교체병력 제2사단 도착. 4.23(음 3.14). 강기동 의병 70여 명, 회현에서 일병과 교전. 4. 연기우 의병 100명, 장단에서 일병과 교전. 5.4(음 3.25). 연기우 의병 40여 명, 철원에서 일본 헌병과 교전. 5.29(음 4.21). 강기동 의병 40여 명, 양주군에서 일 본헌병과 교전. 5.30(음 4.22). 일본 데라우치 마사다케 육군대신을 겸직으로 통감에 임명. 5. 이범윤, 홍범도 등 연해주 연합의병 4,000 여 명, 청국 마적 300명과 국내 진공. 일 본헌병과 격전. 6.3(음 4.26). 일본, '한국병합실행에 관한 방침' 결 정. 6.24(음 5.18). '한국경찰사무를 일본정부에 위탁하 는 각서' 조인.	4.2. 청, 양자오밍 등이 섭정왕 재풍 암살에 실 패하고 16일 체포됨. 7.4. 일본, 러시아와 제2차 러일협약에 조인함. 일경에 체포된 재응언 의병장(독립기념관)	•멕시코, 디아스정권에 대한 반란이 일어남.

연도	한국	동양	서양
1911	7.1(음 5.25). 일본, 한국에 헌병경찰제 실시. 7.8(음 6.2). 일본, '한국주병합'을 위한 최종 방침 및 조약문 등 결정. 7.12(음 6.6). 주한일본군, 하기휴가 폐지. 8.22(음 7.18). '한국병합늑약' 조인 8.29(음 7.25). '한국병합' 공포. 9.12(음 8.9). 조선주차헌병조례 공포. 10.3(음 9.1). 제마한인, 클레이몬트에서 군사훈련 시작. 10.8(음 9.6). 룡포크에 의용훈련대 조직. 11.10(음 10.9). 켄자스시에 소년병학원 조직, 와이오밍 슈퍼리어에 청년병학원 조직. 11.14(음 10.13). 이병. 영해에서 일본군과 교전. 12.10(음 11.9). 조선주차헌병대의 관구 및 배치령 개정 공포 시행.		
1911	4. 이회영, 이시영, 이동녕 등 라오닝성 류허현 삼원포에서 경학사 조직음 5. 류허현 삼원포에 독립군 양성기관인 신흥강습소 설치. 11.7(음 9.17) 헌병경찰의 배치, 관할구역 공포 시행. (연중 의병 활동 상황: 교전 41회 272명, 소비탄약 1,745, 사상 36명, 일인사상 16명) 12.9(음 10.19). 이상설, 이종호 등 블라디보스토크 신한촌에서 권업회 조직.	4.27. 청. 동맹회의 황싱 등이 황화강 사건을 일으킴 10.10. 청. 무창 봉기를 계기로 신해혁명이 일어남. 11.3. 청. 동맹회의 천지메이 등이 상하이에서 봉기함. 11.9. 청. 광둥이 청으로부터 독립하고 주한민이 도독에 추대됨. 11.30. 청. 외몽고가 독립함.	6. 에스파냐. 모로코에 출병함. 7. 프랑스. 모로코에 출병함. 7.1. 제2차 모로코 사건이 일어남. 7.13. 영국. 일본과 제3자 영일동맹 협약에 조인함. 7.15. 독일.프랑스.. 모로코에 관한 독일.프랑스 회담을 개최함. 8.31. 러시아. 프랑스와의 군사협정을 체결함. 9.29. 이탈리아. 오스만투르크와 트리폴리전쟁을 시작함.

연도	한국		동양		서양	
1912	4.18(음 3.2).	거제도에 있던 일본해군 방비대를 진해로 옮김.	1.1.	중국, 중화민국을 건국하고 쑨원이 임시 대총통에 취임함.	3.13.	불가리아, 러시아의 후견으로 세르비아와 동맹조약을 체결함.
	겨울.	임병찬, 전라도 지방에서 독립의군부 조직(1914년 대한독립의군부 편제 완비)	2.12.	중국, 선통제, 퇴위함.(청 멸망)	3.30.	모로코, 페즈조약에 조인함으로써 프랑스의 보호국이 됨.
	7.	신흥강습소, 류허현 삼원포에서 통화현 합니화로 이전.	11.3.	몽고, 러시아와 러몽조약 조인을 체결하여 몽고 독립 지지와 토지조차권 등의 특권을 획득함.	5.	그리스·세르비아·불가리아·몬테네그로, 발칸동맹을 결성함.
		신규식 상하이에서 동제사 조직.			7.8.	러시아, 일본과 제3차 러일협약에 조인함.
	11.8(음 9.30).	미국 대한인국민회, 샌프란시스코에 중앙총회 설립.			10.8.	제1차 발칸전쟁이 일어남. 발칸동맹국들이 오스만투르크에 선전포고를 함.
					10.18.	이탈리아·오스만투르크, 로잔조약으로 강화를 맺음.
					12.3.	알바니아. 독립을 선포함.
					12.5.	독일·오스트리아·이탈리아. 3국동맹을 갱신함.
					12.16.	발칸동맹, 오스만투르크, 발칸전쟁에 관한 런던 강화회의를 개최함.
1913	3.	신흥강습소 졸업생 중심으로 신흥학우단 조직.	1.10.	티베트, 독립을 선포함.	5.30.	오스만투르크, 런던조약에 의거하여 발칸동맹국들에게 영토를 할양함. 크레타 섬은 그리스에 병합됨.
	4.26(음 3.20).	북간도 한인 자치기관으로 간민회 조직(회장 김규면).	7.12.	중국, 장시도독 리리에쥔이, 후구에서 위안스카이에 반대하여 군사를 일으킴.(반원 거병)	6.29.	불가리아. 그리스·세르비아·몬테네그로·루마니아·오스만투르크 등을 공격함.(제2차 발칸전쟁)
	5.13(음 4.8).	안창호, 미주 샌프란시스코에 흥사단 창립.	8.	중국, 쑨원, 제2혁명(반원 운동) 실패로 일본으로 망명함.	7.30.	유럽. 부쿠레슈티강화조약 조인으로 제2차 발칸전쟁을 종결함.
	9.23(음 8.23).	육해군형법을 조선에 시행하는 법률 공포 시행.	9.1.	중국, 위안스카이의 군대가 난징을 점령함.	9.29.	불가리아. 오스만투르크와 콘스탄티노플조
	9.	서울에 독립의군부중앙순무총장獨立義軍府中央巡撫總長				

연도	한 국	동 양	서 양
1913	巡撫總將 설치. 10. 장바이현 한인 자치기관으로 한교동사회 조직.		△ 이 해 •영국, 브레일리, 스테인메스가스 발명함. 약을 제정함.
1914	2.27(음 2.3). 한병대. 정찰서의 관구 및 배치를 변경(3.1 시행). 5.13(음 4.19). 하룽현 정파회에 대종교 총본사 설치. 5.21(음 4.27). 이범장 김경인. 수인군에서 일헌병과 교전 중 전사. 6.10(음 5.17). 박용만, 하와이에 조선국민군단 조직. 8.17(음 6.26). 정무총감부. 군사사항 보도를 단보간 통제한다고 발표.	3.24. 중국, 영국 및 티베트와 '중국-인도 국경선 (맥마흔라인) 제정 협정'에 조인함. 8.23. 일본, 독일에 선전포고하고 제1차 세계대전에 참전함. 11.7. 일본, 청도를 점령함.	4. 미국, 멕시코와 분쟁이 격화됨. 6.28. 오스트리아. 황태자 페르디난드 부부가 세르비아인에 의해 암살당하는 '사라예보 사건'이 발생함.(제1차 세계대전의 도화선) 7.28. 오스트리아. 세르비아에 선전포고를 함. 제1차 세계대전이 시작됨.(미국은 중립을 선언) 8.1. 독일, 러시아에 선전포고를 함. 8.3. 독일. 프랑스와 전쟁을 시작함. 8.4. 영국, 독일에 선전포고를 함. 8.6. 러시아. 오스트리아와 전쟁을 시작함. 9.5. 영국·프랑스·러시아. 런던에서 단독불강화를 선언함.(런던선언) 10.29. 오스만투르크가 함대가 러시아 영토를 포격함. 11.5. 영국, 오스만투르크에 선전포고하고 키프로스를 병합함. 12.9. 영국, 이집트 보호국화 선언을 함.
1915	1.15(음 12.1). 정부 답성군에서 운상태, 서상일 등이 조선국권회복단 조직. 3. 상하이, 유동열·박은식·신규식 등이 신한혁명당 조직.	5.9. 중국, 일본과 중일조약에 조인함.(일본의 25개조 요구 수락) 6.7. 중국, 티베트, 러시아. 외몽고에 관한 3국협정을 체결함.	1.19. 독일, 영국에 대해 체플린 비행선을 이용한 공습을 시작. 2.3. 오스만투르크, 수에즈운하를 공격함. 2.4. 독일, 잠수함 전쟁을 개시함.

연도	한국	동양	서양
1915	7.18(음 6.7). 박상진·강석필 등 풍기에서 대한광복회 조직(광복회로 개칭). 10.1(음 8.23). 간도장의소 사령관 인종식, 부하 70여 명 인솔, 두만강 부근 스페진에서 러시아 기병대 충돌 패배. 11.2(음 9.25). 신안현병건습소를 습격한 의병 오승태, 평양지법에서 사형 선고받음. 12.23(음 11.17). 일본 정부, 한국내에 신설한 제19, 20사단사령부 배치표를 발표(제19사 나남. 제20사 용산).	12.4. 일본. 도쿄주식시장의 대폭등으로 소위 '전쟁경기'가 시작됨. 12.12. 중국. 참정원에서 위안스카이를 황제로 추대함. 12.25. 중국. 윈난도 탕지아오, 군명에서 제제를 반대하여 윈난 독립을 선언함. (제3혁명)	3.11. 영국. 적국으로 가는 금수품 몰수를 선언함. 4. 독일. 독가스를 사용함. 4.26. 영국·프랑스·러시아·이탈리아. 4국 간 런던비밀조약에 조인함. 5.3. 이탈리아. 3국동맹을 파기하고 오스트리아에 선전포고를 함. 5.7. 영국. 여객선 루지테니아호가 아일랜드 남쪽 해안에서 독일 잠수함에 격침됨.(미국인 138명 사망) 5.23. 이탈리아. 오스트리아에 선전포고를 함. 5.24. 독일. 이탈리아와 국교를 단절함. 6.7. 중국·티베트·러시아. 외몽고에 관한 3국협정을 체결함. 8.7. 독일. 바르샤바를 점령함. 9.6. 독일·오스트리아·불가리아. 3국 간에 동맹조약을 맺음. 9.16. 미국. 아이티를 보호국화함. 10.11. 불가리아. 세르비아에 침입함.
1916	3.18(음 2.15). 진해군항에 요항부 설치. 영흥방비대 폐지(일본군 2개 사단의 상주로 여의도, 용산, 대구, 나남 등지의 토지 수십만 평이 군용지로 수용당함)	7.3. 일본. 러시아와 비밀조약을 체결함.(제4회 러일조약)	1. 영국. 일반 징병제가를 채용함. 2.21. 프랑스. 베르됭요새전투(~7월11일)를 벌임. 독일군이 포격되고 요새를 사수함.(사상자 각 35만 명) 3. 포르투갈. 독일에 선전포고를 함. 4.24. 아일랜드. 아일랜드 독립군이 더블린에서

연도	한국	동양	서양
1916			반영 무장 봉기를 일으킴.(공화국을 선언) 영국-아일랜드 내전이 시작.
			5. 미국, 멕시코와 군사 충돌이 일어남. 미국, 제1차 세계대전으로 재무국에서 채권국으로 전환됨.
			5.16. 영국, 프랑스, 러시아. 오스만투르크령 분할에 관한 사이크스피코비밀협정을 체결함.
			5.31. 영국. 독일과 벌인 유틀란트해전에서 승리하여 제해권을 장악함.
			6.24. 영국,프랑스-독일. 제1차 솜 전투가 시작. (~11.13) 영국, 프랑스군 독일군에 대한 총공격 개시. 영국군 42만 명. 프랑스군 19만 5,000명. 독일군 65만 명의 사상자 발생.
			8.27. 루마니아. 오스트리아에 선전포고를 함.
			9. 불가리아. 루마니아에 선전포고를 함.
			9.15. 영국, 처음으로 전차를 사용함.
			10.19. 그리스, 살로니카에서 베네젤로스 임시정부를 수립함.
			11. 러시아. 페트로그라드 시민봉기가 발생함.
			11.5. 독일-오스트리아. 구 러시아령 폴란드에 독립 왕국 수립을 선언함.
			12.12. 연합국측에 강화를 제의함.
			12.18. 미국, 윌슨 대통령, 대전 양측에 강화를 제의함.

연도	한국	동양	서양
1916			△ 이 해 • 독일, 루마니아에 선전포고를 함.
1917	3.23(음 2.1). 장일환·김형직 등 평양에서 조선국민회 조직. 7.29(음 6.11). 간도지방 한국인에 대한 영사관이 일괄함으로 이관. 12.20(음 11.7). 광복단 총사령 박상진 체포됨.	3.14. 중국, 대독 단교를 선언함. 9.8. 중국, 중국의 대독 참전 대가로 연합국에서 의화단 배상금 지불 연기를 승인함. 9.10. 중국, 쑨원, 대원수가 되어 광둥군 정부를 수립함.	1. 영국, 바그다드를 점령함. 1.31. 독일, 무제한 잠수함전을 선언함. 2.3. 미국, 독일과 국교를 단절함. 4.6. 미국, 독일에 선전포고를 하고 연합군을 원조함.(잇따라 라틴아메리카 나라들이 참전 선언) 5. 미국, 징병제를 실시함. 6. 독일, 폭격기로 런던을 공격함. 6.27. 그리스, 독일·오스트리아·오스만투르크 등 동맹 제국에 선전포고를 함. 7.17. 영국·프랑스·이탈리아, 3국 간 소아시아 분할에 관한 비밀협정을 체결함. 7.19. 독일, 제국의회에서 평화 결의를 의결함. 7.20. 핀란드, 러시아로부터 독립을 선언함. 8. 이탈리아, 교황이 평화를 제의함. 9.5. 스웨덴, 스톡홀름에서 국제사회주의자회의를 개최하여 동맹국에 의한 전쟁 중결을 결의함. 11.2. 영국, 벨푸어선언으로 팔레스타인에 유대인 자치를 약속함. 11.8. 러시아, 10월혁명으로 레닌이 주도한 소비에트정권이 탄생함. 12. 독일, 브레스트 리토프스크의 협정. 러시아

연도	한 국	동 양	서 양
1917			외 휴전조약을 체결함.
			12. 미국, 오스트리아에 선전포고를 함.
1918	8. 상하이, 여운형·장덕수 등 신한청년단 조직.	4.5. 일본: 일본군, 블라디보스토크 상륙.	1.8. 미국, 윌슨 대통령. '평화 원칙 14개조'를 발표함.
	12.31(음 11.28). 북간도, 김약연·정재면 등 간도간민교육회에서 간민회 조직.	8.2. 일본: 시베리아 출병을 선언함.	1. 핀란드, 공산당원이 전국을 장악함.
	12. 현병경찰관서수 1,825개소, 1910년비 200여 개소 증가.	△ 이 해	2.1. 소련, 우크라이나공화국을 승인함.
		·중국: 군벌전쟁(남북전쟁)을 시작함.	2.9. 독일, 우크라이나와 강화조약을 조인함.
			2.10. 소련-독일, 양국이 휴전을 함.
			2.16. 리투아니아, 독립을 선언함.
			3.3. 소련-독일, 오스트리아, 브레스트-리토프스크조약을 맺음.
			3.3. 오스만투르크, 러시아군과 브레스트-리토프스크조약을 조인함에 따라 페르시아에서 철수함.
			4.8. 이탈리아, 로마에서 오스트리아 피압박제민족회의를 개최함.
			10.21. 체코슬로바키아, 프라하에서 공화국을 선언함.(체코슬로바키아가 독립 선언)
			10.24. 헝가리, 독립을 선언함.
			10.30. 오스만투르크, 연합군과 무드로스조약에 조인하고 항복함.
			11.3. 폴란드, 독립을 선언함.
			11.4. 오스트리아-연합국, 휴전협정에 조인함.
			11.5. 연합국, 독일의 휴전 제안을 승인함.
			11.9. 독일, 베를린혁명으로 황제 빌헬름2세가

연도	한국	동양	서양
1918			퇴위하고 사회민주당이 에베르트정권을 수립함.(공화정 선포) 11.11. 연합국·독일, 양측 간 휴전협정 조인으로 제1차 세계대전이 끝남.(연합구 승리) 11.12. 오스트리아, 황제 가를세 퇴위하고 공화정이 성립됨. 12. 세르비아·크로아티아·슬로베니아·크로아티아·슬로베니아·보스니아·세르비아의 각 의회가 남슬라브 민족국가 수립을 결의하고 오스트리아로부터 독립을 선언함. △ 이 해 • 에멘 아후아왕 주도로 독립을 달성함. • 아이슬란드, 독립을 선포함.
1919	2.8(음 1.8). 일본 동경, 재일한구유구하생 '2·8독립선언서' 발표. 3.1(음 1.29). 3·1운동. 3.13(음 2.12). 옌벤 용정에서 간도 최대 '3·13만세 시위'. 3.21(음 2.20). 노령, 대한국민의회 수립. 4.10(음 3.10). 상하이, 임시의정원 조직 및 임시정부 수립 활동. 4.11(음 3.11). 상하이, 대한민국임시정부 수립. 4.15(음 3.15). 일본군, 제암리 교회에 주민 감금 총살 방화(제암리학살사건).	5.4. 중국, 베이징에서 학생들이 산둥 문제에 항의하는 배일시위(5.4운동)을 일으키고 상하이 노동자와 상인들의 파업 사태가 벌어져 전국으로 파급됨.	1.18. 프랑스, 파리에서 강화회의를 개최함. 1.21. 아일랜드, 신페인당, 아일랜드의회를 설치하고 독립을 선언함. 3.23. 이탈리아, 무솔리니, 전투자 파쇼를 결성함. 4.7. 독일, 바이에른 소비에트공화국을 수립함. 4.19. 프랑스, 총해함대가 반란을 일으킴. 4.28. 연합국, 파리 강화회의를 개최하여 국제연맹 규약을 완성함. 5.3. 독일, 베를린정부군이 바이에른 소비에트공화국을 진압함.

연도	한 국	동 양	서 양
1919	류허현 삼원포에서 대한독립단 조직(도총재 박장호).	당시의 상해임시정부 청사(독립기념관) 복념된 상해임시정부 청사	5.10. 아프가니스탄, 아머눌라 한이 즉위하여 인도의 이슬람교도에게 반영 투쟁을 호소함. (아프가니스탄 왕국 독립)
	4. 이봉운, 진하신, 최우익, 김경봉 등 연길현에서 의군부 조직.		6.28. 연합국, 파리 강화회의에서 베르사유조약을 조인함.
	류허현 삼원포에서 부민단을 계승한 한족회 및 군정부 조직.		8.8. 영국, 아프가니스탄의 독립을 승인하는 라발핀디강화조약에 조인함.
	신흥무관학교, 통화현 합니하에서 고산자로 이전(교장 이세영, 연성대장 이청천).		8.9. 페르시아. 영·페르시아협정에 조인함.
	5. 장바에현에서 한교동사회를 토대로 대한독립군비단 조직(단장 이태림).		9.10. 연합국·오스트리아. 생제르맹강화조약을 조인함. 합스부르크제국아-헝가리제국을 해체함.
	6. 바웅안, 북청에서 군사통의회 조직.		12.8. 폴란드, 연합국 최고회의에서 폴란드 동부 국경을 확정함.(커즌라인)
	8.7(음 7.12). 김좌진 등 정의단을 군정부로 개편.		12.11. 소련, 소비에트 적군, 하르코프에 입성함.
	8.20(음 7.25). 조선총독부관제개정 공포(헌병경찰제도의 폐지).		
	8. 홍범도 휘하의 대한독립군, 갑산, 혜산진 등 일본 병영 습격.		
	9.15(음 7.21). 상하이 임정, 대한국민의회, 세칭 '한성정부'를 통합한 대한민국임시정부의 시무 개시 선언.		
	10.23(음 8.30). 정의단 임시군정부를 군조직을 개편하여 대한정의군정부로 개최. 중재 이규.		
	10. 홍범도의 대한독립군, 강계 만포진 등 일본 병영 습격.		
	11.5(음 9.13). 상해 임시정부, '대한민국임시관제' 공포.		

연도	한 국	동 양	서 양
1919	11.9(음 9.17). 김원봉 등 의열단 조직. 11. 한족회 직속의 서간도의 군정부, 상해 임시정부 산하의 서로군정서로 개칭. 독판 이상룡 등 12.15(음 10.23). 상해 임시정부 국무회의, 1920년을 '독립전쟁의 원년'으로 하는 정부방침 확정. 12.18(음 10.26). 상해 임시정부 '대한민국육군임시군제'(군무부령 제1호) 공포. 12.28(음 11.8). 상해 임시정부 '육군사관학직' 제정. 12. 정의단 군정부, 상해 임시정부의 북로(대한군정서로 개칭(총재 서일).		
1920	1.24(음 1919.12.4). 임정군무부, 포고 제1호 발표. 전국민의 독립전쟁 참가를 호소. 2.9~13(음 1919.12.20~24). 간도, 한족회 주관 아래 각 단체 통합을 위한 재만임시국민대회 개최. 2. 상해 애국부인회, 임시정부의 위임을 받아 국민군 편성을 위한 군사등록사업 개시. 상해 임시정부, '대한민국육군임시군제' 공포, 간도 관전현 향로구에서 광한단 조직. 상해 임시정부, '대한민국육군임시군구제' 공포.	3.12. 일본, 니콜라예프스크에 주둔하고 있던 일본군들이 추전 중인 빨치산을 공격했으나 실패함.(5월부터 수용 중이던 일본군이 살해됨) 7.14. 중국, 안휘파와 직예파가 전투를 시작함.(안직전쟁) 7.19. 중국, 직예파가 안직전쟁에서 안휘파에 승리함.	3.7. 시리아, 독립을 선언함(7월 프랑스의 위임통치). 1936년 자치) 3.19. 미국, 상원이 베르사유조약 비준을 거부함. 4.19. 이탈리아. 산레모회의에서 중동의 전후 처리 문제를 논의함. 4.23. 오스만튀르크, 케말 파샤, 대국민회의를 소집하여 앙카라 임시정부를 수립함. 4.25. 폴란드, 우크라이나령에 침입하여 소비에트와 전쟁을 벌임. 4. 미국, 산고 반제티 사건이 일어남. 6.4. 헝가리, 연합국과 트리아논 강화조약에 조인함.

연도	한 국	동 양	서 양
1920	3.15(음 1.25). 북간도 지방의 독립군 200여 명, 두만강을 건너 퐁랴동 일경주재소 습격. 온성, 남양 등지로 진격 일본군과 교전.		6.22. 오스만투르크, 제1차 그리스, 오스만투르크 전쟁을 시작함.
	3.20(음 2.1). 상해 임시정부, 제1회 국민군 편성 및 개학식 개최.		6.22. 그리스, 오스만투르크의 케말 군대에 공격을 시작함.
	3.28(음 2.9). 상해 임시의정원, '군사에 관한 건의안' 만장일치 의결.		7.5. 연합국, 스파회의를 개최함.(배상금 배분을 결정)
	3. 북로(대한)군정서의 독립군 양성 기관인 사관연성소를 왕청현 십리평에 설치(소장 김좌진).		7.12. 소련·리투아니아, 모스크바강화조약에 조인함.
	상해 임시정부, '임시육군무관학교조례' 공포.		7.25. 프랑스, 시리아에 다마스쿠스를 점령함.
	4.4(음 2.16). 일본군 블라디보스토크 신한촌을 습격하여 한민학교 등을 소각하고 교포 70여 명을 체포.		8.10. 오스만투르크, 연합국과 세브르강화조약에 조인함.
	니콜스크에서 최재형 등 90여 명 총살당함.		8.11. 소련·라트비아, 리가강화조약에 조인함.
	4.7(음 2.19). 임정, 경위군무세칙을 공포.		10.14. 소련, 핀란드와 도르파트강화조약에 조인함.
	4.19(음 3.1). 일인순사 1,636명, 인천항에 도착.		11.12. 이탈리아·유고, 라팔로조약에 조인함.
	5.18(음 4.1). 상해 임시정부, 제1회 육군무관학교 졸업식 거행(졸업생 19명).		
	5.27(음 4.10). 독립군 30여 명, 함북 은무봉에서 일본헌병대 및 우편차를 습격.		
	임시정부, 동로군 사령관에 이용, 북로군 사령관에 채영을 임명.		
	5. 북간도, 훈춘도의 대한독립군단, 안무의 대한		

연도	한 국	활 동	서 양
1920	국민군, 최진동의 대한군무도독부가 연합, 대한북로독군부 결성. 6.4~7(음 4.18~21). 대한북로독군부, 훈춘현도 지휘로 봉오동 전투에서 일군과 접전. 사살 157명, 중상 300여 명의 대승을 거둠(봉오동전투). 6.7(음 4.21) 대한독립단 총재 백삼규, 환인현에서 일군에 피살. 7.1(음 5.16). 북간도, 제1회 각단체대표자회의 개최(7.7 제2회, 7.10 제3회), 남만주, 대한청년단연합회, 대한독립단(민주독립단), 이용단이 통합한 대한광복군총영(대한광복부 군사령부) 결성. 7.10(음 5.25). 일제, 단둥의 상해 임시정부 단둥임시교통국 검탈. 8.1(음 6.17). 상해 임시정부, '대한광복군참리부구정'·'대한광복군사령부규정'·'대한광복군영구정' 공포,8.8 상 이명서 등 8명, 훈해도에서 구월산대를 제조직. 9.12(음 8.1). 일군, 만주출병의 구실을 만들기 위해 중국인 마적을 매수. 훈춘성을 습격케 함(제1차 훈춘사건). 9.19(음 8.8). 일군의 중국인 밀정 2명, 북간도북로군정서 무관학교건물 11개소에 방화. 10.2(음 8.21). 일본군의 사주를 받은 중국 마적, 훈	 대한민국 임시정부 요인(모형. 독립기념관)	

연도	한국	동양	서양
1920	춘 일본영사관 습격(제2차 훈춘사건) 10.5(음 8.24). 일본군, 북간도 일대 교포의 대학살 시작(~11.23. 63개 촌락에서 피살 3,469명. 가옥소실 3,209호) 10.8(음 8.27). 임정. 군무부임시편집위원부구정 공포 10.20(음 9.9). 북로군정서 김좌진, 이범석 부대 2,500명, 화룡현 삼도구 청산리에서 만주출병 일본군 19, 21사단과 접전하여 대승 (~24. 청산리전투). 11. 안도현 홍두자에서 대진단 조직(단장 김중진). 12.13(음 11.4). 독립군, 북간도 류다오구 부근에서 일군본진대의 습격을 받고 반격. 일군 다카하시 중위 등 53명 사살. 12.24(음 11.15). 상해 임시정부, 임시육군무관학교 제2회 졸업생 개행(졸업생 24명).	 청산리대첩 승전 기념 사진(독립기념관) 2. 몽고, 외몽고인민혁명정부를 수립함. 11.7. 몽고, 고륜(현 올란바토르)에 인민혁명정부를 수립함.	
1921	1.15(음 12.7). 장바이현, 대진단, 대한독립군비단, 흥업단, 광복단 지단 등이 독립군연합회 결성했으며, 광복단 지단 등이 독립군연합회 결성. 1. 만주 독립군부대 서로군정서, 북로군정서. 대한독립단 등, 밀산에서 대한독립군단 조직(총재 서일) 이후 노령 자유시로 이동. 남만주, 각 독립군 단체 통합을 위한 남만통일회 개최.		2.19. 프랑스·폴란드, 동맹조약을 조인함. 2.21. 페르시아. 리자 샤, 쿠데타를 일으킴.(테헤란 점령. 지아 에딘 내각 성립) 2.26. 소련, 페르시아와 우호조약을 조인함. 2.28. 소련, 크론슈타트에서 수병들의 반란이 일어남.(~3월 17일) 3.3. 폴란드·루마니아, 공수동맹조약에 조인함. 3.16. 소련, 오스만투르크와 우호조약을 조인함.

연도	한국	세계
1921	2.4(음 1920.12.27). 만주의 독립군대, 청진항 공격, 일군 40여 명 사상.	4.23. 루마니아·체코슬로바키아, 동맹조약을 조인함.
	2. 대한독립군단(총재 서일). 오하묵의 주선으로 지타 환중정부 수석 가라한과 군사협정 체결. 상하이, 바은시.인세훈 등 14인 임정의 개혁을 요구하는 '우리 동포에게 고함' 성명.	4.27. 영국, 런던 연합국회의에서 독일 배상금을 1,320억 마르크로 결정함.
	4.29(음 3.22). 이용배. 함남 갑산, 풍산, 단천 등에서 일군과 교전(40여 일간).	6.22. 아프가니스탄·페르시아. 불가침조약을 조인함.(오리엔트협상)
	4.30(음 3.23). 500여 명의 무장 독립군, 운성 습격.	8.25. 미국·독일. 오스트리아. 강화조약을 조인함.
	4.~5. 베이징, 베이징군사통일회의 개최.	11.21. 미국. 워싱턴회의를 개최하여 태평양 문제를 다룬 4개국(미국·영국·프랑스·일본) 간에 조약을 체결함.
	6.17(음 5.12). 독립군 이용대원, 북동군서를 습격. 일경 6명과 군중 속석제를 시살.	
	6.28(음 5.23). 러시아 적군, 자유시에 집결한 한국 독립군을 공격. 독립군 270여 명 전사. 900여 명 포로(흑사사변. 자유시변).	
	8.1(음 6.28). 무장독립단 240여 명. 장진에서 일군과 교전.	
	10. 서간도군비단과 복간도국민회 군사부를 통합하여 대한의용군사회를 조직(사령관 이제).	
1922	1.5(음 12.8). 독립단 85명, 훈춘. 강동에서 일군 수비대와 주재소를 습격, 일경과 교전.	2. 미국. 워싱턴에서 군축 문제를 다룬 9개국 조약을 체결함.
	6.23(음 5.28). 환인현 마권자에서 서로군정서, 대한독립단, 광복군총영 등 단체 71명이	2.6. 일본. 군비 제한에 관한 워싱턴조약에 조인함.
		2.27. 중국. 쑨원, 계림에서 북벌을 선언함.
		4.16. 독일. 소련과 라팔로조약을 체결함.
		4.26. 중국. 제1차 봉직예전쟁(봉직전쟁)을 시
		11.1. 오스만투르크, 앙카라정부의 제2당 파샤, 왕

연도	한 국	동 양	서 양
1922	남만한족통일회의 개최. 8.4(음 6.12). 김좌진의 대한군정서·이완벽 부대에 연합하여 대한독립군단 결성… 8.30. 광복군사령부, 한족회, 광복군총영, 광한단 등 제단체의 대표자들, 환인현에서 대한통의부로 통합. 10.1(음 8.11) 김구, 조상섭, 김인전, 이유필 등 7명, 군인 양성. 군비 조달을 목적으로 한국노병회를 발기(10.28. 발기총회 개최, 이사장 김구). 10.21(음 9.2). 상하이, 한국노병회 발기총회 주비회 개최. 10.28(음 9.9). 상하이, 한국노병회 창립 총회 개최 (이사장 김구). 12.27(음 11.10). 상하이, 국민대표회의예비회의 개최.	작함. 5.12. 중국, 장쩌린, 둥산성의 독립을 선포함. 6.14. 중국, 직예군, 장성을 넘어 봉천군을 추격함.	조정부와 병조 상배를 해소하고 습단 제도 폐지를 선언함. 오스마트르크제국 멸망. 11.20. 연합국, 터키, 로잔강화회의를 개최함.
1923	1.13~16(음 1922.11.27~30). 상하이, 국민대표회의 개최(국내외 개인 및 단체 대표 125명 참석). 2.18(음 1.3) 대한통의부 외무부장 강제익, 민주 관전한 지사와 한인독립단의 무장행동을 인정하는 묵계를 약정.(노령 모고지 교포, 군사교육을 목적으로 육군주만참의부 설립. 대표 향희동. 독립군 중대수 454호, 중동인원 2,797명, 일정검관서 습격 12회,	2.21. 중국, 쑨원, 광둥으로 돌아와 대원수에 취임함.(제3차 광둥정부) 3.7. 중국, 일본측에 21개조 조약 폐기를 통고함. 6.1. 일본, 해군이 중국 장시에 상륙하여 배을운등을 단압함. 6. 중국, 공산당이 광주에서 제3차 전국대표대회를 개최함. 혁명통일전선의 수립으로 국민당·공산당의 협작(국공합작)을 결정함.	1.2. 프랑스, 파리 연합국회의를 개최함. 1.11. 프랑스·벨기에, 양국 군대가 독일의 루르를 점령함. 8.23. 연합국, 코스탄티노플에서 철수함. 8.27. 이탈리아. 알바니아 국경 부근에서 수명의 장교가 암살됨. 10.29. 터키. 루메티로 타키공화국을 수립함.

연도	한국	동양	서양
1923	19명 사상.) 2. 서간도, 전덕원 등 복벽주의계열 대한통의부 이탈하여 의군부 조직. 6.20(음 5.7). 대한통의부 의용군, 신의주 고능선면 현병주재소 습격. 8.6(음 6.24). 대한통의부 의용군, 평안북도 정성진 주재소 습격.		
1924	1.1(음 1923.11.25). 대한통의부 군사통일회의, 적극적인 군사독립 및 국내진공작전 열의. 1. 양기탁 등 '전민통일발기주비회' 개최. 2.2(음 1923.12.28). 대한통의부 의용대 1중대, 강제군 정창서 습격, 대한통의부 의용군 5중대, 삭주군 수풍면에서 일보군과 격전. 5.19(음 4.16). 참의부 제2중대, 국정 순시하던 사이토 조선총독 일행 기습 공격. 5. 대한통의부의 의용군 일부 탈퇴, 대한민국임시정부 육군주만 참의부 조직. 8.23(음 7.23). 만주의 독립운동가 신현대 등 33명, 중단국정에서 적군기병대에 참살당함. 11.24(음 10.28). 서간도, 화전현에서 전민통일회의 개최, 대한통의부를 이은 정의부 조직.	1.20. 중국, 국민당과 공산당이 연합함.(제1차 국공합작) 6.16. 중국, 황포군관학교를 개교함.(교장 장제스) 9.18. 중국, 쑨원, 제2차 북벌을 선언함. 봉천군과 직예군 간에 전면적인 교전이 시작됨.(제2차 봉직전쟁) 10.15. 중국, 쑨원, 광주혁명정권에 반기를 드는 상단군을 격멸함. 10.23. 중국, 부정병이 발생함.11.26. 몽고, 몽고인민공화국을 건국함.	
1925	1. 서간도, 참의부, 진동도독부로 개칭(이후 4월에 다시 참의부로 개정). 3.15(음 2.21). 북간도, 대한군정서·대한독립군단 등이 영안현 영안성에서 신민부 조직.	4.8. 중국, 부전군벌정권이 학생 데모를 강경 진압함.(복주 하살 사건) 5.30. 중국, 상하이 조계에서 영국 관헌이 시위 군중에게 발포함.(5.30 사건)	2. 타기. 쿠르드족, 자치를 요구하며 정부에 반란을 일으킴. 2.9. 독일, 영국과 프랑스에 라인란트안전보장 조약을 제안함.

연도	한국	동양	서양
1925	3.16(음 2.22). 참의부 제2중대, 국내진입 계획 중 집안현 고마령에서 일본경찰에 피습. 중대장 최석순 등 43명 전사(고마령참변). 3.18(음 2.24). 정의부 군무위원장 오동진, 조선군 일대 공격(고마령참변 보복). 3.23(음 2.29). 상해 임시의정원, '임시대통령 이승만탄핵안' 통과. 3.30(음 3.7). 상해 임시의정원, 임시헌법 개정안 통과. 4. 신민부, 무목현 소수둔에서 성동사관학교 설치. 6.11(음 4.20). 일본, 중국과 간도 한인과 독립군 단속을 위한 '삼시협정' 체결.	7.1. 중국, 광동국민정부를 설립함. 10.15. 일본, 한국의 폭동을 가상한 군사 교련에 반대하여 일본학련을 중심으로 전국적인 군사 교육 반대 운동이 일어남.	6.17. 국제연맹, 무기 매매 협약. 이 회의에서 전쟁 중 독가스의 사용을 제한하는 제네바 의정서가 체결됨. 7. 프랑스, 독일 루르에서 철병함. 7.18. 테바토, 돔즈파(이슬람교)의 반프랑스 대반란을 일으킴. 10.5. 스위스, 유럽 국가들이 로카르노에서 독일 국경 문제를 토의함.(로카르노회의) 10.14. 시리아. 다마스쿠스에서 반프랑스 폭동을 일으킴. 10.21. 그리스, 불가리아에 침입함. 12.6. 영국-이탈리아, 양국 간에 협정을 조인함.(영국이 시어짐도 일부를 이탈리아에 할양)
1926	1.1(음력 1925.11.17). 상하이, 비밀결사체인 병인의용대 조직. 5. 간도, 영고탑에 조선공산당 만주총국 설치. 6.7(음 4.27). 일본군, 6.10만세운동 방지를 위해 평양, 함흥, 나남, 동영의 육해군 5,000여 명을 서울에 집결시킴. 9.5(음 7.29). 상하이, 병인의용대인 상하이일본총 영사관 폭탄 투척. 9. 상해 임시정부의 국무령 홍진, '비타협·대동단결'을 촉구하는 강령 발표. 10. 베이징, 북경촉성회 결성.	2.12. 중국, 국민혁명군, 태고에서 일본 구축함을 포격함. 3.18. 중국, 베이징에서 학생들이 중심이 되어 국민회의를 열고 군벌정부를 반대함. 군경의 발표로 50여 명이 사망함.(3.18사건) 3.20. 중국, 장제스, 계엄령을 선포하고 광주를 봉쇄함. 중산함 함장 리하엔응 등 군 내부 공산당원을 체포함. 7.9. 중국, 장제스, 국민혁명군 총사령관에 취임하고 북벌전쟁을 시작함.	1.8. 아라비아반도, 네즈드 지방의 왕 이븐 사우드, 히자즈왕국을 병합함.(히자즈-네즈드왕국 성립) 2. 소련, 외몽고에서 단뉴오를 획득함. 4.24. 독일-소련, 베를린에서 양국 간 중립조약을 체결함. 5.12. 폴란드, 피우스트스키, 쿠데타를 일으킴. 5.28. 포르투갈, 고메스다 코스타, 군사 쿠데타를 일으킴. 8. 그리스, 콘딜리스, 쿠데타를 일으킴.

연도	한 국	중 앙	서 양
1927	2. 정의부원 문하빈, 판스현에서 정의부 소속 헌병대 조직(대장 안홍). 2.14(음 1.13). 길림 대동공사에서 개최된 안창호 강연회장을 만주군경 100여 명이 포위, 안창호 등 200여 명 검거(20일만에 석방됨). 3.5(음 2.2). 상해 임시의정원, 민주유임당 결성에 대비한 '신임시약헌' 공포(제3차 헌법개정). 3. 상하이, 상해촉성회 결성. 4.15~18(음 3.14~17). 지린현에서 민족유임당건설을 위한 전민독립운동단체 통일회의 개최. 5. 광둥, 대한독립당 광동촉성회 결성. 7. 무한, 한주유인독립당 무한촉성회 결성. 9. 난징, 한주유인독립당 난징촉성회 결성. 11. 상하이, 관내 민족유임당 조직을 위한 한구 독립당 관내촉성회연합회 결성. 12. 서간도, 정의부 의용군사령관 오동진 일본 군에게 피체.	2. 무한 민족들이 한구의 영국 조계를 탈환함. 2.21. 중국, 무한국민정부를 수립함. 3.24. 중국, 국민혁명군이 남경을 점령하고 영국 영사관을 습격함. 영미군함이 남경 시내를 포격함.(남경사건) 4.3. 중국, 한구에서 중국인과 일본 육전대가 충돌함. 4.12. 중국, 장제스, 상해에서 반공 쿠데타를 일으킴.(4.12 사건) 4.18. 중국, 남경에서 국민당정부를 수립함. 5.28. 중국, 제2차 산동 출병에 나섬. 8.1. 중국, 공산당의 주더(주덕) 등이 남창에서 무장 봉기를 일으킴. 인민해방군 전신인 홍 군을 조직함. 10. 중국, 마오쩌둥, 강서성 정강산에 혁명 근 거지를 건설함.	4. 헝가리·이탈리아, 양국 간 우호조약을 체 결함. 6. 미국·영국·일본. 제네바에서 군축회의를 개최했으나 실패함. 7. 이탈리아. 알바니아와 방위동맹을 체결함. 11.27. 이탈리아. 알바니아와 제2차 티라나조약을 조인함.(알바니아를 보호국화)
1928	5.12~26(음 3.23~4.8). 화전현에서 전민족유일당 조직촉성회 개최. 9. 지린에서 정의부·참의부·신민부 삼부통일 회의 개최. 12. 신민부 군정파를 중심으로 혁신의회 조직.	5.1. 중국, 북벌군이 제남을 점령함. 5.3. 일본, 제2차 산동 출병을 하여 산동성 제남 에서 국민정부군(국부군)과 충돌함. 6.9. 중국, 북벌군이 북경에 입성함.(북벌 종결)	8.27. 영국, 파리에서 15개국이 회동하여 부전조 약에 조인함.(켈로그·브리앙협정)
1929	4.1(음 2.22). 정의부를 중심으로 국민부 결성. 11.2(음 10.2). 상하이, 상하이촉성회 해체 성명서 발표(관내민족유유일당운동 결렬).	12.22. 중국, 하바로프스크에서 소련과 동삼성 집 단 사건에 대한 회의협정을 맺음.	2.9. 소련·폴란드·루마니아·에스토니아·라트비 아. 부전조약 실시에 관한 리트비노프의정 서에 조인함.

연도	한 국	동 양	서 양
1929	12.20(음 11.20). 국민부, 조선혁명당 결성, 산하 독립군을 조선혁명군으로 재편(사령관 양세봉).		3.6. 불가리아. 터키와 우호조약을 체결함. 8. 예루살렘. 아랍인이 대규모로 습격하여 유대인 다수가 사망함.(통곡의 벽 사건) △ 이 해 • 아프가니스탄. 나디르 한, 아마눌라 한의 성급한 개혁 추진으로 빚어진 내란을 진압함.
1930	1. 김좌진, 공산주의자에 의해 암살. 상하이, 임시정부의 여당으로 한국독립당 결성. 5.30(음 5.3). 간도 5.30폭동. 7. 북간도, 영안현에서 한국독립당 창당. 8. 북간도. 한국독립당, 합병적 자치기관으로 한족자치연합회 결성.	7.27. 중국. 홍군 제6군단이 장사를 점령함. 7.29. 중국. 장사 소베에트정부를 수립함. 9. 중국. 앞자오민 등이 북경에서 반장 지방정부를 수립함.	1.21. 영국. 런던에서 해군군축회의를 개최함. (~4월 22일) 2.10. 인도네시아. 프랑스령 인도차이나의 옌바이에서 민병이 독립운동을 일으킴. 프랑스, 라인주드군을 진수함.
1931	10.18(음 9.8). 북간도 한국독립당, 시국대책회의 개최하에 당군으로 한국독립군(총사령 이청천) 설치 결의. 10. 남만주, 한인공산당원 이종락이 농민무장대 조직. 한인애국단원, 난징에서 안정종제 암살 미수.	5.16. 중국. 국민정부군, 제2차 소공전을 시작함. 5.28. 중국. 왕자오민 등이 반장 연합전선을 결성하고 광동국민정부를 수립함. 9.18. 만주. 만주사변이 일어남. 9.2. 일본. 관동군이 길림에 출병함. 9.24. 일본. 정부에서 만주사변에 관해 불확대 방침을 발표함.	2. 국제연맹. 국제연맹의 군축회의가 결렬됨. 4.14. 에스파냐. 혁명으로 알폰소13세가 망명하고 부르봉왕조가 몰락함.(제2공화국 성립) 8.29. 프랑스·소련. 불가침조약을 가조인함.
1932	1.8(음 1931.12.1). 일본. 한인애국단원 이봉창의거. 조선혁명당·한국독립당·한국대... 일본. 1. 상하이. 한국독립당·한국광복동지회·조선혁명당·한국혁명당·의열단이 한국대일전선통일동맹 결성. 3.6(음 1.30). 조선혁명군, 중국의용군과 요녕농민...	1.28. 중국. 상하이에서 일본군과 중국군이 충돌함.(상해사변) 2.16. 일본. 국제연맹 이사국들로부터 상해에서 전투 행위를 중지할 것을 경고받음. 3.1. 만주국. 민주국을 건국함.	2.2. 스위스. 제네바 군축회의를 개최함. 6.16. 스위스. 로산회의에서 독일의 전쟁 배상금 감액을 결의함. 7.25. 소련. 폴란드·에스토니아·라트비아·핀란드 상호 불가침조약을 체결함.

연도	한 국	동 양	서 양
1932	자위단(요녕민중자위단) 결성(부사령 양세봉).	4.26. 중국, 중화소비에트정부, 루이진(瑞金)에서 대일 선전포고를 함.	11.29. 소련, 프랑스와 불가침조약을 체결함.
	3.11(음 2.5) 조선혁명당군 총사령 양세봉, 중국의 요녕군 함조하와 신빈현 융링제성을 점령, 일본군을 대파(~3.14).	5.15. 일본, 해군 청년 장교와 육군사관학교 생도 등이 수상 관저를 습격하고 이누카이 쓰요시 수상을 사살함.	
	4.29(음 3.24) 한인애국단원 윤봉길, 중가우공원의 가, 양세봉의 조선혁명군, 요녕민중구국회의 특무대사령부선전대대로 편성.	5.16. 일본, 내각이 총사퇴함.	
	6. 이홍광의 농민무장대, 반석유격대로 개편.	6. 중국, 장제스, 여산회의를 주제하고 제4차 공산당 토벌전투를 시작함.	
	8.10(음 7.9). 상하이, '한인애국단인' 제정.		
	9.20(음 8.20) 이청천의 한국독립군, 지린자위군과 연합		
	10. 상하이, 한국노병회 해체.		
	11.7(음 10.10) 제2차 쌍성보전투 승리		
	11.27(음 10.30) 한중연합군의 중국측 카오펑린부대. 일본군과 투쟁.		
	12.11(음 11.14). 이청천의 한국독립군, 지린자위군과 양군 연합군 결성.		
1933	1. 이청천의 한국독립군, 둥만주로 이동 한중 연합토일군 결성.	1.1. 중국, 일본 군대와 산해관에서 충돌함.	9.2. 이탈리아. 불가침우호조약을 조인함.
	3.14(음 2.19) 조선혁명당의 한중연합군, 싱징현성의 일만연합군을 공격 점령.	1.15. 만주국, 미국에서 만주국 불승인을 선언함.	9.15. 그리스, 터키와 불가침조약을 조인함.'
	4.15(음 3.21). 한중연합토일군, 쓰다오허즈에서 일 만연합군 약 1개사단과 격전 반수 이상 섬 멸(5.2 완진소탕. 쓰다오허즈전투).	2.24. 일본, 국제연맹에서 만주 점병안을 결의함.	10.14. 독일, 제네바 군축회의 및 국제연맹에서의 탈퇴를 성명함.
	5. 중국, 지충장 등이 항일동맹군을 조직하고 항일 투쟁을 전개함.	3.27. 일본, 국제연맹에서 탈퇴함.	11.29. 소련.프랑스, 불가침조약을 조인함.(오리엔트협상)

연도	한국	동양	서양
1933	5.2(음 4.8). 만주의 한국독립군, 우린스, 진장커우, 주자툰, 황가둔에 유격대를 파견하여 일만군을 기습. 5.8(음 4.14). 조선혁명당의 한중연합군, 만주 싱징현 주둔중 일만연합군의 공격을 받음(2일 후 후퇴). 6.7(음 5.15). 한중연합토일군, 일만연합군을 격퇴하고 둥징성 점령. 6.15(음 5.23). 만주 조선혁명당군 김일룡, 이해천, 박석원 등 30여 명, 정웨, 싱징의 일만군을 공격중 전사. 7.3(음5.11). 라오송링에 주둔중인 한중연합토일군 진위대, 다볜즈링에서 일본 이즈카 연대 섬멸(군복 3,000벌, 박격포 5문, 군용물자 20마차, 소총 1,5000정 노획). 7. 조선혁명당군, 만주 융링제 스린가우에서 일본군 격퇴. 9.1(음 7.12). 한국독립군, 왕칭, 닝안 일대의 산림부대와 연합, 둥닝현 일본군 공격(~9.3). 9. 중국공산당, 남만유격대를 중심으로 둥북인민혁명군 제1군 조직. 10. 이청천 등 한국독립당 및 한국독립군 주요 간부, 중국 관내로 이동.	8.31. 일본, 중국과 탕구休戰 정전협정을 체결함. 10.5. 중국, 장제스의 국민정부군, 제3차 공산당 토벌전투를 전개함.	
1934	2. 중국 중앙육군군관학교 뤄양분교 한인특별반, 92명 입교.	10.15. 중국, 공산당이 홍군이 대장정을 시작함. 11.10. 중국, 국민정부군이 루이진을 점령함.	2. 터키, 그리스·루마니아·유고슬라비아와 발간동맹을 체결함.

연도	한 국	동 양	서 양
1934	3.1~3(음 1.16~18). 난징, 제2차 한국혁명단체대표대회 개최.	12.3. 일본, 내각에서 워싱턴조약 단독 폐기를 결정함.	6.14. 독일, 히틀러, 무솔리니와 회동하고 제휴를 약속함.
	3. 중국공산당, 동만유격대를 중심으로 동북인민혁명군 제2군 조직.	△ 이 해 ·중국, 복건인민혁명정부가 국민당에 의해 붕괴됨.	9.18. 소련, 국제연맹에 가입함.
	8. 양세봉, 일본군의 간계에 의해 사살됨..		
	11.11(음 10.5). 국민부와 조선혁명군, 조선혁명군 정부 조직.		
	12. 김구, 난징에서 한국특무대독립군 조직.		
1935	1. 중국공산당, 주하유격대를 중심으로 동북인민혁명군 제3군 조직.	1.13. 중국, 마오쩌둥의 군대가 귀주성의 준의를 점령하여 중국공산당 확대중앙정치국회의를 개최함.	3. 독일, 재군비를 선언함.
	2. 김구, 난징에서 중국중앙육군군관학교 예비학교로 학생훈련소 설치.		4.11. 영국·프랑스·이탈리아. 3국 수뇌들이 스트레자성명을 발표함.(독일의 재군비 선언을 비판)
	6.20(음 5.20). 항저우, 혁명단체대표대회 개최.		5. 페루·볼리비아. 리우데자네이루 조약으로 국경 분쟁을 해결함.
	7.5(음 6.5). 난징, 조선민족혁명당 결성.		6.18. 영국·독일. 잠수함을 포함해서 독일의 용적량을 영국 해군 용적량의 35%를 초과하지 못하도록 하는 협정을 맺음.
	8. 고등보통학교에 현역장교를 배속, 군사교육 실시.		10.3. 이탈리아. 에디오피아에 침략을 시작함.
	11. 김구, 항저우에서 한국국민당 창당.		
1936	5.5(음 3.15). 재만한인조국광복회 조직.		
	10. 조선혁명군정부, 동북항일연군과 공동투쟁 결의.		
1937	7.15(음 6.8). 임정, 임시정부에서 국무회의 개최. 군무부에 군사위원회 설치를 결정.	2.15. 중국, 중국공산당, 국민당에 국공합작을 제의함.(국민당이 수용)	3.25. 이탈리아·유고슬라비아. 불가침조약을 체결함.
	8. 한국광복운동단체연합회(광복진선) 결성.	7.7. 중국. 노구교에서 일본군과 충돌을 계기로 중일전쟁이 일어남.	10. 독일. 벨기에와 중립불가침보장조약을 체결함.
	10.11(음 9.8). 군기보호법 공포.		

연도	한 국	동 양	서 양
1937	12. 무한, 조선민족전선연맹 결성.	7.17. 중국, 장제스, 노산에서 저우언라이와 회담을 가짐. 대일항전 준비 담화를 발표함. 7.28. 일본, 베이징을 점령함. 8.15. 일본, 정부에서 남경정부에 대한 단호한 응징을 성명함.(전면 전쟁 시작) 8.21. 중국과 남경에서 중소 불가침조약을 조인함. 8.22. 중국, 홍군이 국민혁명군 '팔로군, 신사군'으로 개편됨. 9.22. 중국, 국민당, 국공합작 선언서를 공포함. 9.24. 중국, 팔로군, 평성관에서 일본군을 포위하고 공격함. 11.6. 독일.이탈리아.일본, 3국 방공협정을 맺음. 12.13. 일본, 남경을 점령하고 대규모 학살 사건을 일으킴. (남경 학살사건)	11.6. 독일.이탈리아.일본, 3국 방공협정을 맺음.
1938	1.15(음 1937.12.14). 일제,육군성 조선에 지원병제도 실시계획 발표. 2.26(음 1.27). 조선육군지원병령 공포(4.3시행). 6.29(음 6.2). 방공훈련을 전국에 실시. 9.30(음 8.7). 상이군인대장규칙 실시. 10.10(음 8.17). 한커우, 김원봉이 민족혁명당 조선의용대 창설.	2.7. 중국, 소련과 군사항공협정을 조인함. 4.1. 일본, 국가총동원법을 공포함. 7.11. 일본, 장구봉에서 소련군과 충돌함. 8.10. 일본, 소련과 정전협정을 체결함.	3.13. 독일, 독일군이 오스트리아에 진주함. 3.17. 독일, 오스트리아 합병을 선포함. 7. 영국, 함께 중동권연을 선포함. 9. 독일, 영국.프랑스.독일.이탈리아 간 뮌헨 회담을 개최함. 10.5. 체코슬로바키아, 베네시, 독일군이 주데텐란트에 진주하자 대통령직을 사임하고 런던으로 망명함. 11.9. 독일, 나치스가 유대인 대학살을 시작함. 12. 미국, 리마 범미회의를 개최하여 미주 각국

연도	한국	동양	서양
1938			이 상호 불가침을 승인함. △ 이 해 · 소련, 폴란드, 불가침조약을 체결함.
1939	1.14(음 1938.11.24). 조선징발령세칙 공포 시행. 2. 유주, 한국광복진선청년공작대 조직(대장 고운기). 5.9(음 3.20). 중칭, 한국국민당·재건한국독립당·조선혁명당 3당 합당으로 임시정부의 여당인 한국독립당 결성. 5. 동북항일연군, 무산 진입, 일본군경과 격전. 임구·김만선, 관내 독립운동의 통일을 촉구하는 '동지동포 제군에게 보내는 공개 통신' 성명. 7.28(음 6.12). 충독부, 각 중등학교에 해군교련 실시를 결정. 8. 동북항일연군, 인투현 매하하전투(일본군·만주군 100여 명 사살). 관내, 한국혁명운동통일 7단체회의 개최(결렬됨). 9. 임시정부, 기강에서 중칭으로 이전. 10.1(음 8.19). 중칭 임시정부, 시안에 파견할 군사특파단원 임명. 11.12(음 10.2). 임시의정원, 독립전쟁을 목표로 한 '독립운동방략' 결의. 11.20(음 10.10). 중칭 임정, 한국청년전지공작대 조직.	5.12. 일본, 소련, 만주와 몽고 국경 노몬한에서 일만군이 외몽고, 소련군과 충돌하는 사건이 발생함.(노몬한 사건) 6.12. 중국, 국민당군이 신사군을 공격함.(핑지앙 사건) 7.8. 일본, 국민징용령을 공포함. 9.3. 인도, 충독 린리스고, 제2차 세계대전 참가를 발표함. 12.16. 중국, 국민당 군대가 협공내전구의 필동군을 공격함.(12월 사건)	2.24. 헝가리, 독일·이탈리아·일본의 3국 방공협정에 가맹함. 3. 독일, 체코슬로바키아에 침입하여 체코슬로바키아를 해체함. 슬로바키아가 독립을 선포함. 4.1. 에스파냐, 프랑코, 마드리드를 점령함. 에스파냐내란이 종식함. 5.12. 일본, 소련, 만주와 몽고 국경 노몬한에서 일만군이 외몽고,소련군과 충돌하는 사건이 발생함.(노몬한 사건) 5. 독일, 이탈리아, 군사동맹을 체결함. 8.23. 독일, 소련, 불가침조약을 체결함. 9.1. 독일, 폴란드를 침공함.(제2차 세계대전 시작) 9.3. 영국, 프랑스, 독일에 대해 선전포고를 함. 9.5. 이란, 전쟁 중립을 선포함. 9.8. 미국, 루스벨트 대통령, 국가 비상 사태를 선포함. 9.15. 소련, 모스크바에서 노몬한 사건 정전협정을 조인함.(일본 패배) 9.17. 독일, 바르샤바를 함락함. 9.17. 소련, 폴란드에 진주함.

연도	한국	동향	서양
1939	 충경임시정부 청사(독립기념관)		9. 이탈리아. 무솔리니, 중립을 선언함. 9. 독일. 폴란드에서 전격 작전을 펼침. 10.2. 파나마. 미주 제국의 중립을 선언함.(파나마 선언) 10.5. 폴란드, 독일에 항복함. 11. 소련, 핀란드로 진격함. △ 이 해 · 독일. 슈트라스만과 한, 우라늄의 핵분열을 발견함. · 미국, 제2차 세계대전에 불개입 중립을 선언함.
1940	1.31(음 12.23). 육군통제령 및 해군통제령 공포(2.25 시행). 2.25(음 1.18). 김구, 중국국민당 정부에 광복군 조직 협조 요청. 3. 독부임연군, 하응현 중가하전독 임부군 마에마토돌내 120여 명 계명. 4.11(음 3.4). 장제스, 임시정부의 한국광복군 조직 승인 통보. 5. 충경 임시정부, 중국정부에 '한국광복군총연제화대강' 제출. 9.15(음 8.14). 임정, '한국광복군정군선언문' 발표. 9.17(음 8.16). 임정, 중칭에서 한국광복군총사령부 성립전례식 가행. 국군장성을 내외에 선포(총사령 이청천, 참모장 이범석).	7.26. 일본. 간에에서 대동아 신질서 및 국방국가 건설 방침을 결정함. 8.2. 중국. 화북의 팔로군, 일본군과 대규모 유격전을 시작함. 9.23. 일본. 프랑스령 인도차이나와 군사협정을 맺기고 북부 인도차이나에 상륙함.	3.12. 소련. 핀란드를 항복시킴. 4.9. 독일. 덴마크를 점령하고 노르웨이를 침공함. 5.5. 노르웨이. 정부가 런던으로 망명함. 5. 독일. 마지노선을 돌파하고 벨기에와 네덜란드를 항복시킴. 6.10. 이탈리아. 영국과 프랑스에 선전포고를 함. 6.14. 독일. 파리에 입성함. 6.22. 프랑스. 페탱정권이 독일에 항복하고 휴전 협정을 조인함.(비시프랑스) 9.25. 독일. 이탈리아·일본. 3국 군사동맹조약을 조인함. 9. 이탈리아. 이집트에 진출하여 영국군에게 반격을 가함.

연도	한 국	동 양	서 양
1940	10.9(음 9.9). 중경 임시정부, '한국광복군총사령부 조직조례' 공포, 중경 임시정부, 대한민국 임시약헌 임시약헌 공포. 11.1(음 10.2). 중경 임정, '대한민국임시통수부관제' 공포. 11.29(음 11.1). 한국광복군 총사령부, 중경에서 신 시성 시안으로 이전. 군사특파단을 폐지하고 전진군공작 지수와 유격전 수행.		11. 헝가리·루마니아·슬로바키아. 3국동맹에 참가함. △ 이 해 ·에스파냐: 포르투갈. 상호 불가침조약을 체결함.
1941	1.1(음 1940.12.4). 시안의 한국청년공작대(대장 나월환), 광복군 제5지대로 편입.	1. 중국. 장제스, 신4군(신사군행)을 전쟁 시기의 중국공산당의 주덕군에 해산 명령을 내림.	2. 독일. 롬멜이 지휘하는 독일군이 북아프리카전선에서 공세를 취함.
1941	2.1(음 1.6). 한국광복군 기관지 《광복》 창간호 발행. 2. 임정, 광복군창설에 관하여 〈고구내동포에게〉 등 발표. 국내의 지원병모집 마감. 2. 한국광복군 제2지대(지대장 고운기) 징모 2분처, 징모 및 선무공작 시작. 3. 광복군징모 제3분처, 강남에서 선 징모와 선 무공작 시작. 4.20(음 3.24). 미주 대한인국민회, 하와이에서 해외한족대회 개최. 재미한족연합위원회 개최. 6.4(음 5.10). 중경 임시정부, '대한민국임시정부 주미외교위원회구성' 공포. 10. 일본, 재일한국인에게 지원병 응모독려 함. (한국광복군총사령부, 각 지대를 편성하여	1. 베트남. 독립투쟁민주전선(베트남독립동맹)을 결성함. 5.9. 일본. 도쿄에서 타이,프랑스,인도 평화조약에 조인함. 7. 일본. 프랑스령 남부 인도차이나에 진주함. 12.7. 일본. 하와이 진주만을 기습함. 12.8. 일본. 말레이반도 상륙에 이어 진주만을 습격하여 태평양전쟁이 시작됨. 12.9. 중국. 국민정부에서 독일,이탈리아,일본에 선전포고를 함.	3.25. 유고슬라비아. 독일·이탈리아·일본이 3국 주축동맹에 가입하자 반란이 일어나 반독 정부를 조직하여 구왕을 추방하고 주축동맹 가입을 거부함. 4.6. 독일. 유고슬라비아와 그리스에 침입함. 4.13. 소련. 일본과 중립조약을 체결함. 5.27. 미국. 루스벨트 대통령, 국가 비상사태를 선언함. 5. 프랑스. 대독 저항국민전선을 결성함. 6.22. 독일. 독일군 300만 명이 발트해에서 흑해에 이르는 전선에서 소련 공격을 시작함. 6. 프랑스. 드골, 런던에 망명정부를 조직함. (자유프랑스 국민위원회) 7.14. 시리아. 시리아에서 영국과 비시 프랑스 정권 간에 휴전협정을 조인함으로써 시리아-

연도	한국	동향	서양
1941	각지에 파견.)		영토가 영국과 자유프랑스에 넘어감.
	11.15(음 9.27). 중국정부, 광복군의 중국군 예속을 규정한 '한국광복군구구개행동준승' 통보(중경 임시정부, 19일 수락 결정).		8.12. 미국·영국, 루스벨트와 처칠의 대서양회담 후 '대서양헌장'을 발표함.
	11.28(음 10.10). 중경 임시정부, '대한민국건국강령' 제정, 발표. 중경 임시정부, '한국광복군공약' 제정·'한국광복군서약문' 제정 발표.		9. 독일, 소련 키예프를 점령함.
	12.9(음 10.21). 중경 임시정부, '대한민국임시정부 대일선전성명서' 발표.		9.29. 미국·영국·소련, 3국 대표자회담(모스크바)에서 3국 공동작전에 대해 협의함.
	12.10(음 10.22). 중경, 김원봉의 민족혁명당, '제6차 대표대회선언'으로 임정 참여 결정.		10.2. 독일, 모스크바 대공격을 시작함.
			11.25. 불가리아, 독일군에 가입함.
			11. 소련, 독일군에 대한 반격을 시작함.
			12.11. 독일·이탈리아, 미국에 선전포고를 함.
1942	1.14(음 1941.11.28). 조선군사령 공포.	1. 일본, 마닐라를 점령함.	1.1. 연합국 26개국, '대서양헌장' 실현을 위한 공동선언서에 서명함.
	4.20(음 3.6). 중경 임시정부, 조선의용대를 한국광복군에 편제하기로 결정.	1.25. 타이, 미국과 영국에 선전포고를 함.	1.15. 브라질, 리우데자네이루 제3차 미주외무장관회의에서 연합전선 가입을 논의함.
	5.8(음 3.24). 일본, 징병제를 한국에 실시키로 결정 (1944년부터).	2.15. 일본, 싱가포르와 말레이반도를 점령함.	1.29. 이란, 영국 및 소련과 3국 군사동맹을 체결함.
	5.13(음 3.29). 중경 임시정부, 한국광복군 부사령직 증설.	6. 일본, 미드웨이해전에서 미국에 패함.(태평양전선 주도권이 미국에 넘어감)	3.28. 영국, 공군이 독일군의 반격을 시작함.
	5.15(음 4.1). 중경 임시정부, 김원봉을 광복군 부사령 및 제1지대장으로 결정(12.5 취임).	10.28. 중국, 중경에서 미국, 영국, 소련과 동아시전회의를 가짐.	5.28. 멕시코, 주축국에 선전포고를 함.
	6.29(음 5.16). 중경 임시정부, '국가양식업지안' 제정 공포.		5. 영연방·프랑스, 독일의 에센과 브레멘 등을 3차례 연속 폭격함.
	7. 부상한 조선의용대, 화북조선독립동맹의 조선의용군으로 편성.		8.22. 브라질, 독일과 이탈리아에 선전포고를 함.
	9. 중경 임시정부, 한국광복군총사령부 시안		8.23. 소련, 스탈린그라드 대공방전을 시작함.
			8.30. 독일, 룩셈부르크를 병합함.
			8. 영연방·프랑스, 디에프 지역 대규모을 감

연도	한 구	동 양	서 양
1942	에서 충칭으로 이전. 11.20(음 10.12). 일본, 조선징병제도 실시요강 결정.	 일본군 소속 한인 학병의 탈출을 권고한 조선의용군 구호(독립기념관)	행함. 10. 이탈리아. 리비아전선에서 영연방군에게 패배함. 11. 미국. 북아프리카 상륙을 시작함. 11.8. 미국. 아이젠하워가 지휘하는 미영 연합군이 모로코와 알제리에 상륙함. 11.11. 독일. 프랑스 전역을 점령함. 11.19. 소련. 엘베멜코가 지휘하는 소련군이 스탈린그라드에서 대반격을 시작함. △ 이 해 ·독일. 해군이 대서양 잠수함 작전을 시작함. ·이탈리아. 우리늄 해로열에 의한 연쇄 반응 실험에 성공함.
1943	3.1(음 1.25). 중독부, 한구에 징병제 공포(8.1 시행). 5. 민족혁명당의 김원봉, 인도주둔 영국군중 사령부와 '조선민족군선전연락대' 관한 협정 체결. 6.3(음 5.1). 중독부, 해군지원병모집요강 발표. 6. 광복군총사령 이청천, 주인영국군 동남아 전구사령관 모트바트 대장(매디 멕켄지)과 군사상호협정 체결. 7.5(음 6.4). 육군항공군제 예비역병과 보충 및 복역임시특례 공포.	2.1. 일본. 과달카날섬에서의 철군을 시작으로 점령지에서 패퇴하기 시작함. 8.1. 미얀마. 일본군 점령하에 미얀마 정부 독립을 선포함. 10.14. 필리핀. 독립을 선포하고 일본과 동맹조약을 맺음. 11.22. 중국, 루스벨트,처칠,장제스 카이로회담을 가짐.	1.14. 루스벨트와 처칠, 모로코에서 제3자 미국, 영국 전쟁 지휘회의를 함. (카사블랑카회담) 2.2. 독일. 스탈린그라드에서 항복함. 2.13. 독일. 이탈리아. 북아프리카전선에서 항복함. 5. 독일, 이탈리아. 북아프리카에서의 전투를 종식함. 독일과 이탈리아군이 알제리와 튀니지 등에서 항복함. 8.14. 캐나다. 루스벨트와 처칠이 퀘벡회담을 열어 제2전선(독일군의 세력범위을 위해 소련군의 요구을 논의하고 모색함.

연도	한 국	동 향	서 양
1943	7.28(음 6.27). 해군특별지원병령 공포(8.1 시행).		9. 독일, 로마를 점령함.
	8.19(음 7.19). 중경 임시정부, '공군설계위원회조례' 공포.		9.3. 이탈리아, 연합군이 상륙하자 무조건 항복함.
	8.29(음 7.29). 중경 임시정부, 한국광복군 인도전구공작대 파견.		10. 미국·영국·소련, 3국 간 모스크바 외상회의를 개최함.
	10.25(음 9.27). 제6회 학병징병검사 실시.		10.21. 인도, 국민회의파 지도자 찬드라 보스, 일본의 지원으로 싱가포르에서 자유인도 임시정부를 수립하고 영국과 미국에 선전포고를 함.
	11.8 문과계 대학, 전문, 고등학교 재학생으로 학도병에 지원않은 적령자 및 졸업생에 징용영장 발부.		11.22. 미국, 영국, 루스벨트·처칠·장제스 카이로 회담을 가짐.
			11.28. 이란, 루스벨트·처칠·스탈린, 테헤란회담에서 이란 문제에 관해 협의하고 공동선언을 발표함.
1944	1.20. 학병하병, 입영 시작.	△ 이 해	1.9. 소련, 독부전선에서 대공세를 시작하여 독일군을 대패함.
	3. 한국광복군 인도전구공작대, 임팔전투 참여.	일본. 연합군이 일본 본토 폭격을 시작함.	6.6. 프랑스, 북프랑스에서 노르망디 상륙작전을 개시함.
	4.20(음 3.16). 중경 임시정부, 헌법 개정('대한민국임시헌장'을 '대한민국헌장'으로 개정).		8. 소련, 헝가리에 침입함.
	4.22(음 3.18). 조선총독부군무예비훈련소관제 공포. 평양, 양주, 시흥에 훈련소 설치. 5월 상순 훈련 실시).		8.25. 프랑스, 연합군이 파리를 해방함.
	8.24(음 7.6). 중경 임시정부, '한국광복군구개행동준승' 취소 선언.		

연도	한국	동양	서양
1944	11.6(음 10.1). 중경 임시정부, 통수부를 '대한민국 임시정부통수부'로 규정. 12.9(음 10.24). 중경 임시정부, '한국광복군총사령부조례' 취소, '한국광복군장행조직조례' 공포.		
1945	2.9(음 12.27). 중경 임시정부, 대독선전포고 발포. 4.4(음 2.22). 중경 임시정부, 중국정부와 '원조한국광복군판법' 협정 체결. 4.13(음 3.2). 중경 임시정부, 미국 OSS와 군사합작 협정. 5.21(음 4.10). 한국광복군 제2지대, OSS 훈련 시작. 8.4(음 6.27). 한국광복군 제3지대, 제1기 OSS훈련 완료. 8.18(음 7.11). 한국광복군 국내정진대, 미군 OSS요원과 여의도 비행장 착륙, 일본군의 거부로 이튿날(8.19) 국내 진입 실패. 8.20(음 7.13). 소련군, 원산 상륙. 8.25(음 7.18). 미군 일부, 인천 상륙. 8.29(음 7.22). 국군 준비대 결성. 9.2(음 7.26). 메어디, 북위 38도선을 경계로 미·소 양군 조선분할점령제 발표, 김성수金性洙 등, 연합군환영준비위원회 조직. 9.7(음 8.2). 미극동사령부, 남한에 군정軍政 선포.	8.14. 중국, 중·소 우호동맹조약을 체결함. 8.14. 일본, 포츠담선언을 수락하고 무조건 항복함. 12.1. 일본, 육군성과 해군성을 폐지함. 한국광복군 훈련 모습(독립기념관)	2. 미국, 일본 유황도 상륙을 비롯하여 일본 본토에 위협을 가하기 시작. 2.4. 미국·영국·소련, 얄타회담을 가짐. 3.22. 아랍연맹, 아랍연맹을 결성함.(이집트·사우디아라비아·예멘·시리아·레바논·이라크·요르단) 5.7. 독일, 무조건 항복하고 휴전협정에 조인함. 6.1. 미국, 스팀슨위원회, 맥놀령에게 원자폭탄 투하를 권고함. 7.3. 연합국, 베를린협정에 의거하여 베를린을 공동 점령함. 7.16. 미국, 네바타에서 최초로 원자폭탄 폭발 실험을 실시하여 성공함. 7.17. 독일, 포츠담회담을 개최함. 7.26. 미국·영국·소련, 포츠담선언 발포. 8.6. 미국, 히로시마에 원자폭탄을 투하함. 8.8. 소련, 대일 선전포고를 하고 북만주로 한반도를 침공함. 8.9. 미국, 나가사키에 원자폭탄을 투하함. 10.24. 미국, 샌프란시스코에서 국제연합을 발족.

연도	한 국	동 양	서 양
1945	9.9(음 8.4). 미군정 실시 포고. 9.10(음 8.5). 한국광복군 인도전구공작대 중경 복귀. 9.16(음 8.11). 미군정, 한국인 경찰관 모집. 11.23(음 10.19). 김구 주석 등 임정요인 1차 귀국. 12.1(음 10.27). 신익희 등 임정요인 2차 귀국.		...하고 유엔헌장을 발효함. 11.20. 독일, 뉘른베르크군사재판을 시작함. 12. 소련, 모스크바에서 외상회의를 개최함. (미·영·소 3국 외상회의)
1946	1.15(음 1945.12.13). 국방경비대 창설. 1.17(음 1945.12.15). 해군병학교 창설(해군사관학교 전신). 1.21(음 1945.12.19). 하지중장, 반탁사의 중지요청. 사설군사단체 해산령. 3.4(음 2.1). 조선해군장립총회. 5.1(음 4.1). 국방경비사관학교 창설. 6.15(음 5.16). 미군정, 조선해안경비대 창설.	1.10. 중국, 국민당·공산당 양측이 중경에서 정치협상회의를 열어 정전이 성립됨. 5.3. 일본, 도쿄에서 극동군사재판을 개정함. 6.15. 중국, 국민당·공산당, 만주 정전협정을 체결함. 7.12. 중국, 국민당, 공산당, 전면 내전을 시작함. 8.16.인도, 캘커타에서 회교와 힌두교도가 큰 충돌을 일으킴. 10.21. 중국, 국민당·공산당 조중연을 성립함. 12.19. 베트남, 베트남독립동맹(베트민) 주도하에 프랑스군과 전면 충돌함. (21일 프랑스군이 하노이 점령)	7. 네덜란드, 인도네시아와 전쟁을 벌임. 7.1. 미국, 비키니섬에서 원자폭탄 실험을 함. 10.1. 독일, 뉘른베르크군사재판 최종판결을 내림.(괴링 등 12명 교수형)
1947	11.14(음 10.2). UN총회, 한국총선안, UN한국임시위원단(UNTCOK)설치안, 정부수립 후 양군 철수안 가결. 12.1(음 10.19). 조선경비대, 3개여단 창설.	1.29. 중국, 미국특사 마셜, 국민당·공산당 조정에 실패함. 3. 중국, 쿵모군, 신쟝을 인민해방군으로 개칭함. 9.12. 중국, 중국공산당 인민해방군이 국민정부군에 대해 총반격을 선언함. 12.29. 인도, 파키스탄, 카슈미르 지방의 귀속을	2.10. 프랑스, 파리 강화조약을 체결함.(일본과 독일을 제외한 추축국 참여) 7. 네덜란드, 인도네시아와 전쟁을 벌임.

연도	한 국	동 양	서 양
1947		둘러싸고 인도와 파키스탄 사이의 카슈미르전쟁이 일어남.	
1948	8.29(음 7.25). 조선국방경비대 및 해안경비대, 국군으로 편입. 9.5(음 8.3). 국방경비대를 육군, 해안경비대를 해군으로 개편. 11.30(음 10.30). 국군조직법 공포(육군본부, 해군본부 설치).	10.23. 중국, 동북군이 장춘에 입성함.	3.6. 영국, 런던회의 결과 공동성명을 발표함. (독일 서쪽 점령 지구의 군정 종식에 합의) 5.14. 이스라엘, 이스라엘공화국을 수립함. 아랍연합 공격으로 제1차 중동전쟁이 시작됨. (팔레스타인전쟁) 5.17. 소련, 이스라엘을 정식 승인함.

『한국군사사』권별 집필진

구분	집필진		구분	집필진	
고대 I	이 태 진	국사편찬위원장	조선 후기 II	송 양 섭	충남대 교수
	송 호 정	한국교원대 교수		남 상 호	경기대 교수
	임 기 환	서울교대 교수		이 민 웅	해군사관학교 교수
	서 영 교	중원대 박물관장		이 왕 무	한국학중앙연구원 연구원
	김 태 식	홍익대 교수	근현대 I	이 헌 주	국사편찬위원회 편사연구사
	이 문 기	경북대 교수		조 재 곤	동국대 연구교수
고대 II	임 기 환	서울교대 교수	근현대 II	윤 대 원	서울대 규장각 HK교수
	서 영 교	중원대 박물관장	강역	박 영 길	한국해양수산개발원 책임연구원
	이 문 기	경북대 교수		송 호 정	한국교원대 교수
	임 상 선	동북아역사재단 연구위원		임 상 선	동북아역사재단 연구위원
	강 성 봉	한국미래문제연구원 연구원		신 안 식	숙명여대 연구교수
고려 I	최 종 석	동덕여대 교수		이 왕 무	한국학중앙연구원 연구원
	김 인 호	광운대 교수		김 병 렬	국방대 교수
	임 용 한	충북대 연구교수	군사 사상	임 기 환	서울교대 교수
고려 II	김 인 호	광운대 교수		정 해 은	한국학중앙연구원 선임연구원
	홍 영 의	숙명여대 연구교수		윤 대 원	서울대 규장각 HK교수
조선 전기 I	윤 훈 표	연세대 연구교수	군사 통신· 무기	조 병 로	경기대 교수
	김 순 남	고려대 초빙교수		남 상 호	경기대 교수
	이 민 웅	해군사관학교 교수		박 재 광	전쟁기념관 학예연구관
	임 용 한	충북대 연구교수	성곽	서 영 일	단국대 교수
조선 전기 II	윤 훈 표	연세대 연구교수		여 호 규	한국외국어대 교수
	임 용 한	충북대 연구교수		박 성 현	연세대 국학연구원
	김 순 남	고려대 초빙교수		최 종 석	동덕여대 교수
	김 일 환	순천향대 연구교수		유 재 춘	강원대 교수
조선 후기 I	노 영 구	국방대 교수	연표		한국미래문제연구원
	이 민 웅	해군사관학교 교수	개설	이 태 진	국사편찬위원장
	이 근 호	국민대 강사		이 현 수	육군사관학교 명예교수
	이 왕 무	한국학중앙연구원 연구원		이 영 화	한국학중앙연구원 연구원

『한국군사사』 간행위원

1. 주간

준장 오상택 (현 육군 군사연구소장)

준장 이필헌 (62대 육군 군사연구소장)

준장 정대현 (61대 육군 군사연구소장)

준장 신석현 (60대 육군 군사연구소장)

준장 이웅희 (59대 육군 군사연구소장)

2. 사업관리

대령 하보철 (현 한국전쟁연구과장)

대령 신기철 (전 한국전쟁연구과장)

대령 김규빈 (전 군사관리과장)

대령 이동욱 (전 군사관리과장)

대령 임방순 (전 군사관리과장)

대령 유인운 (전 군사관리과장)

대령 김상원 (전 세계전쟁연구과장)

중령 김재종 (전 군사기획장교)

소령 조상현 (전 세계현대전사연구장교)

연구원 조진열 (현 한국고대전사연구사)

연구원 박재용 (현 역사편찬사)

연구원 이재훈 (전 한국고대전사연구사)

연구원 김자현 (전 한국고대전사연구사)

3. 연구용역기관

사단법인 한국미래문제연구 (원장 안주섭)

편찬위원장 이태진 (국사편찬위원장)

교열 감수위원 채웅석 (가톨릭대 교수)

책임연구원 임용한 (충북대 연구교수)

연구원 오정섭, 이창섭, 심철기, 강성봉

4. 평가위원	김태준 (국방대 교수)
	김　홍 (3사관학교 교수)
	민현구 (고려대 교수)
	백기인 (국방부 군사편찬연구소 선임연구원)
	서인한 (국방부 군사편찬연구소 부장)
	석영준 (육군대학 교수)
	안병우 (한신대 교수)
	오수창 (서울대 교수)
	이기동 (동국대 교수)
	임재찬 (위덕대 교수)
	한명기 (명지대 교수)
	허남성 (국방대 교수)
5. 자문위원	강석화 (경인교대 교수)
	권영국 (숭실대 교수)
	김우철 (한중대 교수)
	노중국 (계명대 교수)
	박경철 (강남대 교수)
	배우성 (서울시립대 교수)
	배항섭 (성균관대 교수)
	서태원 (목원대 교수)
	오종록 (성신여대 교수)
	이민원 (동아역사연구소 소장)
	이진한 (고려대 교수)
	장득진 (국사편찬위원회 편사연구관)
	한희숙 (숙명여대 교수)

집 필 자

• 한국미래문제연구원

한국군사사 15   **연표**

초판 인쇄 2012년 10월 15일
초판 발행 2012년 10월 31일

발 행 처 육군본부(군사연구소)
주   소 충청남도 계룡시 신도안면 부남리 계룡대로 663 사서함 501-22호
전   화 042) 550 - 3630~4
홈페이지 http://www.army.mil.kr

출   판 경인문화사
등록번호 제10-18호(1973년 11월 8일)
주   소 서울시 마포구 마포대로4다길 8 경인빌딩(마포동 324-3)
대표전화 02-718-4831~2   팩스 02-703-9711
홈페이지 http://www.kyunginp.co.kr
이 메 일 kyunginp@chol.com

ISBN 978-89-499-0874-8 94910 세트
        978-89-499-0890-8 94910
육군발간등록번호 36-1580001-008412-01
값 35,000원